CORRESPONDANCE DE LA FAMILLE ROYALE

ET PRINCIPALEMENT DE

Mgr LE COMTE DE CHAMBORD

AVEC LE COMTE DE BOUILLÉ (François-Marie-Michel)

CORRESPONDANCE

DE LA

FAMILLE ROYALE

ET PRINCIPALEMENT DE

Mgr Le Comte de CHAMBORD

AVEC

LE COMTE DE BOUILLÉ
(François-Marie-Michel)

Chevalier des Ordres du Roi, Pair de France,
Aide-de-camp du Roi Charles X,
Gouverneur de S. A. R. Monseigneur le Duc de Bordeaux.

BORDEAUX
IMPRIMERIE DE LA GUIENNE, RUE GOUVION, 20

1884

Ce recueil renferme la correspondance des Princes et Princesses de la Famille Royale de France et *principalement de* MONSEIGNEUR LE COMTE DE CHAMBORD, avec François-Marie-Michel, Comte de Bouillé, ainsi que quelques lettres écrites en leur nom, ou adressées aux siens, et divers documents se rattachant aux rapports qu'il avait eus avec ces Princes.

Le Comte de Bouillé aimait à conserver la copie de ses propres lettres, ce qui a rendu ce travail facile.

La Baronne de Malet, sa petite-fille, est heureuse d'offrir à tous les membres de sa famille paternelle ces précieux souvenirs de la bienveillance si flatteuse de la Famille Royale et des bontés si touchantes du Prince incomparable qui vient de disparaître, envers le chef de leur Maison.

CORRESPONDANCE DE LA FAMILLE ROYALE

ET PRINCIPALEMENT DE

Mgr LE COMTE DE CHAMBORD

Avec le Comte de BOUILLÉ (François-Marie-Michel)

―――

C'est en 1809 que le Comte DE BOUILLÉ (François-Marie-Michel), fidèle aux sentiments qu'il avait voués dès son enfance à ses Princes légitimes, vint les retrouver dans l'exil et leur offrir ses services au moment même où la fortune paraissait leur sourire le moins... Le Roi LOUIS XVIII voulut bien en agréer l'hommage.

En 1810, ayant demandé l'autorisation de faire un voyage à la Martinique où l'appelaient des affaires de famille, il recevait la lettre suivante de M. le DUC DE GRAMONT :

Hartwell, ce 22 Avril 1810.

Monsieur le Comte,

J'ai mis sous les yeux du Roi la lettre que vous m'avez fait l'honneur de m'écrire. Il me charge de vous mander qu'il approuve sous tous les rapports votre voyage à la Martinique, étant sûr de votre fidélité à sa cause et à son service dans quelque lieu que vous habitiez. Il me charge de vous dire qu'il a été fort sensible à votre lettre et aux expressions de fidélité et d'attachement dont il est bien convaincu.

Je compte aller cette semaine à Londres et vous y voir avant votre départ. Je ne vois rien malheureusement dans ce moment qui puisse l'empêcher. Nous ne sommes pas assez heureux pour pouvoir vous employer plus utilement pour la cause générale.

J'ai l'honneur d'être avec un très sincère attachement,
Monsieur le Comte,
Votre très humble et très obéissant serviteur.
Le Duc de GRAMONT.

Autre Lettre de M. le Duc de Gramont au Comte de Bouillé,
A L'OCCASION DE LA PRÉSENTATION AU ROI DE LA COMTESSE DE BOUILLÉ.

Hartwell-House, ce 7 Septembre 1813.

Monsieur le Comte,

Le Roi se rappelle parfaitement le désir qu'il vous a témoigné de voir Madame de Bouillé. Il est fort aise que sa santé lui permette de faire ce petit voyage ; il me charge de vous mander qu'il vous recevra ici, vous et Madame de Bouillé, avec le plus grand plaisir, et que *le plus tôt sera le mieux*. J'ai voulu vous mander ses propres paroles, l'empressement qu'il témoigne n'ayant rien que d'obligeant, mais moi, je vous donnerai le même conseil ; nous n'avons qu'une chambre de dame à donner ; nous attendons incessamment la Duchesse de Coigny, la chambre qu'occupera Madame de Bouillé est destinée à la Duchesse ; je vous conseille donc d'arriver ici après-demain jeudi ou vendredi au plus tard. Je vous préviens aussi que nous sommes en deuil. Engagez Madame de Bouillé à apporter une robe noire.

J'ai l'honneur d'être avec un bien inviolable attachement,
Monsieur le Comte,
Votre très humble et très obéissant serviteur.
Le Duc de GRAMONT.

Lettre de M. le Duc de Blacas, écrite par ordre de S. M. le Roi Louis XVIII au Comte de Bouillé.

Le Roi avait déjà chargé le Comte de Bouillé d'une mission diplomatique auprès du Prince Royal de Suède (BERNADOTTE) et attendait son rétablissement d'une fièvre scarlatine, pour lui donner de nouvelles instructions.

Hartwell, 27 Février 1814.

J'ai appris avec un sensible plaisir, Monsieur le Comte, que vous étiez plus content de votre santé; elle nous avait donné bien de l'inquiétude, et le Roi a reconnu, dans les regrets que vous exprimez, le zèle pour son service dont vous avez donné déjà tant de preuves.

Je suis extrêmement aise que M. de la Serre ait été utile à M. de Fronçay[1]; il a rempli en cela les intentions du Roi et il aurait suffi qu'il vous appartint pour qu'il pût compter sur l'intérêt de Sa Majesté. J'attends avec impatience, Monsieur le Comte, que vous soyez parfaitement rétabli; dès que vous voudrez bien me le mander, je vous transmettrai les ordres du Roi, mais Sa Majesté *exige* que vous ne quittiez pas Londres avant que votre santé soit entièrement remise.

Veuillez présenter mes hommages à Madame la Comtesse de Bouillé et recevoir avec amitié une nouvelle assurance du bien sincère et inviolable attachement avec lequel j'ai l'honneur d'être, Monsieur le Comte,

Votre très humble et très obéissant serviteur.

(Signé) BLACAS D'AULPS.

---

(1) Le baron de Bouillé, arrêté en Hollande sous ce nom.

Lettre remise par le Roi Louis XVIII au Comte de Bouillé, pour le Prince Royal de Suède,

LORSQUE PAR SES ORDRES IL RETOURNA AUPRÈS DE LUI.

Monsieur mon Frère, le Comte de Bouillé s'est acquitté de la commission que Votre Altesse Royale lui avait donnée pour moi; il m'a rendu compte du désir qu'Elle lui a témoigné de le revoir auprès d'Elle, et j'en profite pour entamer avec vous une correspondance que les circonstances rendent bien importante. Elles sont grandes ces circonstances, elles sont critiques! Mais un compatriote non plus qu'un descendant de Henri IV ne sauraient s'en laisser abattre. Je vous prie donc de vous ouvrir sans réserve au Comte de Bouillé et d'ajouter foi à ce qu'il vous dira de ma part, surtout lorsqu'il vous entretiendra de ma grande confiance, de ma juste estime et de tous les sentiments avec lesquels je suis, Monsieur mon Frère,

De Votre Altesse Royale,

Le très affectionné Frère.

(Signé) LOUIS.

Hartwell (Buckinghamshire), le 3 Mars 1814.

Cette lettre était accompagnée d'instructions particulières dont le Comte de Bouillé devait remettre une copie au Prince royal de Suède. Elles commençaient ainsi : « Monsieur le Comte de Bouillé, à qui sa loyauté, ses lumières et son zèle ont déjà valu les succès les plus satisfaisants dans les démarches qu'il a faites auprès du Prince Royal de Suède, relativement aux intérêts du Roi et de la France, peut mieux que personne achever l'ouvrage qu'il a si heureusement commencé. Sa Majesté le charge en conséquence de confirmer de plus en plus Son Altesse Royale dans l'idée qu'il a déjà donnée des dispositions du Roi si conformes aux vues du Prince Royal, puisque leur commun objet est le bonheur des Français, unique garant de la tranquillité future de l'Europe..... »

CHANT FRANÇAIS

Composé en l'honneur du Roi Louis XVIII, par le Comte de Bouillé, peu de temps avant la Restauration, en 1814.

Héros français, peuple brillant,
Né pour l'honneur et pour la gloire,
Écoute encor le noble chant
Qui te guidait à la victoire !
Rappelle-toi ce doux refrain,
Signal d'amour et de vaillance
Pour les Roland, les Du Guesclin :
Vive le Roi... Vive la France !

Il animait le preux Bayard
Alors qu'armé pour ta défense,
Aux lys il formait un rempart
De sa valeur et de sa lance.
Du preux sans reproche et sans peur
Conserve, avec la souvenance,
Le vœu qui fut cher à son cœur :
Vive le Roi... Vive la France !

Quand La Hire, le beau Dunois,
Aidés d'une faible amazone,
De Charle assuraient autrefois
Les hauts destins, les droits au trône ;
Du Léopard quand ces guerriers
Trompaient la superbe espérance,
Ils portaient sur leurs boucliers :
Vive le Roi... Vive la France !

Ainsi quand ce jeune Nemours,
Émule du Dieu des batailles,
A peine au printemps de ses jours,
Trouvait d'illustres funérailles ;
A Ravenne expirant vainqueur,
Objet de gloire et de souffrance,
Il criait, bravant la douleur :
Vive le Roi... Vive la France !

De même, aux campagnes d'Ivri,
Marchant sur sa trace éclatante,
Les compagnons du bon Henri
Rendaient sa cause triomphante :
Heureux de s'immoler pour lui,
Sa gloire était leur récompense,
Et l'on chantait comme aujourd'hui :
Vive le Roi... Vive la France !

Français, que ce refrain chéri,
Retentissant sur vos rivages,
Y porte désormais l'oubli
De la tempête et des orages.
Soyez unis, soyez heureux !
Cédez à sa douce influence,
Et ne formez plus d'autres vœux
Que pour le Roi, que pour la France.
Vive le Roi... Vive la France !

La note suivante est extraite des papiers laissés par le Comte de Bouillé :

« J'avais composé ces couplets à Londres, sur l'air de la
» romance : *Le Roi des preux, le fier Roland.* — Quelques
» jours après l'arrivée de Louis XVIII à Paris, je le montrai
» à un de mes amis, qui fit faire par Persuis, habile compo-
» siteur de cette époque, une fort belle musique à mes
» pauvres paroles. Elles furent alors chantées à l'Opéra
» devant le Roi et la famille royale, et dans tous les théâtres
» de France, avec un tel succès, qu'elles devinrent, grâce à
» l'air véritablement fort beau qui les faisait valoir, une
» espèce d'hymne national royaliste, que l'on entonnait
» dans toutes les grandes circonstances, une sorte de
» contre-partie de la *Marseillaise*, qui a malheureusement
» repris depuis les funestes journées de 1830 son ancienne
» et triste célébrité..... Et chose assez singulière, il s'est
» trouvé que c'est justement moi qui suis par hasard
» l'auteur du chant rival de cette *Marseillaise*, moi dont le
» nom y est voué à la proscription, par suite de la haine
» que les révolutionnaires portaient alors au marquis de
» Bouillé, mon cousin. Au surplus, s'il y a une grande
» différence entre mes couplets et ceux de l'hymne de 93,
» pour ce qui est des principes qu'ils proclament, ils se
» ressemblent parfaitement en ceci, c'est que les paroles
» des uns et des autres sont des plus médiocres, tandis que
» les airs sont également magnifiques. »

Vers adressés à S. A. R. Madame la Duchesse de Berri par le Comte de Bouillé en 1820,

A L'OCCASION DE LA NAISSANCE DE M. LE DUC DE BORDEAUX.

    Ils sont comblés tous les vœux de la France.
Tu lui rends un Bourbon... à la gloire un Henri ;
Nous saurons à ses pieds mourir pour sa défense,
    Tous les cœurs veilleront sur lui !
Mais le sort est dompté... Ne crains plus que l'on ose
Attenter au doux fruit de tes nobles amours :
    A la naissance d'une rose
Si l'astre du printemps ne brille pas toujours,
Dès que fleurit un Lys ce n'est plus que beaux jours !
Vois déjà la gaité sur ses lèvres éclose,
Te peignant de ton fils les aimables penchants.
Promis à la victoire il doit plaire et combattre,
    Et déjà nos pressentiments
    En font un autre Diable-à-Quatre.

Lettre de Madame la Duchesse de BERRI à la Comtesse de Bouillé,

DAME POUR ACCOMPAGNER DE S. A. R. (1)

Saint-Sauveur, ce 28 Août 1828.

Je suis très paresseuse, ma chère Madame de Bouillé, de n'avoir pas répondu à votre lettre du 10 juillet, quand j'ai

---

(1) Ce fut à ce titre que la Comtesse de Bouillé avait été choisie en 1816 pour aller au-devant de la Princesse à Marseille, conjointement avec la Maréchale Duchesse de Reggio et Mmes de la Ferronays et de Contaut.

reçu celle du 16 de ce mois. Je suis charmée que ce bon M. de Bouillé soit arrivé, pour vous et pour lui ; j'espère qu'à cette heure il est près de vous. Remerciez-le bien des curiosités qu'il m'apporte et dites-lui que je suis enchantée de le savoir bien portant [1].

Ici, nous sommes à merveille ; mes bains me font grand bien et je fais des excursions magnifiques. Je suis noire comme une carteronne. La Duchesse supporte tout avec un courage superbe, Madame de Podenas avec force coups de soleil sur le nez, ce qui ne l'amuse pas ; la *Grande figure* comme un jeune homme de vingt ans, courant sur les montagnes comme une chèvre ; les bains le rajeunissent, il va à merveille.

M. de la Ville a mon itinéraire pour mon retour ; je me recommande à vous pour avoir de suite des nouvelles des couches d'Aglaé et comment cela va pour calmer les inquiétudes du papa qui est sujet à s'inquiéter. Pour les détails de mes courses, la *Quotidienne* les donne assez bien.

Adieu, ma chère madame de Bouillé, je vous quitte pour aller courir à un glacier après Gavarni où je coucherai à l'auberge dans la même chambre que ces dames à quatre lits.

Vous savez combien je vous suis attachée. Bien des choses à Louise [2].

Votre affectionnée amie,

CAROLINE.

---

[1] Le Comte de Bouillé, qui était depuis 1825 gouverneur de la Martinique, venait d'être rappelé en France par le Roi.
[2] Louise de Bouillé.

Couplets offerts par le Comte de Bouillé à S. A. R. Monsieur le Duc de Bordeaux,

LE JOUR DE SA FÊTE.... 1829.

———

Auguste enfant, doux espoir de la France,
Reçois ces vœux, le tribut de nos cœurs ;
Puisse le Dieu qui voulut ta naissance
Semer tes jours de lauriers et de fleurs !
Puisse ton âme hériter du courage
De ton aïeul à l'immortel renom !
Oui, la valeur doit être ton partage,
L'attrait du brave est celui d'un Bourbon.

Prenant toujours pour guide et pour modèle
Ce même Henri dont tu portes le nom,
A l'amitié comme lui sois fidèle,
Car s'il fut grand, il fut sensible et bon.
Conserve aussi cet aimable héritage,
D'un noble cœur généreux abandon.
Oui, la bonté doit être ton partage,
Cet heureux charme est celui d'un Bourbon.

Sans déroger à ta grandeur suprême,
Ah ! puisses-tu connaître le plaisir,
Le doux plaisir d'être aimé pour toi-même ;
Du Béarnais ce fut là le désir !
De mainte belle il obtint le suffrage ;
Belles et preux pour t'aimer s'uniront.
Oui, leur amour doit être ton partage,
Cet heureux sort est celui d'un Bourbon.

N'éloignes pas la juste doléance...
Henri toujours franchement l'accueillait ;
Mais souviens-toi qu'en usant d'indulgence,
Sa fière épée à son côté veillait.
En tes conseils sois ferme autant que sage,
Près d'un Rosny place encore un Crillon.
Oui, le bonheur sera notre partage,
Comme la gloire est celui d'un Bourbon.

Nous suivrons tous, tes pas dans la carrière,
Ton blanc panache au milieu des combats ;
Pour soutenir l'honneur de ta bannière
Tous les Français deviendront tes soldats.
Dans les cités comme au dernier village,
A ton appel tous nos bras répondront ;
Oui, notre amour doit être ton partage,
Ce juste droit est celui d'un Bourbon.

Ces couplets furent chantés à Rosny. Monsieur le Duc d'Orléans, depuis Louis-Philippe, qui s'y trouvait avec sa famille et le roi de Naples, après les avoir entendus, s'approcha gracieusement du Comte de Bouillé pour le complimenter.

Lettre de S. M. le Roi CHARLES X à la Comtesse de Bouillé,

Édimbourg, 12 Avril 1831.

J'ai reçu votre lettre, ma chère Comtesse, et je vous sais bien bon gré de me l'avoir écrite. D'abord vous me donnez des nouvelles de votre mari, et vous savez que je serai très content de le revoir auprès de moi aussitôt que ses affaires le lui permettront, mais je vous reproche de ne m'avoir rien dit de votre santé. Je veux espérer que le séjour de Bath et le beau temps vous auront fait un peu de bien au corps, parce qu'il faut conserver des forces physiques pour supporter les peines du cœur [1].

Vous êtes très aimable de m'avoir envoyé la lettre de M. Franc Brice; elle m'a fait un vrai plaisir et je vous charge de lui dire de ma part qu'il m'est bien [2] de trouver des sentiments aussi nobles et en même temps aussi justes dans un étranger. Au surplus, rien ne m'étonne de la part d'un ami de feu M. Brocke. Assurez bien M. Brice que, dans toutes les occasions, je m'adresserai avec confiance à un aussi bon et aussi loyal Anglais que lui.

Ne doutez jamais, ma chère Comtesse, de tous mes sentiments pour vous.

CHARLES.

---

(1) La Comtesse de Bouillé avait eu la douleur de perdre sa fille, peu de mois auparavant.
(2) Un mot oublié.

*Lettre adressée par le Ministre de la Guerre, en 1832,
à la Comtesse de Bouillé,*

qui, momentanément éloignée de Madame la Duchesse de Berri, désirait aller partager à Blaye sa captivité, et s'était empressée d'en faire la demande à l'instant même où elle apprit l'arrestation de cette princesse.

———

Paris, le 13 Novembre 1832.

Madame la Comtesse,

J'ai reçu la lettre que vous m'avez fait l'honneur de m'écrire pour demander l'autorisation de vous rendre près de Madame la Duchesse de Berri afin de lui offrir vos services. Je me trouve à regret dans la nécessité de vous répondre que cette demande ne peut être accueillie, attendu que Madame la Duchesse de Berri a déjà près d'elle Mademoiselle de Kersabiec, qui a été autorisée à y rester, et que la Princesse aura en outre les personnes de service qui peuvent lui être nécessaires.

Agréez, Madame la Comtesse, l'hommage de mon respect.

Le Président du Conseil, Ministre de la Guerre,
M^{al} Duc de DALMATIE.

A Madame la Comtesse de Bouillé.

Lettre du Comte de Bouillé à S. A. R. Madame la Duchesse de Berri,

À L'OCCASION D'UNE MALADIE DU JEUNE PRINCE.

Le Comte de Bouillé était, depuis le 11 avril 1831, Gouverneur de M. le Duc de Bordeaux.

Madame,

Le Roi désire que je donne à Votre Altesse Royale des nouvelles de Monseigneur; je m'empresse de remplir les intentions de Sa Majesté et j'ai l'honneur de faire savoir à Madame que Monseigneur a été atteint lundi dernier d'un *rhumatisme simple articulaire* (c'est ainsi que le caractérise M. le docteur Bougon), mais sans aucune autre complication.

L'enflure et la douleur se sont d'abord déclarées aux talons et aux chevilles des pieds, et elles ont ensuite gagné les deux bras, les mains et aussi un peu les hanches. Monseigneur a beaucoup souffert pendant quatre jours, mais il se trouve infiniment mieux aujourd'hui. La douleur des pieds a cessé, quoiqu'ils soient encore un peu enflés; celle des bras, des mains et des autres parties du corps a considérablement diminué et nous avons lieu d'espérer qu'il en sera bientôt tout à fait exempt. Le docteur considère cette petite maladie comme arrivée à sa décroissance et en fixe le terme à cinq ou six jours d'ici. Monseigneur a dû garder la diète la plus sévère, il n'a éprouvé que de légers mouvements de fièvre. Des boissons sudorifiques et d'abondantes transpirations ont suffi pour maîtriser la maladie, qui ne donne et n'a pu donner la moindre inquiétude.

Madame ne saurait douter de tous les soins dont son fils est l'objet et de ma sollicitude particulière à cet égard. J'oserai donc l'engager à être parfaitement tranquille sur l'état de Monseigneur, qui me charge de lui dire les choses les plus tendres de sa part.

Je supplie Votre Altesse Royale d'agréer en même temps l'hommage du plus profond respect avec lequel je suis,

Madame,

de Votre Altesse Royale,
Le très humble et très obéissant serviteur.

Cte DE BOUILLÉ.

Prague, Janvier 1835.

S. M. le Roi CHARLES X
au Comte de Bouillé,

Pour le rappeler auprès de lui, après un congé qu'il lui avait accordé pour aller en France.

Prague, 15 août 1835.

Bien des motifs me font attacher un grand prix, mon cher Bouillé, à ce que vous veniez me joindre le plus tôt que vous le pourrez. J'espère que votre santé et vos affaires ne vous empêcheront pas d'acquiescer à ma demande. Je tiens à ce que j'ai signé sur la proposition de M. de Saint-Chamans.

Vous connaissez ma confiance en vous et toute mon affection.

CHARLES.

Le Comte de Bouillé à S. M. le Roi Charles X.

RÉPONSE A LA LETTRE PRÉCÉDENTE.

Sire,

Je n'ai pas d'expressions assez vives pour peindre à Votre Majesté toute ma reconnaissance des paroles si pleines de bonté qu'elle a daigné m'adresser. Je ne perds pas un instant pour me rendre aux ordres du Roi et pour finir le plus promptement possible quelques affaires que Votre Majesté me permet de terminer avant mon départ ; rien, Sire, ne pouvant d'ailleurs balancer le bonheur que j'aurai à mettre encore bientôt moi-même aux pieds du Roi l'hommage de tous les sentiments avec lesquels je suis, Sire,

de Votre Majesté,

le très humble, très obéissant et très fidèle serviteur et sujet,

Le Comte de BOUILLÉ.

Paris, Septembre 1835.

Le Comte de Bouillé à S. A. R. Madame la Duchesse de Berri,

AU SUJET D'UNE MALADIE DE M. LE DUC DE BORDEAUX (1).

Madame,

Le Roi m'ordonne d'apprendre à Votre Altesse Royale que M. le Duc de Bordeaux vient de faire une maladie inflammatoire assez sérieuse, dont il est en ce moment en

---

(1) Cette lettre était écrite par *ordre du Roi*, qui n'avait pas voulu permettre au Comte de Bouillé de donner plus tôt connaissance à cette Princesse de la maladie de M. le Duc de Bordeaux à Budweis.

pleine convalescence. Madame peut donc être parfaitement tranquille à son sujet et je suis heureux de lui en donner l'entière assurance.

Peu de jours avant notre arrivée ici, Monseigneur éprouva du malaise et une assez violente migraine qui nécessita l'application des sangsues derrière les oreilles. La fièvre étant survenue, M. le docteur Bougon qui a fort habilement jugé et traité la maladie, aurait renouvelé l'application de ce remède, mais un saignement de nez naturel et très copieux à deux reprises, sans autre secousse, fit cesser la crainte que nous pouvions avoir d'accidents plus graves. A partir de ce moment, la fièvre a toujours été en diminuant et voici trois fois vingt-quatre heures que Monseigneur n'en a plus. Ses forces reviennent ainsi que sa gaieté, et nous n'avions plus besoin que d'une petite médecine qu'il a prise aujourd'hui pour compléter la guérison.

Monseigneur ayant été tenu à une diète très sévère, a dû nécessairement maigrir, ce qui ne sera pas à regretter. Il a également grandi et déjà il avait, avant sa maladie, près de cinq pieds un pouce. Il sera tout-à-fait en état de se mettre en route d'ici quatre ou cinq jours pour le château de Kirchberg, situé dans un pays dont l'air est, dit-on, très bon et très sain et où il reprendra rapidement toute sa fraîcheur et sa belle santé ordinaire.

Monseigneur me charge d'offrir à Votre Altesse Royale ses tendres respects et de lui dire qu'il s'empressera de lui donner incessamment de ses nouvelles lui-même, afin qu'il ne reste à Madame aucune inquiétude sur son compte.

Je suis, avec le plus profond respect, Madame, etc.

COMTE DE BOUILLÉ.

P. S. — Madame croira facilement que tous les soins possibles, et avec la plus vive sollicitude, ont été prodigués à Monseigneur par le Roi et M. le Dauphin, et j'ose espérer qu'elle nous rend la justice de penser que nous n'avons rien négligé de notre côté, ni moi, ni aucune des personnes attachées à l'éducation et au service du Prince, de tout ce que Madame a le droit d'attendre de notre dévouement à son fils et à ses augustes parents. Je me reprocherais de ne pas mentionner particulièrement à Madame tous les remerciements que nous devons au docteur Bougon, qui n'a pas quitté Monseigneur un instant et qui l'a soigné avec tout le zèle et le dévouement imaginables.

Budweiss, ce 1er Août 1836.

S. A. R. Madame la Duchesse de BERRI au Comte de Bouillé.

RÉPONSE A LA LETTRE PRÉCÉDENTE.

Gratz, 15 Août 1836.

Votre lettre du 1er Août est arrivée, mon cher Bouillé, bien à propos pour calmer les inquiétudes que les bruits de la maladie de mon fils avaient fait naître dans mon âme.

Le retard mis à m'avertir d'une circonstance qui intéresse tellement mon cœur de mère, m'a fait faire de bien tristes réflexions et a fait naître dans mon esprit de bien sérieuses inquiétudes pour l'avenir. Je suis sûre qu'il n'a pas dépendu de vous de m'avertir plus tôt, et j'ai assez de confiance dans votre loyauté pour croire que si, Dieu ne veuille, un cas pareil se représentait, vous m'épargneriez d'aussi longues inquiétudes et vous éloigneriez de vous une bien grande responsabilité.

Je suis très reconnaissante des soins dont le Roi et M. le Dauphin ont entouré mon fils. Remerciez de ma part le docteur Bougon et tous ceux qui ont soigné Henri dans sa maladie.

Pour vous, croyez à tous mes sentiments d'estime et d'amitié.

MARIE CAROLINE.

P. S. — Je viens de recevoir votre seconde lettre et celle d'Henri, qui m'ont tout à fait tranquillisée... Dieu soit loué! Je vous envoie ci-jointe une lettre pour mon fils et une autre pour ma fille, que je vous prie de remettre à Louise.

Le Comte de Bouillé au Roi Louis XIX,

POUR DEMANDER L'AUTORISATION DE CESSER SES FONCTIONS DE GOUVERNEUR.

Sire,

C'est avec le plus profond regret que je viens mettre aux pieds du Roi la demande de mon remplacement dans les fonctions que j'ai l'honneur de remplir auprès de M. le Duc de Bordeaux, fonctions dont à la mort du feu Roi, Votre Majesté avait daigné me conserver l'exercice avec tant de grâce et de bonté. Je ne fatiguerai pas le Roi par la lecture d'une trop longue lettre pour lui expliquer plus en détail les divers motifs qui me décident à faire une démarche qui m'est aussi douloureuse; j'ose seulement prier Votre Majesté de permettre que je me borne à lui dire que j'y suis forcé par les vives inquiétudes que me cause la santé de mon fils; j'ai des raisons de craindre que si je ne me rapproche pas de lui, le bonheur qu'il se promettait du mariage qu'il a contracté dernièrement n'en soit bientôt tout à fait altéré. Je dois de même avouer au Roi que ma fortune, bouleversée par suite des pertes successives que j'ai éprouvées depuis 1830 et l'anéantissement à peu près total des revenus coloniaux de Madame de Bouillé, m'oblige à me livrer aux soins qu'exige le mauvais état de nos affaires, afin d'y porter quelque remède si c'est possible, et de me procurer les moyens de fournir à la pension que j'ai pris l'engagement de faire à mon fils en le mariant, ainsi qu'à l'existence errante et pénible à laquelle ma femme est vouée [1]. Moi-même, Sire, j'aurai atteint dans quelques mois cet âge où le titre de vieillard devient l'apanage de l'humanité, et je ne suis pas sans en ressentir déjà les avant-coureurs; je suis donc moins que jamais l'homme qu'il convient de conserver auprès d'un jeune Prince, vif, actif comme l'est M. le Duc de Bordeaux, et qui le deviendra tous les jours davantage. Mais c'est bien plus encore sous le rapport moral que Son Altesse Royale a besoin d'avoir un guide plus habile, plus éclairé que moi, d'un caractère, je le dis en toute humilité, plus énergique, plus ferme, en même temps moins triste que le mien et dont le mérite, en un mot, soit entièrement à la hauteur d'une mission si difficile pour le présent, si importante par son influence sur l'avenir.

---

(1) La Comtesse de Bouillé s'était promis de ne jamais rentrer en France avant le retour des Bourbons.

Personne ne me surpassera, j'espère, ne m'effacera peut-être même en zèle et en dévouement, je me flatte que Votre Majesté daigne me rendre cette justice... mais cela ne suffit pas et ma conscience me dit que je ne possède d'ailleurs ni cette instruction solide, ni aucune de ces qualités supérieures qu'il est indispensable de faire briller maintenant autour de M. le Duc de Bordeaux pour lui servir tout à la fois de modèle et d'appui.

Mais en suppliant le Roi de m'accorder ma retraite, je ne puis avoir la moindre intention de le mettre dans l'embarras s'il n'avait pas déjà fixé sa pensée sur le choix du successeur qu'il lui plairait de me donner. Le 29 septembre prochain, M. le Duc de Bordeaux aura dix-sept ans accomplis; peut-être Votre Majesté jugerait-elle cette époque convenable à l'accomplissement du désir que je prends la liberté de lui exprimer ?

Sire, par suite de mes principes inaltérables et des sentiments qui m'ont toujours animé, j'ai cherché à faire mon devoir, mais il me restait encore à payer ma dette de reconnaissance pour les bontés particulières dont le feu Roi m'avait honoré durant les vingt-deux années que j'ai eu le bonheur d'être admis au nombre des fidèles serviteurs de sa maison. Le cœur s'accordant avec le devoir, la plus forte preuve que j'aie pu donner du dévouement que l'un et l'autre m'inspiraient envers Charles X fut de lui obéir, sans insister davantage sur mes observations, lorsqu'il m'ordonna, à deux reprises différentes, de remplir une tâche pour laquelle ni la nature ni l'art ne m'avaient créé, et que je regardais comme étant beaucoup trop au-dessus de mes forces.

Sire, ces droits que le Roi votre auguste père avait sur moi, vous les possédiez également ; je n'avais pas oublié vos bontés pour moi, pour mon fils en des temps plus heureux, ni celles dont vous aviez constamment comblé Madame de Bouillé : les mêmes causes devaient produire les mêmes effets, elles ne m'ont pas permis de résister à la confiance si flatteuse de Votre Majesté et aux bienveillantes paroles qu'elle daigna m'adresser en me maintenant auprès du jeune Prince, objet de sa tendre sollicitude ; mais me serait-il défendu d'espérer aujourd'hui que Votre Majesté, satisfaite des faibles services que j'ai pu rendre, voudra bien consentir, non pas à ce que j'y mette un terme, car partout où je serai et tant que je vivrai, le Roi et sa famille pourront toujours compter sur mon entier dévouement, mais à ce que je cède aux motifs impérieux qui me dictent la prière que j'ose très humblement adresser à Votre Majesté.

Je suis avec le plus profond respect,

Sire,

de Votre Majesté,

Le très humble, très obéissant et très fidèle serviteur et sujet.

Le Comte de BOUILLÉ.

Kirchberg, le 23 Juin 1837.

Monsieur le Duc de BORDEAUX
à la Comtesse de Bouillé.

RÉPONSE A UNE LETTRE DE FÊTE.

Kirchberg, ce 18 Juillet 1837.

Je suis enchanté, Madame, de ne pouvoir pas vous reprocher cette année de ne m'avoir pas écrit pour ma fête. Je vous remercie bien des vœux que vous faites pour nous et je vous connais assez pour savoir qu'ils sont sincères. J'espère que les eaux de Baden vous feront du bien et que votre santé se rétablira. Nous nous portons tous bien ici.

Adieu, Madame, je vous prie de compter toujours sur mon attachement et mon amitié.

HENRI.

Conseils que le Comte de Bouillé crut devoir donner à S. A. R. MONSEIGNEUR LE DUC DE BORDEAUX
la veille du jour où il cessa de remplir auprès de lui les fonctions de Gouverneur.

Monseigneur est au moment d'accomplir sa dix-septième année... Monseigneur est aujourd'hui un jeune homme, et plus capable d'écouter, de saisir et de comprendre une infinité de choses essentielles à son avenir, à sa gloire, comme à son bonheur, qu'il ne l'était avant d'avoir atteint un âge où la raison et la réflexion commencent à mûrir le jugement et donnent plus d'aplomb au caractère. Je pourrais citer à Monseigneur plusieurs Princes et, entre autres, le Roi bien-aimé, l'honneur de sa branche, Henri IV, qui, à cet âge, s'étaient déjà distingués par le développement des plus brillantes qualités, et qui déjà avaient montré ce qu'ils devaient être un jour.

Que Monseigneur me permette donc de lui remettre rapidement sous les yeux, avant que je ne me sépare de lui, quelques-unes de ces maximes générales dont je l'ai entretenu souvent et de ces recommandations particulières que je n'ai cessé de lui faire pendant les trois années que j'ai eu l'honneur de remplir auprès de lui les fonctions de gouverneur.

J'avais d'abord l'intention de prier Monseigneur de conserver ces pages dans son portefeuille comme gage du plus sincère dévouement, mais, comptant sur sa mémoire non moins que sur son cœur, j'ai pensé qu'il me suffirait de les lui lire pour qu'il se rappelât les conseils que ma position auprès de sa personne me fait un devoir de lui donner en âme et conscience, conseils qui, j'ose l'espérer, pourront lui être utiles, en le disposant à éviter quelques-uns de ces dangereux écueils que je lui signale et qu'il ne rencontrera que trop souvent dans le cours de sa vie.

Je recommande à Monseigneur de se méfier et de se garer toujours des hypocrites, des intrigants et des flatteurs. Il a trop d'esprit et le tact trop fin pour ne pas reconnaître aisément ces trois espèces de gens, que l'on peut considérer comme autant de fléaux et de pestes auprès des Princes, et qui, sous les apparences du zèle et de la complaisance et même du dévouement, ne sont que des égoïstes sans honneur et sans foi, dont la constante étude est d'inspirer au maître qui les écoute, des préventions, et souvent même cruelles, contre tout ce qui leur semble rivalité, obstacle, ou même simple contrariété au succès de leur ambition et de leur fortune personnelle.

Monseigneur ne doit point se laisser aduler ni conduire par de pareilles gens, qui se font un moyen, comme un jeu, de la médisance et de la calomnie; je l'engage à les éloigner, au contraire, le plus possible de sa présence, et bien plus encore de son intimité.

Je supplie Monseigneur, dans son propre intérêt et surtout dans celui de sa cause, de ne pas perdre de vue qu'il est né dans un siècle où tous ces prestiges qui environnaient jadis les Souverains et les Princes s'évanouissent chaque jour davantage..., qu'il ne doit donc plus compter sur eux, ni sur les sentiments d'enthousiasme et d'amour qui animaient anciennement les Français pour leurs Rois; qu'il faut donc qu'il agisse en conséquence, c'est-à-dire qu'il est absolument nécessaire qu'il ajoute d'autres titres aux droits que lui donnent sa naissance et son rang, s'il veut préparer les moyens les plus sûrs de recouvrer et de relever un jour la couronne de ses ancêtres.

Les Princes n'étant plus sur la terre, comme autrefois, des idoles, des demi-dieux que l'on y adorait à genoux, ne conservent aujourd'hui d'autorité sur les peuples que celle que leur donne le besoin que ceux-ci croient avoir d'eux, comme d'un premier ressort aux rouages administratifs du gouvernement de leur pays, et d'un point supé... r. de la société d'où doivent émaner le maintien et l'exécution des lois qui en assurent l'ordre et la tranquillité.

Tout le reste n'est plus rien ou presque rien dans l'état

actuel des esprits et des choses. L'intérêt est le seul nœud qui attache aujourd'hui le peuple au Souverain..... C'est un malheur, un grand malheur, mais enfin tel est le résultat, non seulement des révolutions qui ont changé la face de la France depuis cinquante ans, mais aussi des progrès du philosophisme anti-religieux et des idées démagogiques qu'il avait fait naître plus anciennement encore.

D'après cela, Monseigneur comprendra qu'il lui faut acquérir et déployer des qualités tout à la fois solides et brillantes, qui, d'une part, puissent éblouir une nation éprise de tout ce qui flatte sa vanité, et lui présenter de l'autre des garanties de bien-être et de prospérité, telles que les exigent ces intérêts matériels auxquels tout est sacrifié maintenant.

Je ne parle à Monseigneur que de qualités. Il sait trop bien que les vertus indispensables à tous les hommes le sont encore bien plus à ceux qui, comme les Princes, doivent en donner l'exemple; mais ces vertus, héritage de sa famille, et que Monseigneur possédera comme elle, je n'en doute pas, à un éminent degré, ces vertus ne suffisent pas pour gouverner aujourd'hui la nation française; les qualités produisent plus d'effet sur elle, et il les lui faut grandes et belles dans ses Princes.

La première de toutes est de savoir plaire et de se faire aimer.

Que Monseigneur veuille bien se souvenir de ce que je lui ai dit si souvent à ce sujet !... Rien n'est plus facile aux Princes que de gagner les cœurs, un geste, un coup-d'œil, un sourire gracieux, une parole bienveillante leur suffisent quelquefois pour cela. Il est donc bien important que Monseigneur fasse son étude de cet art de plaire et qu'il commence, dans ce but, par se rendre agréable à toutes les personnes qui l'entourent; qu'il fasse des frais pour elles, qu'il soit d'abord et toujours parfaitement soigneux et respectueux envers ses augustes parents et tout à fait aimable et bon pour sa sœur; qu'il soit poli, affable pour tout le monde et qu'il s'applique à ne jamais dire que des choses obligeantes !... Qu'il évite surtout d'en adresser de mortifiantes qui puissent affliger et blesser.

Monseigneur doit craindre de tomber dans cette faute, même en parlant à ses gens, qu'il doit toujours traiter avec une extrême bonté, sans jamais cependant se familiariser avec eux et leur laisser prendre le moindre ascendant sur lui. De cette manière, Monseigneur ne s'exposera jamais à essuyer aucune insolence de leur part et ils resteront toujours à leur place.

Que Monseigneur se montre reconnaissant vis-à-vis de tous ceux qui lui rendent des services, ces services ne seraient-ils même pas gratuits... seraient-ils intéressés... N'importe ! Monseigneur ne doit pas les considérer comme lui étant absolument dus, sans qu'il ait besoin d'y être sensible. Tout est plus ou moins réciproque dans ce monde... Il n'y a que Dieu seul à qui nous devons tout et qui ne nous doit rien, tout ce que nous obtenons de lui étant un pur effet de sa grâce et de sa bonté.

D'ailleurs, la reconnaissance est une des plus heureuses dispositions du cœur, une des vertus qui sont faites pour orner particulièrement celui des Princes, et si trop souvent, peut-être, ceux qu'ils comblent de leurs bienfaits se rendent à leur égard coupables d'ingratitude, parce qu'ils auront sans doute mal placés leurs faveurs, ce n'est pas une raison pour qu'ils se croient dispensés d'éprouver et de manifester, en toutes occasions, ce noble sentiment de la reconnaissance.

Il est une autre qualité qui se lie avec elle, ou plutôt une autre vertu, comme elle, qu'un Prince doit grandement posséder: c'est la générosité. Mais la générosité ne consiste pas à donner facilement ce qui ne nous coûte rien, ou même notre superflu; ne pas le faire, c'est avarice. L'homme véritablement généreux donne largement et afin de pouvoir donner davantage, il fait sur ses dépenses des économies, souvent pénibles et gênantes, et se prive même quelquefois des choses auxquelles il tient le plus.

Si les personnes qui sollicitent quelques bagatelles de Monseigneur, comme des mèches de ses cheveux, des dessins faits par lui, quelques lignes de son écriture, etc., etc., y attachent beaucoup de prix, il ne faut pas pour cela que, dans l'idée de Monseigneur, ces choses-là aient une aussi grande valeur, qu'elles en aient même du tout, et qu'il s'imagine qu'il accorde une éminente faveur à quelqu'un en lui faisant de ces petits cadeaux. Ce serait une pensée d'orgueil de sa part, et s'il l'avait, il finirait par croire que tout ce qui émane de lui est inappréciable... Le seul mérite qu'il doit attacher à ces sortes de générosité, c'est de le faire avec grâce quand on les lui demande.

J'oserai recommander à Monseigneur une extrême politesse et beaucoup d'amabilité envers les dames. Qu'il imite, en cela, son grand aïeul Louis XIV ! Ce prince ne parlait jamais à une femme, ne lui donnait jamais le bras à la promenade, sans avoir constamment son chapeau à la main.

Les égards, les prévenances, la considération que l'on montre aux femmes, sont la preuve d'une bonne éducation et d'un esprit cultivé, tandis que la grossièreté et la sauvagerie auprès d'elles présentent le cachet du plus mauvais ton et du caractère le plus maussade. Elles seules savent donner l'usage du monde.

Il convient aussi que Monseigneur sache combien est puissant l'empire que les femmes, principalement en France, exercent sur la société, et le charme qu'elles répandent dans le commerce de la vie; à quel point leurs suffrages et leurs éloges sont utiles, et quel est, en général, le bienfaisant résultat de leur influence sur les mœurs et sur les habitudes d'une nation; avec quelle ardeur elles servent la cause qu'elles embrassent. Les femmes donnent souvent d'excellents conseils, aussi judicieux qu'énergiques, et on les a vues mille fois déployer, dans les périls, une force d'âme sublime, un courage héroïque. Monseigneur doit donc s'habituer à les distinguer, à leur rendre les hommages que leur doit tout homme bien élevé, et cette habitude de respect et de politesse envers elles, servira même, lorsqu'un jour elles feront plus d'impression sur lui, à le retenir, à leur égard, dans les bornes du devoir, en le préservant du danger et du dégoût des passions vulgaires.

J'engage fortement Monseigneur à combattre et à vaincre le plus détestable de tous les défauts, surtout dans un Prince, défaut, la source de mille autres, je veux dire l'orgueil.

Ce principe de la chute de l'homme, apanage des parvenus, sottise chez tous, devient complétement ridicule quand l'orgueilleux est élevé à une hauteur semblable, par exemple, à celle où la naissance a placé Monseigneur..... Dans un pareil rang, a-t-on besoin d'orgueil ? A propos de quoi, sur qui, comment cet odieux penchant pourrait-il raisonnablement agir et se satisfaire ?

Monseigneur doit donc s'abstenir de maltraiter, d'injurier personne. Il sentira que c'est une lâcheté d'injurier un inférieur qui ne peut demander raison de l'offense qui lui est faite; que c'est se déshonorer soi-même que de profiter de l'abri d'un rang inabordable pour flétrir, dans un être au-dessous de soi, ce qui, pour l'homme, est plus cher que la vie..... Monseigneur comprendra de même qu'en pareil cas, plus l'offenseur est invulnérable, plus il doit d'excuses à l'offensé désarmé, et s'il n'en est que plus pénible d'avoir à les faire, ces excuses, n'est-ce pas une raison suffisante (n'y en eût-il d'ailleurs aucune autre) pour empêcher Monseigneur, par un juste sentiment de fierté, ce qui est bien différent de l'orgueil, de jamais commettre de fautes de ce genre ?

Que Monseigneur s'accoutume dès lors à maîtriser les mouvements d'impatience qu'il éprouve quelquefois lorsque l'on n'est pas de son avis ! Qu'il apprenne à supporter sans humeur la contradiction et la contrariété, et s'il trouve avec raison que l'esprit de contradiction et de taquinerie est un vilain défaut chez les autres, qu'il mette tous ses soins à s'en préserver lui-même, car ce défaut devient cent fois pire encore dans un Prince.

J'ai eu, en maintes occasions, l'honneur de dire à Monseigneur que c'est justement la diversité des opinions et des sentiments, la rivalité, l'opposition et le choc des pensées, si je puis m'exprimer ainsi, qui font le charme de la conversation, car autrement rien ne serait plus insipide et insoutenable qu'une société où tout le monde serait constamment du même avis et où il n'y aurait jamais la moindre discussion; non-seulement on s'y ennuierait à périr, mais on n'y apprendrait jamais rien.

Monseigneur doit donc être le premier à donner, dans la ·enne, l'exemple de la modération, tout en y permettant l'aisance et la juste liberté qui ne la lui rendront que plus aimable. Autrement, si l'on ne trouvait auprès de lui que gêne, contrainte, insulte ou brusquerie, chacun s'en éloignerait, il ne se ferait ni amis, ni partisans, et bientôt il ne se trouverait environné que de vils flatteurs, que de valets à gages.

Mais en permettant cette liberté de causerie et de discussion, Monseigneur ne doit ni encourager la médisance, ni souffrir que l'on tourne personne *méchamment* en ridicule devant lui..... L'esprit de moquerie et de persiflage, quoique fort commun, fort à bon marché, n'en est pas moins aussi quelquefois fort amusant, et l'on s'y laisse facilement aller..... Odieux chez le Prince, il est dangereux et funeste dans la bouche du courtisan.

L'exagération est un autre défaut contre lequel je dois prémunir Monseigneur. Celui qui prend l'habitude d'exagérer dans ses discours finit insensiblement, et sans le vouloir, par ne plus dire la vérité... on se méfie de ses paroles, on ne le croit plus.

Il faut que Monseigneur exige, non seulement des personnes qui auront l'honneur d'avoir avec lui des rapports habituels, mais encore de toutes celles qui l'approcheront, plus ou moins, d'une manière ou d'une autre, qu'elles lui parlent toujours avec franchise et confiance, et s'il arrive que Monseigneur ait des raisons de croire que quelqu'un mérite des reproches de sa part, il ne doit pas hésiter à lui dire franchement lui-même ce qu'il a sur le cœur contre lui, afin de lui fournir ou l'occasion de se faire pardonner s'il est, en effet, coupable d'un tort, ou de se justifier et de dissiper l'erreur dont autrement il eût été victime, s'il fût resté dans l'ignorance de la cause du mécontentement de Monseigneur..... Henri IV ne boudait jamais ses serviteurs; il se sentait trop grand, trop généreux pour cela, et il en a donné une preuve éclatante dans son explication avec Sully.

Puisque ce nom, symbole d'une noble amitié, se trouve sous ma plume, j'en prendrai occasion de dire à Monseigneur qu'il ne faut pas qu'il se persuade, comme on l'a souvent avancé, que les Princes ne peuvent pas avoir d'amis; c'est une idée fausse et que voudrait leur insinuer l'orgueil. Il dépend entièrement d'eux de participer, s'ils le désirent, comme tous les hommes, à l'une des plus douces jouissances de la nature humaine; mais il faut être aimant pour être aimé, et les Princes doivent faire en amitié toutes les premières avances. C'est plutôt aux jours de l'adversité qu'ils peuvent facilement trouver de *véritables amis* et qu'ils acquièrent la certitude d'être aimés pour eux-mêmes. Cependant, ils ont même alors de la peine à s'en convaincre, par suite de cette malheureuse pensée qui les domine, que l'on ne s'attache jamais à eux que par intérêt, que par ambition.... Ils ne se trompent pas, sans doute, pour ce qui est de la généralité des hommes, mais il n'y a pas de règle sans exception, et c'est parce qu'ils craignent d'admettre celle-ci qu'ils ne se livrent presque jamais à tout l'abandon, à tout l'épanchement que réclame l'amitié.

Monseigneur doit prendre garde de confondre un favori avec un ami. Ce sont deux êtres tout à fait différents l'un de l'autre. Le favori, essentiellement exclusif, accapare, absorbe le Prince et finit par devenir son maître, quelquefois même son tyran; tandis que l'ami véritable met tout son bonheur à lui en faire d'autres, à le rendre par conséquent accessible et bienfaisant envers tout le monde. Le favoritisme a perdu bien des Princes.... Puisse Monseigneur en éviter le piége et la séduction !

Je comptais ne tracer que quelques lignes pour Monseigneur; je m'aperçois qu'en voici déjà beaucoup et cependant il y a tant de choses à dire sur tout cela ! J'aurais donc à redouter que la lecture de ce long chapitre de recommandations n'ennuyât Monseigneur, si la complaisance avec laquelle il m'a toujours écouté, en me rassurant à cet égard, ne m'encourageait à l'entretenir encore de quelques sujets dignes de son attention.

La nature a doué Monseigneur de plusieurs avantages précieux; il faut qu'il sache en tirer parti : de sa franche gaîté, pour en semer l'agrément autour de lui; de la vivacité de son esprit, pour être aimable; de la bonté de son cœur, pour être doux, accueillant, et pour faire des heureux de tous ceux qui partageront sa bonne ou sa mauvaise fortune ; enfin, de son excellente mémoire, pour n'oublier jamais les services qu'on lui aura rendus.

Cette dernière faculté, si essentielle à un Prince, et que Monseigneur possède au suprême degré, pourra lui servir utilement dans mille et mille occasions. C'est un grand moyen de succès auprès des hommes à qui l'on veut plaire, que de les entretenir en causant avec eux des actions et des circonstances honorables de leur vie ou qui ont rapport à leurs familles. De la part d'un Prince, cette délicate attention fait merveille et il lui suffit quelquefois d'appeler simplement par son nom une personne qu'il a rarement l'occasion de voir, pour que celle-ci lui reste dévouée.

Il est, d'après cela, bien à désirer que Monseigneur s'instruise plus ou moins à fond de l'histoire des personnages célèbres, des hommes éminents et des grandes familles, non seulement de la France, mais aussi des cours et des pays de l'Europe, s'il doit les parcourir un jour, et qu'il sache même, autant que possible, tout ce qui peut être relatif aux plus simples particuliers distingués par quelque mérite. Cette étude paraît sans doute aride et fastidieuse, mais la bonne mémoire de Monseigneur la lui rendra facile. Il est d'ailleurs certaines conditions de leur rang auxquelles les Princes ne sauraient se soustraire.... Leurs bénéfices ne sont pas sans charges.... Après tout, celle-ci est bien légère, et que de fois n'ai-je pas dit à Monseigneur qu'il aurait tort de se figurer que les couronnes des Princes ne se composent que de roses, même lorsqu'ils sont au comble de leur puissance et de leur prospérité.

Monseigneur doit mettre également à profit ses privilèges physiques. Un noble et beau visage, une heureuse physionomie, un air distingué, sont des agréments qui disposent au premier coup d'œil en faveur de ceux qui les possèdent. Ils doivent, non pas en tirer sottement vanité, mais s'en faire un moyen d'assurance lorsqu'ils paraissent dans le monde et qu'ils se trouvent en évidence au milieu d'un cercle important.

Je n'ai pu assez redire à Monseigneur qu'il fallait qu'un Prince, et surtout un Prince français, fût le type du bon ton et des bonnes manières. Rien n'est plus nuisible que la timidité et la gaucherie, sa compagne ordinaire ; ce sont des éteignoirs qu'on se met sur la tête, et le prince doit avoir d'autant plus d'assurance, qu'il impose presque toujours lui-même aux autres hommes, surtout à ceux qui n'ont pas l'habitude et l'usage de la cour.

Il faut que Monseigneur s'applique à parler avec facilité, sans embarras, et qu'il s'exerce dans l'art heureux de tout dire, de tout faire avec grâce. Il y a longtemps qu'il est admis et avec raison, qu'un refus, mais accompagné de bonne grâce, vaut souvent mieux qu'un bienfait maussadement acccordé.

Monseigneur fera bien d'être toujours extrêmement affable envers les serviteurs dévoués et les fidèles partisans de sa cause qui viendront lui présenter leurs hommages dans l'exil. Il doit les traiter avec distinction, leur témoigner de la reconnaissance des risques auxquels ils s'exposent, car il peut surgir du volcan révolutionnaire, qui ne fait peut-être encore que fumer, de tels événements, que ces visites, ces hommages, leur soient plus tard imputés à crime, et deviennent pour eux autant de titres de proscription.

D'un autre côté, Monseigneur ne doit pas en vouloir aux personnes bien pensantes qui restent néanmoins éloignées, se bornant à faire des vœux tacites pour lui. Il y a souvent une infinité de motifs impérieux, de devoirs résultant même des lois de Dieu et de la nature, qui maîtrisent la volonté de l'homme dans sa conduite politique et qui ne lui permettent pas d'obéir toujours à ce que lui commanderaient d'ailleurs son cœur, ses principes et ses opinions.

Monseigneur doit accueillir avec une égale amabilité les personnes dévouées qui peuvent venir lui faire leur cour, quelle que soit leur qualité et indistinctement de leur naissance. Le titre seul de Français doit leur être un passeport suffisant auprès de lui; car si en règle générale il ne faut pas qu'il oublie d'honorer la noblesse, il sentira combien un Prince doit apprécier plus encore le mérite du dévouement de la part de ceux qui, par leur position sociale, ont moins de devoirs à remplir, moins de dettes à acquitter, moins de grâces à attendre.

Ce n'est pas, quand je me permets de lui tenir ce langage, que je veuille affaiblir dans son esprit les droits que la noblesse française possède à son intérêt et à son affection... Jamais exemple de sacrifice et de dévouement au Souverain, pareil à celui qu'elle a donné après la révolution de 1789, n'avait eu lieu et n'avait été poussé aussi loin.

Cependant, depuis bien des siècles, elle n'avait pas à se louer de la politique, envers elle, des monarques hauts et puissants aïeux de Monseigneur, qui ne cessaient de travailler à son abaissement et à sa ruine. Que de fois la noblesse française n'a-t-elle pas versé son sang pour ses Rois et pour la patrie ! Que de fois n'a-t-elle pas sauvé la France du joug de l'étranger !

Elle fut, à la Restauration de 1814, mal payée de tant de services et de fidèle dévouement, mais il était peut-être alors difficile qu'il en fût autrement.

Aujourd'hui, la noblesse n'est plus rien, politiquement parlant. C'est une ombre gothique qui disparait brillant à peine encore, comme les vieux vitraux d'église, de ces couleurs que l'on ne retrouve plus. Elle ne fait plus corps dans l'État ; elle n'y exerce aucune influence et son utilité, dans l'ordre actuel des choses, n'est pas plus importante que celle d'aucune autre classe de citoyens. Ce n'est donc plus sur elle que Monseigneur devra s'appuyer, et surtout de préférence, s'il monte un jour sur le trône de ses pères ; il faudra que ce soit sur les masses, sur la nation tout entière, autant que possible ; mais c'est indubitablement dans les vieilles souches de la noblesse qu'il retrouvera, plus particulièrement encore, le peu de ce qui reste en France de ces sentiments généreux et chevaleresques dont elle se glorifiait autrefois.

Or, Monseigneur fera bien, sans qu'il y ait pour cela la moindre exclusion à sa bienveillance d'aucun autre Français, en employant la capacité et le dévouement partout où il les trouvera, de protéger cependant et d'honorer la noblesse, au moins dans le souvenir des grands services qu'elle a rendus, lorsque la splendeur et la sûreté de l'État lui étaient confiées, et dans celui des illustres preux qu'elle a jadis enfantés, quelle que soit même la déplorable manière dont quelques-uns des descendants de ceux-ci ternissent aujourd'hui l'éclat des beaux noms qui leur furent légués.

Je n'ai pas besoin de recommander à Monseigneur de conserver toujours les excellents principes de Religion qu'il a reçus. Il a été élevé à trop bonne école, sous ce rapport, pour qu'il puisse jamais s'en écarter. Monseigneur, pour l'exemple et la pratique, doit se montrer le digne rejeton des Rois très chrétiens; mais avec celle de la Foi, qu'il ait aussi la Religion du cœur! cette Religion, en même temps sublime et simple, régulière, mais indulgente et qui, à part du culte et des devoirs rendus d'abord à Dieu, se réduit au précepte si doux d'aimer son prochain comme soi-même. C'est dans cette Religion que Monseigneur puisera les nobles vertus qui doivent briller en lui : la justice, la générosité, la modération, le pardon, l'oubli des injures, la tolérance bien comprise; c'est elle qui lui apprendra à repousser l'égoïsme et la vengeance, à préférer l'amour à la haine... Les Princes doivent aimer plus et haïr moins, si je puis m'exprimer ainsi, que les autres hommes, parce qu'ils sont sur la terre les images de la Divinité et qu'ils n'y ont été mis par elle que pour y faire le bien, que pour y empêcher le mal.

Que Monseigneur soit le premier et dans toutes les circonstances de sa vie, à donner le bon exemple pour tout ce qui est des actes ostensibles de dévotion que la Religion exige! En portant aux pieds des autels un hommage toujours sincère et pur, qu'il s'y fasse remarquer par son recueillement, mais qu'il évite avec soin toute affectation qui prêterait à la critique et peut-être même au ridicule si fatal en

France ! Il est bon de braver le respect humain en tout ce qui est essentiel, mais souvent on nuit plus à la Religion qu'on ne la sert lorsque l'on veut en outrer les pratiques, et surtout lorsqu'en le faisant, on n'est pas d'ailleurs dans toutes les conditions voulues pour afficher la sainteté et la perfection, si j'ose m'exprimer ainsi, car on fait croire alors à l'hypocrisie.

Il vaut donc mieux, par exemple, que Monseigneur ne se fasse pas accompagner, lorsqu'il se rend à l'église, d'un valet de chambre lui portant un gros livre d'Heures. Ses yeux sont encore trop jeunes et trop bons pour qu'il ne puisse pas suivre l'office divin dans un missel ordinaire et lire des ouvrages de piété imprimés avec des caractères qui les rendent moins volumineux, et d'un format qui lui permette de les porter lui-même et sans gêne dans sa poche. A chacun son métier, et Monseigneur n'est pas un chantre de paroisse !

Après la Religion, première loi, première base, premier principe de toutes choses, vient l'honneur... ou plutôt l'honneur est inséparable de la vraie Religion, bien que la Religion ne soit pas toujours malheureusement la compagne de l'honneur ; c'est-à-dire que l'homme réellement religieux ne saurait faillir à l'honneur, tandis que tel autre qui porte le sentiment de l'honneur jusqu'à l'exaltation même, pourrait bien quelquefois n'avoir que peu ou point de religion.

Il est certes fâcheux qu'il en soit ainsi, mais Monseigneur n'en doit pas moins aussi un culte à l'honneur.

Dans la déplorable absence de principes religieux, c'est le meilleur remplaçant qu'ils puissent avoir. Il a été souvent le mobile et la cause des actions les plus héroïques, des plus beaux dévouements, mais l'honneur est comme une fleur délicate dont un souffle ternit la pureté. On ne se joue point avec lui et c'est principalement sous l'égide des Princes qu'il est abrité; aussi Monseigneur ne doit-il en être qu'un plus rigide observateur des lois de l'honneur. Que sa conduite soit toujours franche et loyale, que sa parole soit sacrée, qu'il craigne de jamais flétrir la réputation d'autrui!

Monseigneur sera brave et courageux, autrement le sang de ses aïeux ne coulerait pas dans ses veines; mais il y a des gens qui méprisent la mort et qui craignent la douleur; d'autres, insensibles à la douleur, s'effraient de la mort. Un prince ne doit les redouter ni l'une ni l'autre; il doit être toujours prêt à les affronter chaque fois que son devoir l'exige, et à cet effet, s'habituer de bonne heure, pour ce qui est de la mort, à braver des dangers sans néanmoins s'y précipiter aveuglément; et pour ce qui est de la douleur, il doit commencer par vaincre la douilleterie, qui rend lâche, mou et efféminé.

Monseigneur honorera, dans le métier des armes, la vocation naturelle et la brillante idole des Français. Il devra se montrer ferme et décidé, dans les plus petites choses, comme dans les plus importantes. Rien n'est pire que l'irrésolution, l'hésitation, que le découragement. C'est la marque d'une grande faiblesse de caractère, aussi bien que l'entêtement et l'opiniâtreté le sont de la sottise et d'un esprit borné. Il ne faut prendre un parti, s'arrêter à un plan, qu'après de mûres réflexions, mais une fois le parti pris, le plan arrêté, toute hésitation doit cesser.

Je n'aborderai que très succinctement avec Monseigneur le chapitre de la Politique.

Cette question grande et difficile demanderait à être traitée en conséquence, et ma faible capacité reculerait avec raison devant elle. D'ailleurs, je suis encore dans l'ignorance, ce qui pourra paraître assez singulier, de la véritable direction que les augustes parents de Monseigneur auraient souhaité que l'on eût fait prendre à ses idées en fait de politique.

On ne subordonne pas facilement ses sentiments à ceux des autres, mais il n'en est pas de même de ses opinions. Lorsqu'on est de bonne foi, il n'en coûte pas de les soumettre à celles que l'on peut croire plus éclairées que les siennes; car qu'est-ce que c'est que l'opinion?

L'opinion est l'intime persuasion où l'on est que telle ou telle manière d'envisager ou de conduire une chose est la meilleure; que tel ou tel moyen de produire le bien, par exemple, est le plus sûr. Mais en cela chacun peut avoir plus ou moins tort ou raison, sans que l'intention en soit moins pure de la part de celui qui a tort. L'erreur, en pareil cas, n'étant pas criminelle, on doit toujours *respecter les opinions*, tout en cherchant à les ramener à la vérité, si l'on croit qu'elles s'en écartent. (Il est bien entendu que je ne parle pas ici de ces opinions en politique, subversives de tout ordre social, considérant celles-ci comme étant généralement dépourvues de bonne foi.) Or, il est possible que la mienne soit tout à fait erronée dans la manifestation de quelques-unes des idées politiques que je vais prendre la liberté de jeter sur le papier.

Lorsque plus tard Monseigneur les aura bien méditées, s'il trouve que je me suis trompé, il me pardonnera ma fausse manière de voir, en faveur de mon intention, qu'il n'accusera jamais, j'espère.

Je pense que quelque chose qui arrive, Monseigneur ne doit jamais montrer, envers la France et les Français, que des sentiments d'affection, de bienveillance et de paix. Ses paroles et ses discours doivent en être toujours empreints, point de rancune, point de récriminations, point de vengeance. Je sais bien qu'il lui faudra peut-être faire effort sur lui-même pour oublier et pardonner tant de torts, d'injures et de crimes dont sa famille et lui-même ont été victimes, car elle aura été longue et cruelle, la trace de ces douloureux souvenirs; mais l'effort n'en sera que plus magnanime, et cet oubli, ce pardon seront encore le seul moyen, selon moi, qui puisse présenter quelque chance de prévenir un éternel divorce entre la France et la Légitimité.

Des évènements qui appartiennent encore au domaine de l'avenir peuvent mettre Monseigneur en position d'opter un jour entre les accommodements, l'indulgence et l'oubli, ou bien la vengeance et la sévérité.

Je suis convaincu que le premier de ces deux choix pourrait lui réussir. Quant au second, j'ose prédire qu'il échouerait complétement et qu'il n'en résulterait pour Monseigneur que ruine, haine et malédiction.

Il est sans doute aussi des maximes que Monseigneur, s'il règne un jour, devra prendre pour règle de conduite, et dont, sous la Restauration, l'on ne s'est que trop souvent et trop maladroitement écarté, sans en obtenir aucun heureux résultat.

Monseigneur devra distinguer la fidélité de la félonie, se fier à l'une, l'encourager et la récompenser; se méfier de l'autre et la punir, ou du moins en paralyser l'action. Être juste, en un mot, et sans exclure, sans repousser personne, en attirant, au contraire, autant que possible, tous les mérites et tous les cœurs à lui. Qu'il donne toujours cependant la préférence à ses amis sur ses ennemis. En agir autrement, c'est renverser non seulement toutes les lois de l'équité, mais encore celles du bon sens; c'est être absurde, c'est décourager, dégoûter ses partisans, et se faire moquer de soi, ainsi qu'on en a recueilli la triste preuve en 1830 et depuis cette époque.

A part ces maximes applicables en temps et lieux, je pense que pour rentrer en France, Monseigneur ne doit se présenter que comme la colombe dans l'arche. Que les cœurs volent au-devant de lui! Qu'il arrive comme le bienfaisant réparateur des maux que son absence aura pu causer! Mais, s'il devait s'abandonner à la funeste idée que le sceptre de ses aïeux ne peut lui être rendu que par des mains étrangères, teintes du sang des Français, il poursuivrait une vaine et fatale chimère.

D'ailleurs, je connais trop bien le cœur et les nobles sentiments de Monseigneur pour m'arrêter un seul instant sur la possibilité d'une telle pensée de sa part.... Et quelle serait la position de Monseigneur en France, environné d'une garde étrangère, gouvernant à coups de sabres étrangers?... Il n'y régnerait pas trois mois!

Mais des évènements plus favorables, plus dans l'ordre d'une heureuse réconciliation, l'y ramèneraient-ils, que Monseigneur doit repousser toute idée d'*absolutisme* ou de *despotisme*. Les systèmes dont ils sont la base, facilement praticables à l'égard d'un peuple barbare, d'une société neuve et ignorante, ne peuvent autrement s'établir qu'à la faveur de droit de conquête, du droit des lauriers, et de l'usurpation du glaive martial sur la main de la Justice ; et encore faut-il un bras de fer appuyé sur de nombreux trophées pour porter ce glaive odieux.... Napoléon en fut un exemple. Mais cette arme devient-elle le partage de la faiblesse ? c'est l'instrument de sa mort. Il serait dès lors impossible de compter sur la durée d'un pareil gouvernement.

L'absolutisme ne saurait plus maîtriser l'esprit et la raison des peuples, surtout au point où ils se sont élevés en France. Quels que soient donc les inconvénients que présente une Constitution telle que la Charte octroyée par Louis XVIII ou plutôt qui lui fut imposée, quelque obstacle que soit ce gouvernement appelé représentatif, à la bonne administration et à la tranquillité d'un Royaume, quelque perpétuelle fermentation révolutionnaire qu'il entretienne dans les esprits, il serait encore plus mal aisé, je crois, de régner sur la France d'aujourd'hui, en substituant, à ce gouvernement, tout difficile qu'il est, l'arbitraire et le despotisme.

De quoi Monseigneur pourrait-il en étayer le sceptre ? Jamais la vieille loi de la Monarchie n'a été une loi d'absolutisme royal. Jamais les souverains de France n'ont été par elle des Princes absolus, sans même en excepter Louis XIV ; car, s'il exerça indubitablement durant sa longue carrière une autorité despotique, et principalement sur sa famille, son entourage et sa cour, il n'osa cependant jamais toucher aux institutions fondamentales du Royaume. L'ayant essayé jusqu'à un certain point dans son testament, ce testament fut cassé, et si l'on a souffert aussi patiemment l'absolutisme de ce monarque, c'est qu'il éblouissait la nation en même temps qu'il l'exerçait par les gloires et les grandeurs dont il l'environnait. C'est encore parce qu'on était las des guerres civiles et des troubles de la Fronde ; mais à la fin de son règne, cette résignation avait fait place à un état de souffrance plus manifeste, et le joug paraissait plus lourd. C'est peut-être à dater de l'époque dont je parle que germèrent les premières racines de cet arbre infernal de la Liberté dont les détestables fruits ont empoisonné la France en 1789.

Le mode abrégé de ces courts aperçus ne me permet pas d'entrer avec Monseigneur dans des considérations sur le despotisme ministériel, le pire de tous ; je lui dirai seulement que des publicistes et des écrivains distingués ont cru devoir faire remonter aussi les premières causes de la Révolution à celui qu'exerça le cardinal de Richelieu.

Mais, en m'élevant contre l'absolutisme, ce n'est pas, Dieu m'en garde, que je veuille conseiller à Monseigneur aucune faiblesse, aucune concession dans le plein, le libre et l'entier exercice de la puissance souveraine dont il serait également revêtu et, en conséquence, des droits qu'elle lui donnerait. Il est plus que nécessaire, il est indispensable que cette puissance repose sur de larges bases, qu'elle ait ses coudées franches, car autrement, comme l'exprime si bien l'infortuné Louis XVI dans cet écrit touchant, dépositaire de ses derniers vœux et de ses dernières pensées, un Prince qui n'a pas l'autorité suffisante pour se faire respecter et pour faire le bien, est plus nuisible qu'utile ; mais il y a loin de là au despotisme.

J'ai entretenu Monseigneur des deux uniques chances qui pourront peut-être un jour lui rouvrir les portes de la France : le retour volontaire à lui de la nation, ou l'invasion étrangère. Il sait avec quelle ardeur j'appellerais de tous mes vœux le succès de la première ; il voit combien je déplorerais la seconde.

Il est encore une autre hypothèse politique dans laquelle il faut également suivre les destinées de Monseigneur : celle pour lui d'un exil prolongé. Si le malheur l'y condamnait, il faudrait qu'il s'armât de courage contre le malheur et qu'il apprît à le supporter avec une noble fierté, car si l'orgueil est condamnable, il n'en est pas de même de la fierté, lorsqu'elle s'applique à l'élévation des sentiments, à la dignité de la conduite ; elle sied bien sous ce rapport au caractère d'un Prince en butte aux revers de la fortune.

Monseigneur, dans cette triste position comme dans tout autre, devra sans doute se conformer à la volonté et aux vues du Roi son oncle, jusqu'à ce qu'il puisse agir par lui-même. Je serai le premier à lui recommander toujours, envers ses augustes parents, la plus respectueuse soumission, la plus entière déférence.

Néanmoins, s'il m'était permis de hasarder une pensée,

j'avoue que je voudrais voir Monseigneur se placer alors (je veux dire dans le cas d'un séjour indéfini en pays étranger) sous la protection immédiate de la puissance la plus formidable de l'Europe, puissance seule capable de lui offrir, dans ses vastes États, un asile digne de lui et une existence plus indépendante, en ce qu'il y serait moins exposé que partout ailleurs aux tentatives criminelles de ses ennemis.

Une alliance personnelle, en admettant que d'insurmontables difficultés ne la rendissent pas impossible, comme j'oserais l'espérer, serait, ce me semble, la meilleure manière de s'assurer cette protection; et cette alliance convenable, avantageuse, je dirai même, si cette expression n'est pas trop triviale, agréable pour le présent, deviendrait pour l'avenir de la plus haute importance, non pas comme devant servir à forger des baïonnettes en aide du rétablissement de la Légitimité, mais comme pouvant la couvrir un jour d'une immense égide morale et politique aussi bien que naturelle [1].

Et même, à ce sujet, Monseigneur fera bien d'observer, en thèse générale, que les alliances des peuples ne peuvent avoir, pour liens durables, que des intérêts analogues et réciproques et non des intérêts opposés et rivaux, comme les alliances des gouvernements, abstraction faite des

---

(1) *Note ajoutée par le Comte de Bouillé, relativement à l'alliance russe :*

« Depuis que j'ai tracé ces lignes, j'ai appris de bonne source que des difficultés tenant principalement à la différence de religions, et que j'avais cru facile d'aplanir, s'opposaient à cette alliance qui me paraissait si désirable. L'intolérance religieuse de l'empereur Nicolas ou la sévérité des lois moscovites ne permettant pas de concessions de leur part, il devenait impossible que M. le Duc de Bordeaux, que le fils aîné de l'Église romaine en fît aucune de son côté, et qu'il épousât une Princesse schismatique à *tout jamais*. L'obstacle est donc devenu invincible. »

peuples, doivent être basées aussi sur une analogie de systèmes. Voilà pourquoi l'alliance de la France et de l'Angleterre en sera toujours une anti-nationale, par rapport aux intérêts matériels des deux pays, tandis qu'elle peut être intime de gouvernement à gouvernement, lorsque celui de la France est révolutionnaire, à la grande satisfaction de l'autre.

Au surplus, que Monseigneur s'attache particulièrement à l'étude de l'histoire. Qu'il en fasse son occupation habituelle, sa lecture favorite, lorsqu'il sera devenu tout à fait maître de son temps; qu'il nourrisse principalement son esprit de tout ce qui a été écrit sur l'histoire de France, en consultant toutes les opinions. Il existe une foule de matériaux et de Mémoires qui la lui feront connaître avec fruit et dans tous ses détails. Que Monseigneur en tire donc d'utiles leçons et qu'il applique à l'avenir l'expérience du passé. Le récit des belles actions, des nobles qualités de ses aïeux fera souvent palpiter son cœur. Il aimera la justice et la piété, la gloire et la valeur, parce qu'il descend de saint Louis et de Henri IV; tout ce qui est grand, tout ce qui est beau lui plaira, parce qu'il descend de Louis XIV; il sera bon, aimable et gracieux, parce qu'il descend de Charles X.

En offrant à Monseigneur ce faible tribut des sentiments que je lui dois, j'ai la conviction de lui avoir trop fidèlement tenu le langage de l'honneur et de la vérité pour éprouver l'inquiétude que mes paroles puissent encourir aucun blâme de la part de ses augustes parents, s'il jugeait à propos de leur en donner connaissance.

Il me reste à le prier de m'accorder la continuation de son estime et de sa confiance, de loin comme de près, et de compter sur mon dévouement en toute occasion.

Enfin, je le supplie de se rappeler quelquefois que personne ne lui souhaite plus sincèrement de glorieux et de fortunés destins que

Le Comte de BOUILLÉ.

Kirchberg, le 5 Septembre 1837.

Après avoir écouté attentivement la lecture de ces conseils, Monsieur le Duc de Bordeaux prit une plume et voulut bien écrire de sa main, au bas du cahier qui les contenait, les lignes suivantes :

« *Je rends justice aux sentiments pour moi qui ont dicté ces pages au Comte de Bouillé et je lui sais gré des conseils qu'il m'y donne.* »

Signé : HENRI.

S. M. le Roi LOUIS XIX
au Comte de Bouillé.

AU MOMENT DE SA RETRAITE DE L'ÉDUCATION DE M. LE DUC DE BORDEAUX

Kirchberg, ce 1 Septembre 1837.

Je ne veux pas vous laisser partir, mon cher Comte, sans vous témoigner à quel point j'ai été content des services que vous nous avez rendus pendant le temps que vous avez dirigé l'éducation de mon neveu.

Je suis sincèrement affligé que des affaires indispensables vous aient mis dans le cas de me demander votre remplacement dans une place où la confiance de mon père vous avait appelé. Je regrette que ma position ne me permette pas de vous donner un témoignage marquant de toute mon estime et affection.

LOUIS.

A Monsieur le Comte de Bouillé.

Monsieur le DUC DE BORDEAUX
au Comte de Bouillé.

MÊME MOTIF QUE LA LETTRE PRÉCÉDENTE.

Kirchberg, ce 5 Septembre 1837.

Mon cher monsieur de Bouillé, je ne saurais vous exprimer combien j'ai de regrets que vos affaires vous obligent à vous éloigner de nous. Mais avant votre départ, j'éprouve le besoin de vous témoigner ma reconnaissance du généreux et loyal dévouement avec lequel vous avez servi et accompagné partout le Roi, mon grand-père, jusqu'à son dernier soupir; des soins que vous avez pris de moi, et des sages conseils que vous n'avez cessé de me donner dans toutes les circonstances où je pouvais en avoir besoin. Je veux vous exprimer encore combien je prends part à tous vos chagrins et à tout ce qui vous touche, et les vœux que je forme pour que les inquiétudes que vous cause la santé de votre cher fils soient bientôt dissipées.

Du reste, je puis vous assurer que votre souvenir me suivra partout, et que je me rappellerai toujours les services que vous m'avez rendus. J'espère encore que vous pourrez un jour revenir auprès de nous, et je serai heureux de toutes les occasions que j'aurai de vous renouveler l'expression de mon amitié, de ma reconnaissance et de mon sincère et constant attachement.

HENRI.

Lettre de M. le Duc de Blacas au Comte de Bouillé,

POUR LUI ANNONCER QUE LE ROI LOUIS XIX LUI AVAIT ACCORDÉ L'ORDRE DU SAINT-ESPRIT.

Monsieur le Comte,

Le Roi, en vous accordant la permission de vous retirer, vous a déjà exprimé de vive voix et par écrit tous les regrets que lui causait votre retraite. Toutefois, Sa Majesté, voulant vous donner avant votre départ une preuve de sa bienveillance particulière, et vous témoigner combien elle apprécie votre fidèle dévouement envers le Roi son auguste père, ainsi que vos services auprès de son bien-aimé neveu, M. le Duc de Bordeaux, m'a chargé de vous annoncer qu'elle vous a nommé *Chevalier Commandeur de ses Ordres*.

En conséquence, vous serez présenté en cette qualité au premier Chapitre dudit Ordre qui sera tenu, et vous recevrez aussitôt après l'habit et les insignes de ses Ordres, car telle est sa volonté.

Je me félicite d'avoir à vous transmettre ce nouveau témoignage de la justice que le Roi daigne accorder à vos bons et loyaux services, et je saisis cette occasion de vous offrir l'assurance bien sincère de tous les sentiments avec lesquels j'ai l'honneur d'être,

Monsieur le Comte,
Votre très humble et très obéissant serviteur.
BLACAS D'AULPS.

Approuvé :
Kirchberg, le 5 Septembre 1837.
LOUIS.

Monsieur le DUC DE BORDEAUX
au Comte de Bouillé.

PREMIÈRE LETTRE APRÈS SON DÉPART.

———

Kirchberg, ce 11 Septembre 1837.

Mon cher monsieur de Bouillé, j'ai voulu moi-même répondre à la lettre que vous avez écrite à M. de Brissac et vous exprimer combien j'ai été affligé d'apprendre que Madame de Bouillé est tombée malade. J'espère que ce ne sera rien et qu'en même temps vous aurez de meilleures nouvelles de votre fils. Votre départ m'a fait beaucoup de peine, car je sens bien toute la reconnaissance que je vous dois pour les services que vous m'avez rendus. Je vous prie de dire mille choses de ma part à Madame de Bouillé; je lui souhaite à l'avenir une meilleure santé et plus de bonheur. Nous nous portons tous bien ici. Alfred (le Comte de Damas) est arrivé et je lui ai remis votre lettre.

Adieu, mon cher monsieur de Bouillé, vous savez combien je vous suis attaché; comptez sur ma sincère et constante amitié.

HENRI.

Nous vous prions tous de nous envoyer des nouvelles de Madame de Bouillé, à *Gratz, poste restante*.

P. S. — Je rouvre ma lettre pour vous dire que notre voyage à Gratz est remis au moins de quinze jours, par les craintes que causent l'état sanitaire de Goritz et de ses environs. Déjà quelques maladies qui précèdent en général le choléra s'y sont manifestées, et le médecin d'Udine donne le conseil de s'abstenir d'y aller du moins pendant un certain temps. Écrivez-nous donc à Kirchberg.

Le Comte de Bouillé à M. le Duc de Bordeaux,

A SON RETOUR EN FRANCE, RELATION DE SON VOYAGE.

Monseigneur,

J'ai voulu être bien fixé sur le départ de Votre Altesse Royale et de ses augustes parents pour Goritz, avant de profiter de la permission que Monseigneur a bien voulu m'accorder de lui donner des nouvelles de la fin de mon triste et long voyage. J'ai été vingt-quatre jours à me rendre de Baden ici par suite de cette petite maladie dont j'ai été atteint à Lintz et qui m'a forcé de continuer ma route à très petites journées. Monseigneur a su combien j'avais été heureux dans mes disgrâces, de trouver à Lintz ce bon père Lange qui a été d'une grande ressource pour moi; mon ancien camarade, le Prince de Polignac, m'a été également bien utile à Munich, où il a fallu me reposer trois jours. Mais Monseigneur pourra-t-il se faire une idée de mon effroi, lorsqu'en arrivant dans cette ville, je vois que le postillon me mène à une auberge décorée de l'enseigne du Coq? Je l'arrête avec impétuosité.... Je m'écrie : n'entrez pas.... Point d'auberge du Coq.... Menez-moi partout ailleurs.... Hélas! il me rappelait trop bien, quoiqu'il fût *au singulier*, ces trois maudits coqs de Budweiss et je ne voulais pour rien au monde avoir encore affaire à des oiseaux d'aussi mauvais augure [1]. Le postillon, fort surpris de ma répugnance pour les coqs dont il ne connaissait pas

---

(1) C'était à l'hôtel des *Trois Coqs* que M. le Duc de Bordeaux était tombé dangereusement malade à Budweiss, en 1836.

la cause, me conduisit alors à l'enseigne de l'Aigle noir où je commençai à me remettre un peu de ma frayeur.

Pendant mon séjour à Munich, le prince de Polignac a eu la complaisance de m'en faire voir les curiosités, autant que mes forces me le permettaient. Le jardin anglais est charmant et très vaste. Le palais que fait construire le roi de Bavière et dont une grande partie, celle qu'il habite, est terminée, étonne presque par la magnificence des dorures et la beauté des peintures à fresques, qui en font, du reste, toute la décoration, car l'on ne trouve ni une tenture ni une seule glace dans les appartements, ce qui m'a paru assez bizarre. La salle de bal est placée au faîte du palais et il faut monter trois ou quatre cents marches pour y arriver, ce qui doit singulièrement bien disposer les jambes à la danse. La chapelle est admirable ; peut-être les marbres et les dorures surtout y sont-ils un peu trop prodigués. Je ne saurais parler à Monseigneur avec autant de détails de Stuttgard et de Carlsruhe, n'ayant fait que coucher une seule nuit dans chacune de ces deux résidences, où je suis arrivé assez tard et dont je suis parti de grand matin, mais j'en ai assez vu pour juger qu'elles étaient jolies l'une et l'autre et qu'elles renfermaient d'assez beaux édifices. Ayant ressenti à Stuttgard un petit retour de ma fièvre, je me suis hâté de m'en aller dans la crainte d'une répétition de ma huitaine de Lintz. Je n'ai éprouvé à la frontière aucune difficulté, ni de la part de la douane, ni de celle de la police, et certes ce n'était pas à ma bonne mine que je devais un accueil si peu hostile, car elle était bien mauvaise, ma mine.... Apparemment ces messieurs étaient en veine de politesse. J'ai vu à Strasbourg deux fort belles choses : la cathédrale, dont le clocher est une des merveilles de France, et le superbe mausolée du maréchal de Saxe, qui rappelle noblement les gloires légitimes.

Monseigneur me pardonnera-t-il tous ces détails que je me permets de lui donner dans l'espoir qu'ils ne lui déplairont pas? Arrivé ici, j'y ai trouvé des lettres de mon fils qui, ayant appris que j'étais tombé malade en route et que j'étais forcé de passer par Paris pour m'y reposer un peu, veut absolument venir m'y chercher, et y consulter encore pour sa santé les plus habiles médecins de la capitale, n'ayant aucune confiance, dit-il, dans ceux de Bordeaux, qu'il traite avec assez peu de respect pour les qualifier d'*ânes*...

Bien que beaucoup de personnes, qui l'ont vu dernièrement, m'assurent qu'il s'exagère son état maladif, il persiste à m'en parler toujours de la manière la plus alarmante. J'attends avec impatience son arrivée ici pour juger moi-même ce qui en est. Aussitôt que nous aurons passé en revue la Faculté et qu'elle se sera prononcée sur l'existence des causes auxquelles il attribue ses souffrances, je me hâterai de le ramener auprès de sa femme, ne voulant faire ici, où tout me livre aux plus tristes souvenirs, que le plus court séjour possible.

Monseigneur aura eu, j'espère, jusqu'à son départ de Kirchberg et encore durant son voyage, le beau temps qui règne ici depuis un mois. Je serai bien heureux de savoir qu'il est arrivé à Goritz, ainsi que ses augustes parents, en parfaite santé. Je sais que son pied est bien guéri et je m'en réjouis infiniment. Monseigneur aura appris par les journaux la prise de Constantine et la mort du général en chef de l'expédition. Tout cela ne fait ici ni chaud ni froid.

Oserai-je prier Monseigneur de mettre mes très humbles respects aux pieds du Roi, de la Reine et de Mademoiselle, et de me rappeler au bon souvenir de M. l'Evêque, de M. l'Abbé et de ces messieurs? Je pense que mon ami Brissac sera déjà parti lorsque ma lettre parviendra à Monseigneur, voilà pourquoi je crois devoir la mettre de préférence sous le pli de M. de Blacas. Je n'ai pas besoin de dire à Monseigneur que mon cœur et ma pensée sont et seront toujours auprès de lui; que mon dévouement pour lui et son auguste famille est inaltérable. J'espère que Votre Altesse Royale aura exactement reçu la réponse que j'ai eu l'honneur de lui adresser de Baden à la lettre si aimable qu'elle avait eu la bonté de m'écrire.

Je supplie Monseigneur d'agréer l'hommage et la nouvelle assurance des sentiments avec lesquels je suis,

De Son Altesse Royale,

Le très humble, très obéissant et très fidèle serviteur,

COMTE DE BOUILLÉ.

Paris, Octobre 1837.

Monsieur le DUC DE BORDEAUX
au Comte de Bouillé.

RÉPONSE A LA LETTRE PRÉCÉDENTE.

***

Ce 26 Novembre 1837.

Mon cher monsieur de Bouillé, j'espère que votre voyage s'est mieux terminé qu'il n'avait commencé et que vous avez trouvé votre fils en meilleur état. Je vous remercie de votre lettre de Paris; elle m'a fait grand plaisir. Nous avons ici un temps superbe. J'ai assisté aux manœuvres qui se sont très bien passées et je reviens de Venise où je croyais que je n'irais jamais; ce que j'y ai vu m'a charmé. J'y ai passé quatre jours très agréables. Je vous prie de dire mille choses de ma part à Gaston.

Adieu, mon cher monsieur de Bouillé; comptez toujours sur ma constante et sincère amitié.

HENRI.

***

Monsieur le DUC DE BORDEAUX
à la Comtesse de Bouillé.

RÉPONSE A UNE LETTRE DE PREMIER DE L'AN.

***

Le 7 Janvier 1838.

Je vous remercie, Madame, de m'avoir donné de vos nouvelles; nous désirions depuis longtemps en recevoir. Vous ne pouvez pas douter de l'intérêt que je porte à vous et à M. de Bouillé. Je suis enchanté de le savoir rétabli. Je vous fais mon compliment que la maladie de Gaston ne soit pas réelle; la présence et les soins de son père seront le remède le plus efficace à son état. Je lui en veux un peu de m'avoir privé de M. de Bouillé, que j'aime fort et que je n'oublie pas. Je lui ai écrit il y a peu de temps, j'espère qu'il a reçu ma lettre.

Recevez, Madame, l'expression de tous mes sentiments pour vous.

HENRI.

Le Comte de Bouillé à M. le Duc de Bordeaux,

A L'OCCASION DU PREMIER DE L'AN (1833)

Monseigneur,

Votre Altesse Royale daignera-t-elle permettre que j'aie l'honneur de lui offrir, au commencement de cette nouvelle année, les vœux que je forme pour son bonheur et tout ce qui peut y contribuer? Me flattant que Monseigneur ne doute point de leur sincérité, je ne lui ferai pas de plus longues phrases à ce sujet. Je prie Monseigneur d'être assez bon pour mettre aux pieds du Roi, de la Reine et de Mademoiselle le même respectueux hommage de mes sentiments.

J'ai reçu, depuis mon arrivée ici, la lettre que Votre Altesse Royale a bien voulu m'écrire en réponse à celle que j'avais pris la liberté de lui adresser de Paris. C'est une nouvelle preuve de ses bontés; j'en suis vivement touché.

Je me suis réjoui du voyage de Monseigneur à Venise, il a dû être d'un grand intérêt pour lui. L'on dit que Monseigneur s'est arrêté longtemps et avec complaisance devant l'armure d'Henri IV. Je ne m'en étonne pas ; c'est un habit qui lui irait à merveille en de pareilles circonstances. J'ai appris, avec bien de la peine, qu'après son retour à Goritz, Monseigneur avait été, ainsi que Mademoiselle, un peu souffrant d'un gros rhume. J'espère qu'il n'est plus question depuis longtemps de ces deux indispositions.

Je mène ici la vie d'un ermite. Bordeaux n'est plus la noble ville du 12 Mars. Je dois cependant dire à Monseigneur qu'il s'y trouve encore beaucoup d'habitants qui n'oublient pas celui qui aura, pour toujours, honoré leur cité en portant son nom. Je m'y promène quelquefois solitairement dans d'assez belles allées qui ont été plantées sur l'ancien emplacement du Château-Trompette, n'y faisant pas plus de bruit que cette défunte forteresse n'en faisait de son vivant, malgré tout l'éclat de sa *trompe*. J'y songe à Goritz, c'est dire à Monseigneur que mon imagination est alors tout entière dans mon cœur. Je parcours aussi de temps en temps d'anciennes ruines romaines qui ne sont qu'à deux pas de chez moi. Nous nous consolons ensemble... Que Monseigneur me pardonne cette comparaison, car je suis loin de prétendre m'assimiler à Marius assis sur les débris de Carthage ; j'aimerais cent fois mieux ressembler à Déodat d'Estaing ; oh! oui, je voudrais que ce fût *bien le cas*. (Historique Dresde.)

Je suis dans les gazettes, avec assez de curiosité, les événements qui se passent au Canada ; ils m'en rappellent le souvenir, et je me figure quelquefois la colère qu'en auraient mon vieux général Prescott et son chien Mongo, s'ils étaient encore de ce monde. Gaston se porte beaucoup mieux, il se prosterne devant Votre Altesse Royale, bien reconnaissant de la mention qu'elle a daigné faire de lui dans sa lettre.

Nous sommes enfin parvenus à lui persuader qu'il n'avait pas encore besoin de faire son testament, mais je crains qu'il ne faille renoncer à vouloir le guérir de sa manie, sa triste manie de toujours se plaindre; sa petite femme est un ange de douceur et de bonté.

Je suis avec respect, Monseigneur,
De Votre Altesse Royale,
Le très humble, très obéissant et très fidèle serviteur.

COMTE DE BOUILLÉ.

Bordeaux, Janvier 1833.

Monsieur le DUC DE BORDEAUX
au Comte de Bouillé.

RÉPONSE A LA LETTRE PRÉCÉDENTE.

Goritz, ce 31 Janvier 1833.

Cher Comte, j'ai reçu avec grand plaisir votre lettre de Bordeaux. Quoique bien éloigné, je pense souvent à vous et je regrette que vous ne soyez plus auprès de moi.

Nous avons eu cet hiver près de trois pieds de neige; on voyait partout des traîneaux, nous nous sommes cru un moment en Sibérie et au lieu de cela nous n'étions qu'à Goritz! Le dégel est complet, nous avons une humidité affreuse. Nous nous portons tous bien.

Mille choses, je vous prie, à Gaston. Je suis bien aise

d'apprendre qu'il soit mieux. Votre présence, sans doute, lui aura fait du bien. Je sais avec quelle patience et quelle assiduité vous soignez un malade. J'ai pu facilement en faire l'expérience à Budweiss. Vous ne me donnez pas assez souvent de vos nouvelles.

Adieu, mon cher monsieur de Bouillé, comptez sur ma sincère et constante amitié.

HENRI.

Monsieur le DUC DE BORDEAUX
au Comte de Bouillé,

QUI VENAIT DE LUI OFFRIR UNE BOITE AVEC PORTRAIT DE LA REINE MARIE-THÉRÈSE.

Ce 10 Mai 1833.

Mon cher monsieur de Bouillé, je vous remercie bien de votre aimable lettre et de la charmante petite boîte que vous m'avez envoyée; elle m'a fait le plus grand plaisir, car c'est le portrait le plus ressemblant que j'aie encore eu de ma tante.

Vous ne sauriez croire la satisfaction que j'ai eu de la guérison de Gaston. Je suis aussi ravi de ce que vous me dites que vous comptez venir à Kirchberg en automne. Je n'ai pas besoin de vous dire le plaisir que vous me faites en exécutant ce projet. Mille choses de ma part à Gaston. Je me porte toujours bien ainsi que la plupart d'entre nous. Nous nous disposons tous à partir. Le temps a été assez beau pendant ce mois-ci, excepté vers ces jours derniers.

Adieu, mon cher Comte, comptez sur ma constante et sincère amitié.

HENRI.

Monsieur le DUC DE BORDEAUX au Comte de Bouillé,

QUI VENAIT DE LUI ENVOYER UN SERRE-PAPIER A L'OCCASION DE SA FÊTE.

Ce 12 Juillet 1833.

Mon très cher monsieur de Bouillé, j'ai reçu avec bien du plaisir le joli serre-papier que vous m'avez envoyé. Oui, je l'espère, *il le franchira*. J'ai su des nouvelles de Madame de Bouillé; elle est toujours à Baden, dont elle se trouve assez bien. Comme vous pouvez le penser, tout ce qui vous touche nous intéresse beaucoup. Qu'il me tarde de vous revoir, et que je voudrais que vous nous ameniez *notre* cher Gaston. Ce que vous me dites de votre santé me fait beaucoup de peine, mais j'espère que vous ne serez pas longtemps aussi souffrant et à un tel régime.

En passant par Lintz, nous avons vu l'excellent Père Lange, qui nous a bien demandé de vos nouvelles. A ma grande joie, ma mère arrive demain ici. Vous me demandez des nouvelles de *l'intrépide Souris*. Hélas! blessé à la jambe dans une de nos promenades, il a été laissé à Goritz et vendu au Major; nos promenades à cheval sont redevenues bien paisibles. Je cours beaucoup à pied dans le parc, les bois et les plaines. Le vieux curé est mort, il est remplacé par celui d'Hirschbarch et le petit vicaire est curé dans ce dernier village.

Adieu, mon très cher Comte, comptez toujours sur ma sincère et constante amitié.

HENRI.

Tous ces messieurs et particulièrement M. Cauchy me prient de vous dire combien ils sont sensibles à votre souvenir et combien ils seront contents de vous revoir.

Monsieur le DUC DE BORDEAUX
à la Comtesse de Bouillé.

RÉPONSE A UNE LETTRE DE FÊTE.

———

Kirchberg, ce 24 Juillet 1833.

Madame, votre aimable lettre m'a fait le plus grand plaisir. Je regrette bien de n'avoir pas passé cette année par Baden, où je vous aurais vue comme l'année dernière, mais j'espère toujours que bientôt nous pourrons nous revoir. Vous ne sauriez croire avec quelle joie et quelle impatience j'attends ici l'arrivée de M. de Bouillé; je désirerais bien qu'il pût amener aussi notre cher Gaston. Soignez bien votre santé; je vous souhaite tout ce que l'on peut souhaiter à une ancienne connaissance et une ancienne amie, et c'est de bien bon cœur.

Adieu, Madame, comptez, je vous en prie, sur mon sincère attachement et ma constante amitié.

HENRI.

———

Le Comte de Bouillé à M. le Duc de Bordeaux,

POUR LUI FAIRE PART DE LA NAISSANCE DE SA PETITE-FILLE.

———

Monseigneur,

Je venais de répondre à une lettre que Xavier de Blacas m'avait écrite pour me donner des nouvelles de son père, et le prier de parler de moi à Votre Altesse Royale, lorsque nous avons appris que ma belle-fille était enfin accouchée d'une fille le 14 courant. Comme je n'attendais qu'un motif convenable pour profiter de la permission que Monseigneur a bien voulu me donner de me rappeler quelquefois, sans indiscrétion, à son souvenir, je me hâte de saisir celui-ci, et j'ose prendre la liberté de faire part à Votre Altesse Royale d'un événement qui nous rend d'autant plus heureux, que nous commencions à nous inquiéter un peu, madame de Bouillé et moi, du retard qu'il éprouvait. Gaston me mande que sa petite Bordelaise se nomme Henriette, Marie, Robertine. J'espère que Monseigneur daignera approuver le choix du premier nom, que je l'aurais prié de lui donner lui-même, si je n'avais craint d'abuser de ses bontés. Puisque je parle de bonheur à Votre Altesse Royale, de ce mot presque effacé de mon dictionnaire, je lui dirai que nous en avons également beaucoup éprouvé en apprenant que Monseigneur continuait à jouir d'une excellente santé, ainsi que tous ses augustes parents ; j'espère qu'il passe son temps à Goritz aussi agréablement que possible, et que les bords un peu monotones de l'Izonso ne lui paraissent pas aussi tristes que lorsque j'avais l'honneur de l'y accompagner, et qu'il s'amusait quelquefois à conjuguer le verbe « je m'ennuie. » Si ce n'était pas pour un vieux et complaisant mari la plus douce des occupations que celle de soigner sa femme, je pourrais me vanter d'avoir trouvé ici une belle occasion d'apprendre par cœur cet aimable verbe. J'y mène la vie d'un véritable loup-garou, et, si cela dure, je finirai par faire peur aux petits enfants.

Nous habitons un faubourg fort tranquille, mais quand il s'agit de traverser les glacis pour aller en ville, c'est pour moi une véritable attaque de bastion. Je cours des bordées en zig-zags comme si j'étais dans la tranchée pour éviter le danger de la place. Je fais de fort mauvaises mines, et la bise évente terriblement le peu de mèches qui restent encore sur mon front dégarni, ce qui pourrait bien faire que mon seul trophée, à la fin de la campagne, se réduisît à la prise de *Perruque* comme le roi de Prusse... En attendant, Monseigneur saura qu'il gèle ici à pierre fendre depuis deux jours, température qui ne lui déplairait pas, ce me semble.

A en juger par la foule qui parcourt rapidement la ville de Vienne dans ce moment, on peut croire qu'il y a déjà beaucoup de monde ici ; cependant le Comte et la Comtesse Esterhazy n'y sont pas encore arrivés et n'y sont même attendus, je crois, que pour le courant de Janvier.

Je voudrais pouvoir donner à Monseigneur des détails plus intéressants sur ma résidence actuelle, mais il faudrait pour cela lui composer un petit roman, et je sais que Votre Altesse Royale s'occupe trop utilement et agréablement de l'histoire pour que je me permette de la faire voyager dans la région des fables. Je présume cependant qu'elle se rappelle encore quelquefois *Œil de Faucon* et ce pauvre *Mohican* dont nous avons déploré la triste fin.

Le plus fameux des hurluberlus échappé des maisonnettes et le plus célèbre des babillards, M. R..., en un mot, est arrivé ici depuis quelques jours avec son neveu qui est venu me voir et qui, sachant que je devais avoir l'honneur d'écrire à Monseigneur, m'a chargé de lui faire agréer l'hommage de son inaltérable dévouement. Ces deux pèlerins d'économie politique vont continuer leur voyage et se rendre en Angleterre à l'effet d'y chercher les nouveaux matériaux dont M. R... a besoin pour compléter le grand ouvrage au moyen duquel il a déjà changé, dit-il, les wygs en torys et les démocrates en aristocrates, chose qui n'était pas facile.

Puisque Monseigneur a encore grandi, il n'y a pas de raison pour qu'il reste en si bon chemin, et j'espère qu'il pourra manger force petits pâtés sur bien des têtes qui avaient l'impertinence de s'élever au-dessus de la sienne. Mais j'abuse des moments de Monseigneur, séduit par la vieille et douce habitude que j'avais de causer et de rire un peu avec lui ; je le prie de me la pardonner en faveur du souvenir qui me restera toujours des trop courts moments où il m'a été permis de lui donner plus particulièrement, à lui et à son auguste famille, des preuves d'un dévouement qui ne finira qu'avec moi.

Votre Altesse Royale daignera-t-elle en accueillir la nouvelle assurance, et croire au plus profond respect comme à tous les sentiments avec lesquels je suis son très humble, très obéissant et très fidèle serviteur.

Comte de BOUILLÉ.

P.-S. — L'intérêt que Monseigneur veut bien accorder à madame de Bouillé m'engage à lui dire que sa santé est infiniment meilleure. Elle veut être mise aux pieds de Votre Altesse Royale et nous nous réunissons pour prier Monseigneur d'avoir la bonté de nous mettre également à ceux du Roi, de la Reine et de Mademoiselle, en leur demandant de permettre que nous comptions aussi sur leur bienveillance, à l'occasion de la naissance de notre petite-fille.

Vienne, 26 Novembre 1833.

Monsieur le DUC DE BORDEAUX
au Comte de Bouillé.

RÉPONSE A LA LETTRE PRÉCÉDENTE.

Ce 7 Décembre 1838.

J'ai reçu, mon cher monsieur de Bouillé, votre lettre si gaie et si aimable du 26. Je vous félicite de tout mon cœur de la naissance de votre petite-fille. Veuillez en faire mes compliments à Gaston et à madame de Bouillé. Vous me dites que vous conjuguez le verbe « je m'ennuie; » si j'en juge par votre lettre, la gaieté ne vous a point abandonné et j'y ai reconnu mon ancien ami. Ecrivez-moi souvent; tout ce que vous pouvez me dire de vous et des vôtres, m'intéresse et me fait plaisir. En lisant vos lettres, je crois encore être avec vous et vous parler, ce que je voudrais pouvoir faire bientôt. J'éprouve bien du plaisir à savoir la santé de madame de Bouillé s'améliorer; dites-lui mille choses de ma part.

Ici, dans ce petit pays, que vous connaissez bien, nous gravissons les rochers, nous nous laissons souvent tomber sur les pierres en cherchant quelque misérable perdrix et nous nous morfondons de froid par une *bora* glaciale. Nous montons quelquefois à cheval; mais peu, à cause de la pluie.

M. de Blacas, à peu près dans le même état, va partir pour Venise. Il croit toujours qu'il sera mieux là où il n'est pas. Quand vous reverrai-je donc? Sera-ce bientôt?... Je l'espère.

Adieu, mon cher monsieur de Bouillé, comptez toujours sur ma constante amitié et sur mon sincère attachement.

HENRI.

Le Comte de Bouillé à M. le Duc de Bordeaux,

A L'OCCASION DE LA NOUVELLE ANNÉE (1839)

Monseigneur,

Je me croirais coupable envers Votre Altesse Royale si, après la charmante dernière lettre qu'elle m'a fait l'honneur de m'écrire, je ne continuais pas à saisir toutes les occasions de lui renouveler l'hommage de mes sentiments, puisqu'elle veut bien m'assurer qu'il lui sera toujours agréable.

Je n'aurais donc pas manqué d'offrir à Monseigneur, au commencement de cette année, le tribut de mes vœux pour lui, si j'avais été alors mieux instruit de son retour à Goritz; j'ose espérer qu'en les recevant un peu plus tard, Votre Altesse Royale n'en sera pas moins convaincue de leur ardeur et de leur sincérité. Au surplus, Monseigneur, ces vœux sont de toutes les saisons, de tous les mois, *de tous les jours*, et si Dieu daigne les exaucer, bonheur et gloire deviendront le juste partage de tous les vôtres[1].

---

(1) *Le Comte de Bouillé avait composé cette prière qu'il récitait chaque jour. On l'a retrouvée après sa mort dans des feuillets écrits de sa main et bien jaunis par le temps:*

« Protégez, ô mon Dieu, et bénissez les Princes que nous chérissons, notre jeune Roi et sa famille. Accordez-leur encore des jours heureux dans ce monde. Faites cesser leurs infortunes et accordez-leur à tous un jour dans le Ciel la récompense de leurs vertus et l'éternel dédommagement des malheurs et des injustices qu'ils auront soufferts ici-bas.

» Veillez sur les jours de *notre unique espérance* et faites encore s'il est nécessaire des miracles en sa faveur. Rendez ce jeune Prince digne de ses grandes destinées, s'il est dans vos desseins qu'il en ait, et que tous vos desseins comme votre volonté, quels qu'ils soient, s'accomplissent sur la terre... Mon Dieu! jetez un regard de compassion sur toute cette malheureuse Famille Royale et ne cessez jamais de la protéger! »

J'ai appris avec un plaisir inexprimable l'heureux et intéressant voyage que Votre Altesse Royale vient de faire, et sans surprise, mais avec un peu de fierté peut-être, me suis-je réjoui des succès qu'elle a partout obtenus. Ces succès ne sont que le prélude de tous ceux qui attendent Monseigneur. Il a bien voulu se rappeler ce que je lui ai souvent dit de l'art de plaire comme d'un moyen qu'il lui sera d'autant plus facile d'employer qu'il n'aura pas pour cela à forcer nature.

Tout ce que Monseigneur a vu l'aura sans doute vivement intéressé. Le Milanais surtout, cet ancien champ de bataille des vieilles prouesses, où les royales bannières de sa maison ont tant de fois brillé du plus noble éclat. Sol, forteresses, monuments, beaux-arts, souvenirs, rien, dans tous les lieux que Monseigneur a visités, n'a pu être sans charmes pour lui et il sera revenu au sein de son auguste famille, plein de gaîté et de conversation, y répandre de nouveau celui de sa présence et s'y reposer de sa courte excursion. Ce sera un véritable bonheur pour moi de pouvoir causer de tout cela avec Monseigneur. Il aura déjà beaucoup de choses à m'apprendre et, après avoir été son modeste Mentor, je ne me plaindrai pas de devenir son écolier. Mais, en jeune aiglon qui vient de faire l'essai de ses ailes, ne tarde-t-il pas à Votre Altesse Royale de les déployer encore, et moi, pauvre vieux hibou à moitié déplumé et qu'une assez forte indisposition retient en cage depuis près de quinze jours, quand et comment pourrai-je aller m'abattre aux pieds de mes idoles de Goritz ?... Je voudrais que ce fût dans le courant du mois prochain, afin de pouvoir me remettre en route après Pâques pour aller faire en France deux petits chrétiens, car, à mon assez grande surprise, je viens de recevoir une demande datée d'Alger, de la fille du Maréchal Vallée, nièce de madame de Bouillé, qui me prie d'être aussi le parrain d'un Carthaginois dont elle vient d'accoucher.

L'on m'a assuré que la famille Royale avait le projet de quitter Goritz cette année plus tôt qu'à l'ordinaire; oserai-je demander à Monseigneur, si ce n'est pas une indiscrétion, de me faire savoir jusqu'à quelle époque je puis y avoir l'honneur, avec sa permission, de lui faire ma cour?

Madame de Bouillé, dont la santé continue à s'améliorer, me charge d'être auprès de Monseigneur l'interprète de ses vœux fidèles et de son respectueux dévouement, et nous nous réunissons pour demander à Votre Altesse Royale de vouloir bien nous mettre aux pieds du Roi, de la Reine et de Mademoiselle. Offrir à Leurs Majestés l'hommage de nos sentiments inaltérables sera toujours le premier comme le plus doux de nos devoirs.

Nous nous affligeons vivement de l'état du pauvre Duc de Blacas, qui ne fait, à ce qu'on nous assure, qu'empirer, loin de s'améliorer. Les dernières nouvelles que nous avons reçues de Madame de Blacas sont à cet égard désolantes, et je crains d'avoir bientôt à regretter, pour la famille Royale, la perte d'un sujet bien fidèle, et, pour moi-même, d'un ancien ami, dont le monde, souvent trop injuste et jaloux, n'appréciait pas assez les nobles et belles qualités. Je suis bien persuadé qu'en cette occasion le cœur généreux de Votre Altesse Royale ne se démentira pas.

C'est en sollicitant toujours de Monseigneur une petite part dans son gracieux souvenir, que j'ai l'honneur de lui réitérer l'expression respectueuse du dévouement sans bornes et de tous les sentiments avec lesquels je suis,

De Son Altesse Royale,

Le très humble, très obéissant et très fidèle serviteur,

COMTE DE BOUILLÉ.

P. S. — On nous a dit que le Duc de Lévis avait quitté momentanément Monseigneur pour faire son voyage de France et que M. l'abbé Trébuquet était de retour auprès de lui. S'il en est ainsi (ce dont je féliciterais Monseigneur), je lui demanderais d'être assez bon pour lui parler de moi. J'espère qu'il aura laissé M. l'Evêque en bonne santé. L'intrépide R... et son neveu ont enfin pris congé de Vienne pour l'Angleterre, il y a quelques jours.

Vienne, ce 25 Janvier 1839.

Monsieur le DUC DE BORDEAUX
au Comte de Bouillé.

RÉPONSE A LA LETTRE PRÉCÉDENTE.

Goritz, ce 3 Février 1839.

Mon cher monsieur de Bouillé, votre lettre m'a fait le plus grand plaisir. Je commençais à trouver que nous avions rarement de vos nouvelles. J'ai fait un voyage fort intéressant en Lombardie ; j'ai visité avec plaisir les places de Vérone et de Mantoue. J'ai admiré le magnifique dôme de Milan ; quand on ne l'a pas vu, on ne peut pas s'en faire une idée; j'y ai visité la fameuse chapelle souterraine de St-Charles, où le corps de ce grand saint repose. Cette vaste église, tout entière en marbre blanc, est couverte de quatre mille statues dont quelques-unes sont superbes. L'arc de la Paix, autrefois du Simplon, est un des plus beaux monuments qui existent en ce genre. Les bas-reliefs sont exécutés par les grands sculpteurs de Milan. J'ai vu l'église à la porte de laquelle saint Ambroise arrêta Théodose. A Monza, j'ai porté dans mes mains la couronne de fer, autrefois cimier de Constantin. Dans l'intérieur de cette couronne est un clou de la Passion de Jésus-Christ. Mon voyage a duré trois semaines, qui ont été bien employées. J'ai passé par une foule de champs de bataille de toutes les époques : Pavie, Marignan, Castiglione, Arcole, etc.

Vous me faites espérer que vous viendrez bientôt nous voir. Vous savez tout le plaisir que j'aurai à revoir un ancien et fidèle ami, et à lui parler de tout ce qui nous intéresse. Vous me demandez dans votre lettre quand nous partons. Mon oncle reste ici jusqu'au commencement de juin ; pour moi je compte partir dans le courant d'avril.

Tout ce que vous me dites de la santé de madame de Bouillé me fait grand plaisir. Faites-lui, je vous prie, mes compliments affectueux.

Adieu, mon cher Comte, à revoir. Comptez toujours sur ma reconnaissance et mon affection.

HENRI.

M. l'abbé est profondément touché de votre bon souvenir ; il me prie de vous en remercier et de vous offrir ses hommages.

Le Comte de Bouillé à M. le Duc de Bordeaux,

AU RETOUR D'UN VOYAGE A GORITZ ET A VENISE.

Monseigneur,

Ainsi que Votre Altesse Royale a eu la bonté de l'exiger de moi, je viens lui rendre compte, mais beaucoup trop longuement peut-être, de mon excursion cependant bien rapide à Venise. Après quelques hésitations à mon arrivée ici de Goritz, un vent favorable au départ du paquebot à vapeur, une curiosité depuis longtemps entretenue par tout ce que j'avais lu et entendu dire de cette ville, aussi célèbre que singulière, dont je me trouvais à une si petite distance, enfin tout le désir de la voir que m'avait inspiré la charmante relation du voyage qu'y a fait Monseigneur, finirent par me décider à tenter l'aventure.

Je me suis donc embarqué sur le susdit paquebot à dix heures du soir, le jeudi 4 du courant, et le lendemain, à sept heures et demie du matin, nous avions jeté l'ancre vis-à-vis l'hôtel Royal du signor Danielli, à l'issue d'une très belle traversée, durant laquelle personne à bord, que je sache, n'avait été malade, pas même trois bons Pères Capucins à barbes magnifiques, qui se trouvaient au nombre des passagers. Une vieille superstition ridicule en faisait autrefois des oiseaux de mauvais augure en voyage. S'il en avait été ainsi, les nôtres auraient donné un démenti au proverbe.

Nous étions, du reste, fort peu de passagers à bord. En outre de mon errante *seigneurie*, il y avait deux autres Français. Un Comte de Ménardeau, ancien élève de l'école de Saint-Cyr, que l'on m'a dit être maintenant capitaine de lanciers; j'ignore le nom de l'autre, qui m'a paru être un négociant provençal. Ces messieurs voyagent ensemble depuis quelques mois, compères et compagnons, pour leur plaisir, d'après ce que j'ai pu en juger par leurs conversations et le peu de paroles que nous avons échangées. Quant à leurs opinions, ils ne les ont pas assez manifestées pour que je puisse savoir s'ils sont *des vôtres* ou *des nôtres*.

En entrant à l'hôtel Danielli, la première chose qui frappa mes regards dans le grand vestibule, au bas de l'escalier, m'occasionna une sensation désagréable. L'aspect de cinq ou six capotes de gondoles peintes en noir, qui y étaient rangées l'une à côté de l'autre, ressemblant parfaitement à de grands cercueils, me fit croire qu'il y avait autant d'enterrements dans la maison et je dus en conclure que la peste ou le choléra-morbus, son cousin germain, étaient indubitablement à Venise; mais bientôt détrompé à cet égard, je fis une toilette, je déjeûnai et muni d'un *cicerone* parlant très bien le français, je commençai mes courses.

Je débutai par aller porter à son adresse une lettre de recommandation de M. Rossi et ensuite une autre que le colonel Catinelli m'avait donnée pour un jeune homme de ses amis, très aimable, le Comte de Couderhoven, chambellan de l'Empereur. De là, je retournai à l'église de Saint-Marc, que le bon sacristain me fit voir et admirer dans tous ses détails. Je n'en ai pas trouvé le trésor aussi riche que je l'imaginais, mais les reliques que l'on y conserve sont d'un prix inestimable. De Saint-Marc, je me rendis au palais du Doge, ce grand et beau reste de la splendeur de Venise; mais tout en y admirant beaucoup de belles choses, celle que j'y remarquai avec plus de plaisir fut l'empreinte des trois fleurs de lis incrustées sur la poitrine de l'aigle éployée qui surmonte le monument élevé en mémoire du passage de Henri III et l'inscription qui le constate.

Revenu à mon auberge du Palais-Ducal, après m'être promené sur la place Saint-Marc et y avoir vu s'abattre, au coup de deux heures sonnant, une nuée de pigeons, ce qui me persuade que le jeu de *pigeon-vole* a dû être inventé à Venise, je pris une gondole pour aller d'un bout à l'autre du Grand-Canal, et afin d'y mieux contempler ces superbes palais si vantés qui en bordent les rives, je fis ôter la capote de mon esquif; mais j'eus grand tort en cela, car le vent qui avait rafraîchi singulièrement depuis mon arrivée dans ce port, soufflait alors d'une telle force et était si glacial, qu'après avoir tristement suivi pendant deux heures le cours de ce canal, où tout me portait, ses ondes mêmes, à la mélancolie, sans en excepter le fameux pont du Rialto avec ses cinq ou six mauvaises boutiques et qui me parut des plus mesquins, après avoir fait, dis-je, ce triste trajet, je rentrai chez moi morfondu et avec un violent mal de gorge.

Dans la soirée, je voulus voir l'apparence aux lumières de la place Saint-Marc; je la trouvai mal éclairée et presque déserte. J'entrai dans un café pour y étudier la physionomie des gens, des oisifs ou des nouvellistes qui pouvaient s'y trouver. Là, à peu près la même solitude que sur la place. Ce qui me restait alors de mieux à faire, était d'aller me gargariser et me coucher, ce que je me hâtai d'exécuter, presque emporté, en regagnant mon logis, par l'espèce de *bora* qui retenait vraisemblablement la plupart des frileux Vénitiens claquemurés chez eux. Le lendemain samedi, je recommençai par combattre, à force de gargarismes, mon malencontreux mal de gorge, et prévoyant que ce séjour à Venise ne serait pas de longue durée, je me remis en gondole (celle-ci, pour le coup, bien hermétiquement fermée), et je me rendis avec mon intelligent *cicerone* à l'Arsenal.

Pour qui a vu les établissements maritimes, les chantiers de Brest et de Portsmouth, celui-ci n'a rien d'intéressant que les souvenirs qui s'y rattachent. Je m'y arrêtai avec un saint respect devant l'armure de Henri le Grand... Elle est simple, cette armure, mais il est probable qu'il l'avait portée dans quelque bataille, luisante au feu des canons et des mousquets, peut-être victorieuse aux champs d'Arques ou d'Ivry, et ce noble lustre lui donne plus de valeur que n'aurait pu le faire le plus riche travail damasquiné. L'on me dit que l'épée qui l'accompagnait avait été dérobée. Quelle main a pu oser s'emparer d'un tel glaive? C'est entre celles de Votre Altesse Royale qu'il devrait se trouver, et certes je ne doute pas qu'il n'y fût bien placé. De l'Arsenal, nous fûmes visiter les principales églises, dont j'ai beaucoup admiré l'architecture et la richesse, mais j'avoue que celle des Jésuites, quoique sans doute moins magnifique que d'autres, m'a cependant tellement plu que je suis tenté de lui donner la préférence. Ce marbre que l'on prendrait pour une étoffe de soie blanche sur laquelle des fleurs vertes semblent être brochées, produit le meilleur effet. La draperie qui entoure la chaire est surtout admirable. Bien fatigué de cette seconde journée et le mal de gorge allant toujours son train, je dus renoncer à visiter l'Académie des beaux-arts et les autres merveilles de Venise, remettant ces dernières courses au lendemain dimanche.

Mais que va dire Monseigneur, en apprenant que je n'en ai rien fait? Il va me prendre pour un rejeton barbare de ces Huns et de ces Vandales qui forcèrent les anciens habitants de ce pays-ci à se réfugier dans leurs lagunes. Contrarié par la petite indisposition que je redoutais d'empirer en parcourant les grandes salles froides de l'Académie et peu capable de bien apprécier les chefs-d'œuvre qui s'y trouvent réunis, effrayé d'ailleurs par cette tempête boréale qui pouvait retarder encore longtemps le retour du paquebot à Trieste, je me levai le dimanche matin bien résolu à faire mes adieux le jour même à cette cité jadis si gaie et si pompeuse, mais maintenant si changée, à mon avis du moins.

Après avoir donc fait marché avec un voiturin pour me mener en deux jours d'ici à Trieste, j'allai entendre la messe à la cathédrale de Saint-Marc, où je pris congé du bon sacristain et à midi sonnant, je voguais en fugitif à pleines voiles dans une gondole sur le petit bras de mer et au milieu des îlots fortifiés, fort jolis, qui séparent de la terre ferme la reine douairière de l'Adriatique, car c'est véritablement Trieste qui en porte aujourd'hui le sceptre.

Je dirai en passant à Monseigneur que ces fameux gondoliers sont, pour l'adresse à manœuvrer leurs frêles embarcations et l'agilité de leurs rames, à cent pieds au-dessous, je leur en demande pardon, de nos coquins de nègres canotiers aux Antilles, dont les pirogues ressemblent, du reste, parfaitement aux gondoles vénitiennes, à leurs grands cercueils près.

Arrivé à Mestre, à deux heures et demie, j'y trouvai mon voiturin tout attelé, et je fus, le même soir, coucher à Conégliano, après m'être reposé une heure à Trévise. J'en repartis le lendemain à cinq heures du matin et j'arrivai à sept heures du soir à Palma-Nova. Je voulais pousser jusqu'à Romans, mais l'extrême frayeur des bandits qui infestent soi-disant le pays situé entre ces deux relais et qui le rendent dangereux la nuit, avait produit un tel effet sur les entrailles du signor Antonio Pondini, mon cocher, et du sénateur romain Georges Roth, mon aimable serviteur, qu'il me fallut céder à leurs instances, et plus encore à la fatigue de mes coursiers qui étaient sur les dents, et me résigner à me mettre sous *cloche* à l'auberge de la Campana, où je passai une assez bonne nuit, défendu par la forteresse de Palma contre tous les brigands de Frioul.

Hier, à six heures du matin, je continuai mon voyage, l'astre du jour avait rendu à mes deux braves compagnons assez d'intrépidité pour me le permettre, mais si les voleurs respectèrent notre marche, il n'en fut pas de même de la *bora*. Elle nous harcelait si impitoyablement, que la mince calèche dans laquelle je cheminais fut sur le point d'être culbutée et emportée au beau milieu des marais sur la levée de Montefalcone.

Avant d'en venir là, je ne dois pas oublier de dire à Monseigneur qu'en passant à Romans j'avais le cœur bien gros de me trouver si près de Goritz et de m'en éloigner pourtant. Je pensai à de nouveaux tristes adieux qu'il me faudrait faire, et cette idée prévalut... Cependant le voiturin s'étant un moment trompé de chemin (il avait pris celui que mon cœur lui eût indiqué s'il l'avait consulté), je le laissai faire, quand un paysan, à qui il s'adressa dans son incertitude, le tira de son erreur et moi de ma trop courte illusion.

Pour passer du grave au plaisant, comme dit Boileau, je raconterai aussi à Monseigneur qu'en descendant pour faire boire les chevaux à l'auberge de Montefalcone, une bizarre figure, me prenant par surprise, se jeta à mon cou en poussant des cris de joie. C'était pis que l'embrassade dont me gratifia autrefois la bonne Anniche de Bordeaux, et cette apparition grotesque n'était autre que celle de la vieille folle de Goritz qui, un paquet sous le bras et son gros rosaire à la main, se trouvait là par je ne sais quel hasard. Je me débarrassai avec un *swanski* de ses vives caresses, et la pauvre femme me donna en revanche plus de bénédictions que n'en méritait cette légère aumône... Il était trois heures quand j'arrivai ici, et la première chose que j'appris fut que le paquebot qui m'avait porté à Venise, et qui devait en revenir le jour même, n'avait pu effectuer ce retour, grâce à la violence de la Bora. Je n'ai eu donc qu'à me féliciter du parti que j'ai pris de revenir sur le plus solide plancher des vaches. Mes places sont arrêtées pour demain, et je serai rendu, Dieu aidant, à Vienne dimanche, de très grand matin.

Monseigneur voudra-t-il excuser cette narration bien diffuse et bien ennuyeuse d'un petit voyage qui aura d'autant moins d'intérêt pour lui qu'il connaît mieux Venise que moi, qui l'aurai à peine aperçue ? Je voulais simplement en avoir une idée, et j'avoue que celle que j'emporte est loin de répondre au tableau que je m'en étais fait. Votre Altesse Royale me pardonnera donc de ne pas entrer dans plus de détails. Je lui demanderai la permission de lui écrire encore avant mon départ de Vienne, où il me tarde d'arriver auprès de M™ de Bouillé, dont je n'ai aucune nouvelle depuis près de quinze jours.

J'ose prier Monseigneur de me mettre aux pieds du Roi, de la Reine et de Mademoiselle, d'être auprès de leurs augustes personnes l'interprète bienveillant de tous mes sentiments de respect, de gratitude et de dévouement. Jamais je n'oublierai toutes les bontés dont Leurs Majestés viennent encore de me combler. La reconnaissance les a gravées dans mon cœur en caractères ineffaçables, et toujours aussi conserverai-je le précieux souvenir de l'accueil que Monseigneur a daigné me faire. Il a été si bon, si gracieux pour moi, qu'il me serait impossible de lui exprimer à quel point j'en suis touché. Je ne parle pas d'ailleurs à Votre Altesse Royale de mes sentiments ; elle les connaît trop bien pour cela. Puissé-je trouver encore mille occasions de lui prouver qu'il ne saurait y en avoir de plus sincères que ceux avec lesquels je suis, monseigneur,

de Votre Altesse Royale,

Le très humble, très obéissant et très dévoué serviteur.

COMTE DE BOUILLÉ.

Trieste, 10 Avril 1839.

Monsieur le DUC DE BORDEAUX
au Comte de Bouillé.

RÉPONSE A LA LETTRE PRÉCÉDENTE.

Goritz, ce 21 Avril 1839.

Mon cher monsieur de Bouillé, je vous remercie bien des détails que vous m'avez donnés sur votre voyage à Venise. Je suis fâché que cette course n'ait pas répondu à votre attente ; je crois que la *bora* et le mal de gorge ont été pour beaucoup dans le déplaisir que vous avez éprouvé. J'espère cependant que vous êtes arrivé sain et sauf à Vienne et que vous y avez trouvé madame de Bouillé en bonne santé.

Pour nous, nous sommes restés très tranquilles depuis votre départ. L'hôtel des Trois Couronnes, rempli jusqu'à présent par Sosthènes (le Vicomte de La Rochefoucault), les Puységur et les Pongibaut, est maintenant dans le calme et le silence et les attendus de Rome n'arrivent pas. Que vous dire sur le reste de notre vie ? Vous la connaissez parfaitement. La maladie de M. de Blacas, au lieu d'augmenter, semble au contraire rétrograder un peu et son état s'améliore de telle sorte qu'il compte bientôt se rendre à Vienne. Maxence (de Foresta) attend son père dans peu de jours. M. de Lévis doit nous arriver au plus tard à la fin du mois.

Faites, je vous prie, mes compliments les plus affectueux à madame de Bouillé. Pour vous, comptez sur ma constante et sincère affection.

HENRI.

Monsieur le DUC DE BORDEAUX
au Comte de Bouillé.

Goritz, ce ? Mai 1839.

Mon cher monsieur de Bouillé, je ne sais si vous avez reçu la lettre que je vous ai adressée à Vienne; je crois que vous en étiez déjà parti. Je vous vois avec peine vous éloigner de nous; ce qui me console, c'est la pensée que nous nous reverrons, j'espère, dans peu de temps.

Je vais partir pour le voyage dont je vous ai parlé, accompagné de M. de Lévis, de M. de Montbel, du général Foissac-Latour et de M. de Locmaria. Le beau temps est enfin venu, la chaleur commence même à nous incommoder. Cela ne m'empêche pas de sortir tous les jours, soit à cheval, soit à pied, et de continuer tous mes autres exercices.

Adieu, mon cher monsieur de Bouillé; faites mes compliments les plus affectueux à madame de Bouillé et à Gaston, quand vous le verrez, et comptez sur ma sincère et constante affection.

HENRI.

Le Comte de Bouillé à M. le Duc de Bordeaux
EN LUI ENVOYANT UN CHAPEAU.

Monseigneur,

J'ai l'honneur de mettre l'hommage de mon respectueux dévouement aux pieds de Votre Altesse Royale et sur sa tête le chapeau ci-joint dont Madame la Duchesse de Lévis veut bien se charger. Je désire que la couronne que Monseigneur doit porter un jour lui soit aussi légère que cette coiffure. J'ai choisi le chapeau gris plutôt que noir, présumant que Monseigneur préférerait cette couleur dans la saison actuelle des chaleurs. J'espère qu'il ne sera pas trop étroit, l'ayant pris exactement sur la mesure que Lorgnet m'avait remise.

Je n'ai que le temps d'adresser aujourd'hui ce peu de mots à Votre Altesse Royale, ne voulant pas manquer l'occasion de Madame de Lévis qui part demain. J'ai eu le regret de n'avoir pu aller lui faire ma cour à Noisel; à peine arrivé ici, j'y ai été pris par la grippe, dont j'ai été fort souffrant et qui me retient même encore un peu à l'hôpital. J'aurai l'honneur d'écrire plus longuement à Monseigneur aussitôt que je serai instruit de son retour à Kirchberg.

Monseigneur aura-t-il la bonté de parler de moi au Roi, à la Reine et à Mademoiselle, et de rendre toujours justice à tous les sentiments que lui a voué pour la vie son vieux et fidèle serviteur.

Le Comte de BOUILLÉ.

P.-S. — J'ai reçu la lettre que Monseigneur a bien voulu m'écrire de Goritz et celle du Duc de Lévis. Je suis bien reconnaissant de l'une et de l'autre.

Paris, Juin 1839.

Le Comte de Bouillé à M. le Duc de Bordeaux,
À L'OCCASION DE SA FÊTE.

Monseigneur,

J'espère que Votre Altesse Royale recevra ma lettre le 15 et cette date lui en expliquera le motif. Je viens au jour anniversaire de sa fête lui renouveler tous mes vœux. Puisse le Ciel les exaucer tels que je les forme pour elle du fond du cœur; tels que les forment tous ses fidèles serviteurs de France et particulièrement ceux qui ont eu le bonheur de connaître et d'apprécier Monseigneur ! Beaucoup pourront lui être mieux exprimés, aucuns ne seront plus sincères que les miens.

Je pense que Monseigneur est déjà depuis quelque temps de retour à Kirchberg. J'espère qu'il aura été parfaitement satisfait de son intéressant voyage ; qu'il a vu de grandes et belles choses. Je sais qu'il a laissé partout où il a passé les souvenirs les plus flatteurs ; j'attends avec impatience les détails que pourront m'en donner ceux qui ont eu l'honneur de l'accompagner, ou qui ont été assez heureux pour lui faire leur cour depuis. J'espère aussi que Monseigneur se porte mieux que jamais.

Je suis au moment de me nicher enfin dans mon ermitage de Vaugirard. J'ai eu bien de la peine à en finir de ce petit établissement. Maçons, charpentiers, menuisiers, serruriers, peintres, etc., tous gens dignes d'habiter l'ancienne forêt de Bondy, s'étaient coalisés en une conjuration générale contre ma bourse, en sorte qu'au milieu de quelques jolis petits meubles et bagatelles, restes de notre splendeur passée et que madame de Bouillé m'a recommandé de garder soigneusement, j'y serai comme un véritable rat d'église. J'y vivrai bien isolé, mais avec quelques bons livres on ne s'ennuie jamais et lorsque je voudrai m'y consoler de bien des choses, je contemplerai la belle lithographie que Monseigneur m'a donnée et sur laquelle il a daigné tracer de sa main des mots si aimables pour moi.

Votre Altesse Royale a vu que notre ami S... avait tenu parole, en faisant gémir la presse et, comme à son ordinaire, avec les meilleures intentions du monde, il a prêté le flanc à de justes critiques. Il fait dire sans doute d'excellentes choses à Monseigneur ; il le peint tel qu'il est maintenant et comme il sera un jour ; mais Monseigneur et ses augustes parents approuveront-ils tout ce qu'il leur a fait dire ? Quant à moi, il me traite trop bien pour que je puisse me permettre de blâmer en aucune manière son œuvre. J'avoue seulement que j'aurais préféré qu'il eût moins parlé de moi et de mon mince mérite ; l'épithète de *sage* m'a surtout paru un peu trop forte, et s'il s'en trouve jamais *sept* en France, ce dont je doute bien, je ne pense pas, malgré le brevet qu'il m'en donne, pouvoir jamais, non plus, prétendre à en faire partie. Le bon camarade confond aussi un peu les lieux et les époques ; il dit que je lui ai communiqué un petit écrit contenant quelques conseils que mon dévouement pour Votre Altesse Royale m'avait dictés lorsque j'eus le chagrin de me séparer d'elle à Kirchberg et dont Monseigneur se rappellera peut-être, mais il met Goritz pour Kirchberg. D'ailleurs, en voulant lui montrer par cette communication, toute confidentielle, quel était le langage que j'avais cru devoir tenir à Monseigneur pendant que j'avais été chargé de suivre le développement de ses heureuses et belles qualités, j'étais loin de vouloir m'en faire un titre public de gloire, ainsi qu'il m'en décore. Au surplus, comme je l'ai déjà dit à Votre Altesse Royale, l'ardeur d'un sentiment véritablement dévoué et l'intention qu'on ne saurait méconnaître, aussi bien que d'autres éloges mérités et des portraits fidèlement tracés, doivent faire pardonner bien des inconséquences.

Nous avons ici depuis quelques jours un soleil devant lequel les Incas se prosterneraient. S'il en est de même à Kirchberg, j'espère que le chapeau dont Madame la Duchesse de Lévis a bien voulu se charger en préservera Monseigneur, qui n'aime pas le soleil, et cependant « *Nec pluribus impar* » est l'une de ses nobles devises.

Si votre Altesse Royale en trouve l'occasion, aura-t-elle la bonté de me mettre aux pieds du Roi, à ceux de la Reine et de Mademoiselle ? Daignera-t-elle agréer aussi, avec sa bienveillance accoutumée, le nouvel et respectueux hommage de tous les sentiments de son fidèle et dévoué serviteur

Le Comte de BOUILLÉ.

Paris, ce 7 Juillet 1839.

Monsieur le DUC DE BORDEAUX
au Comte de Bouillé.

RÉPONSE AUX DEUX LETTRES PRÉCÉDENTES.

Kirchberg, ce 28 Juillet 1839.

Mon cher monsieur de Bouillé, je vous remercie de votre lettre et même de vos deux aimables lettres, ainsi que *du chapeau* que vous m'avez envoyé. Je viens de faire un voyage en même temps intéressant et instructif. Après avoir parcouru les provinces militaires autrichiennes, la Transylvanie et la Hongrie, j'ai terminé mon voyage par Vienne. J'y ai été reçu avec toute l'amabilité et l'empressement possibles par la famille Impériale.

Depuis que je suis lancé dans le monde et que je commence à voir des hommes, je reconnais toute la justesse des conseils que vous m'avez toujours donnés et je tâche de les suivre. Il me semble que je deviens maître de ma timidité; je fais des efforts pour faire disparaître mes autres défauts. J'ai vu des hommes distingués dans tous les genres; j'ai eu du plaisir à causer avec eux. J'ai visité des forteresses remarquables, des pays féconds en mines d'or, d'argent et de sel; j'ai navigué sur le Danube. Il ne m'a manqué dans mon voyage que de voir une séance de la Diète hongroise à Presbourg.

Séparé par tant de lieues de la France, je ne cessais de penser à vous, et je vous assure que je souhaitais de tout mon cœur votre bonheur et celui de notre pays.

Adieu, cher Comte; mes compliments les plus affectueux à Gaston et à sa famille. Pour vous, comptez toujours sur ma reconnaissance et mon affection.

HENRI.

Monsieur le DUC DE BORDEAUX
à la Comtesse de Bouillé.

RÉPONSE A UNE LETTRE DE FÊTE.

Kirchberg, ce 1er Août 1839.

J'ai reçu votre lettre, Madame, je vous en remercie. J'ai eu bien du regret en passant par Vienne et en visitant Baden de ne pas vous y trouver; j'espère que bientôt je pourrai vous revoir et vous exprimer tous les sentiments que j'éprouve pour vous. Je viens de recevoir des nouvelles de monsieur de Bouillé; je suis heureux d'en avoir souvent, vous savez combien je l'aime et combien je lui suis reconnaissant des soins qu'il m'a prodigués pendant qu'il était auprès de moi.

Adieu, Madame, j'espère que les eaux que vous prenez contribueront à rétablir votre santé. Comptez toujours sur mon affection.

HENRI.

Le Comte de Bouillé au Roi Louis XIX

A L'OCCASION DE SA FÊTE.

Sire,

Si nous fêtons aujourd'hui la gloire immortelle de la Mère de Dieu, *de la Protectrice de la France*, qui le devint à l'invocation de votre auguste race et qui le sera, j'espère, toujours, quelle que soit la profondeur des mystérieux décrets de la Providence, bientôt nous aurons aussi à rendre nos hommages au saint Roi, illustre patron comme illustre aïeul de Votre Majesté !

Le Roi daignera-t-il permettre que je saisisse cette circonstance pour mettre à ses pieds avec le nouveau tribut de ma fidélité et de mon dévouement, tous mes vœux pour lui et l'expression de ma vive et constante gratitude des bontés dont Votre Majesté m'a comblé ? Le Roi y ajouterait encore en voulant bien les accueillir avec son indulgence accoutumée.

Jamais, Sire, je ne saurais perdre le souvenir de vos bienfaits et chaque jour, dans ma retraite, mon cœur s'en nourrit davantage. Je supplie le Roi de ne pas oublier que dans toute occasion, je suis et demeure à ses ordres, s'il avait besoin de moi, et combien je suis heureux de pouvoir lui donner encore de nouvelles preuves de tous les sentiments d'amour et du plus profond respect avec lesquels je suis,

Sire,

de Votre Majesté,

Le très humble, très soumis et très fidèle serviteur et sujet.

Comte de BOUILLÉ.

Paris, ce 15 Août 1839.

P.-S. — Oserai-je demander au Roi de vouloir bien parler de moi à la Reine et de me mettre à ses pieds.

Sa Majesté le Roi LOUIS XIX
au Comte de Bouillé.

RÉPONSE A LA LETTRE PRÉCÉDENTE.

Kirchberg, le 3 Septembre 1839.

J'ai eu le plaisir de recevoir, mon cher Comte, votre lettre du 15 Août. Je vous remercie de tous les vœux que vous voulez bien former à l'occasion de ma fête ; j'y suis très sensible ainsi qu'à tous les sentiments que vous me témoignez ; je sais apprécier combien ils sont purs.

Nous sommes au moment de retourner à nos quartiers d'hiver ; nos santés se soutiennent. Nous avons ici en ce moment beaucoup de visiteurs. Le Duc de Blacas va vraiment mieux ; il s'est trouvé assez bien des eaux de Carlsbad. J'espère que Dieu permettra que je le conserve encore des années. Je me suis acquitté de vos commissions pour ma femme ; elle me charge de mille choses aimables pour vous.

Adieu, mon cher Comte, comptez toujours *pour la vie* sur toute l'estime et l'affection que je vous ai vouées.

LOUIS.

P.-S. — Si j'avais besoin de vos services, je n'hésiterais pas à les accepter.

Le Comte de Bouillé à Monsieur le Duc de Bordeaux

A L'OCCASION DE L'ANNIVERSAIRE DE SA NAISSANCE.

Monseigneur,

Si je calcule bien mon temps, Votre Altesse Royale recevra cette lettre le 29 ou à peu près ce mois-ci. Je viens lui demander de permettre que je m'unisse de cœur et d'intention à ceux qui auront le bonheur de lui exprimer de vive voix leurs félicitations et leurs vœux à l'occasion du jour anniversaire de sa naissance. Il y a dix-neuf ans que ce jour en fut un bien beau en France; espérons qu'il y sera encore fêté par la suite avec allégresse et enthousiasme.

J'ai eu dernièrement des nouvelles de Monseigneur par plusieurs des revenants d'Allemagne. Le général Foissac La Tour, MM. Hocquart, Numance de Girardin, etc., tous raffolent de lui, tous excitent, chez les personnes auxquelles ils parlent de Votre Altesse Royale, le désir d'aller lui porter, avec leurs hommages, le tribut de leur dévouement, et je vois que Monseigneur devient déjà un conquérant, si ce n'est des états d'autrui, au moins de tous les cœurs dignes de l'apprécier. Ce triomphe en vaut bien un autre et peut en procurer bien d'autres.

J'ai vu aussi un homme dans la joie d'aller rejoindre Monseigneur : ce brave général Vincent, qui aurait mis en capilotade les héros de Juillet, si, hélas! nous avions été mieux inspirés à Rambouillet. Il va être témoin des plaisirs et des succès qui attendent Monseigneur dans ses nouveaux voyages... Je lui porte envie.

Une nombreuse cour environnait naguère à Kirchberg le Roi et son auguste famille ; puissent Leurs Majestés avoir éprouvé un moment de joie en voyant autour d'elles tant de leurs anciens serviteurs et de leurs sujets fidèles ! Le Roi, à qui j'avais pris la liberté d'écrire quelques lignes au sujet de la Saint-Louis, a daigné me répondre la lettre la plus aimable et bienveillante. Si Monseigneur est encore à Goritz, aura-t-il l'extrême bonté d'être auprès de Sa Majesté l'interprète de ma respectueuse reconnaissance, en me mettant à ses pieds et à ceux de la Reine ?

Monseigneur aura gémi sur les évènements d'Espagne. Charles V méritait un meilleur sort, mais nous vivons au siècle des plus noires trahisons et il serait difficile d'en trouver une plus infâme que celle dont ce Prince est victime. Quel courage pourrait lutter contre de pareilles armes ? Henri IV, bien qu'exposé sans cesse à mille dangers, à de nombreux complots, ne fut jamais trahi par ceux qui, les armes à la main, combattaient sous sa noble bannière. Les temps, quoique également fort tristes, étaient cependant meilleurs alors que ceux-ci, car la loyauté n'était pas encore tout à fait bannie de la terre. J'aime à croire qu'elle y reparaîtra lorsque Monseigneur fera flotter aussi son blanc panache au chemin de l'honneur, et que, sous ce rapport, il ne sera pas non plus moins heureux que le Béarnais.

Bien que je n'aie pas beaucoup d'épinards à y mettre, comme disait le père du feu Duc de Laval, je commence à graisser mes bottes pour mon voyage de Bordeaux. Si ce n'était que mes enfants y sont cloués par leurs intérêts de fortune, je ne retournerais jamais dans cette ville, qui n'est plus pour moi celle du 12 Mars. Je faisais alors aux Gascons l'honneur de croire qu'ils ne l'étaient plus.

Monseigneur a dû revoir avec une vive satisfaction Alfred de Damas et le bon Maupas. Je suis bien au regret de n'avoir pu rencontrer encore celui-ci depuis son retour.

Je remercie beaucoup Monseigneur des détails qu'il a bien voulu me donner dans sa dernière lettre, détails si intéressants pour moi, et de tout ce qu'il me dit d'aimable au sujet des conseils que je lui donnais. Le terrain sur lequel semait le pauvre jardinier était trop bon pour qu'il puisse se faire un mérite des heureux fruits qui y mûrissent aujourd'hui, et s'il en est fier, c'est sans se les attribuer. Que Monseigneur prenne toujours pour guides son excellent cœur et son jugement parfait! J'ose affirmer que, pour réussir en toutes choses, il ne saurait en suivre de meilleurs.

Votre Altesse Royale veut bien aussi m'assurer encore que je puis toujours compter sur son souvenir, et cette assurance me console un peu du chagrin que j'éprouve de vivre ainsi loin d'elle et de ne lui être plus de quelque utilité, mais je n'en suis et n'en serai pas moins jusqu'à mon dernier soupir le plus dévoué de ses serviteurs.

Monseigneur daignera-t-il agréer avec sa bienveillance ordinaire ce nouvel hommage de mes plus respectueux et fidèles sentiments?

Comte de BOUILLÉ.

Paris, le 9 Septembre 1839.

Monsieur le DUC DE BORDEAUX au Comte de Bouillé.

RÉPONSE A LA LETTRE PRÉCÉDENTE.

Valleggio, ce 12 Octobre 1839.

Mon cher monsieur de Bouillé, j'ai reçu votre aimable lettre le 29 Septembre; je vous en remercie. J'aime à recevoir, dans de pareilles occasions, des nouvelles de ceux qui me sont chers par leur attachement et par les sages avis qu'ils m'ont donnés. Je me rappelle alors le temps qu'ils ont passé auprès de moi, toute la peine qu'ils se sont donnée pour moi et je me repens bien sincèrement des désagréments que j'ai pu leur causer. Continuez à m'écrire. Pour moi, je vous dirai que je viens d'assister à de belles et grandes manœuvres, que je suis heureux d'être accompagné d'hommes utiles et dévoués comme le général Vincent et que je suis fort content de ce que j'ai vu et de la manière dont j'ai été reçu. Je suis encore au quartier général du maréchal Radetzky pour quelques jours. Les manœuvres ont été bien exécutées. Le passage du Mincio et l'attaque de plusieurs positions importantes m'ont beaucoup intéressé. Le pays est beau et plein de souvenirs historiques.

Vous me parlez de vos projets de voyage pour Bordeaux, mais vous ne me dites pas un mot de votre famille, de la santé de madame de Bouillé, de Gaston, de sa femme, etc. J'espère que vous me donnerez de leurs nouvelles dans votre prochaine lettre. Faites-leur mes compliments les plus affectueux.

Adieu, mon cher monsieur de Bouillé, comptez toujours sur ma sincère et constante affection.

HENRI.

M. de Lévis me charge de vous dire mille amitiés et qu'il vous écrira plus tard.

Monsieur le DUC DE BORDEAUX
au Comte de Bouillé,

POUR LE RAPPELER AUPRÈS DE LUI.

Rome, ce 11 Décembre 1839.

Mon cher monsieur de Bouillé, il y a bien longtemps que je n'ai reçu de vos nouvelles, et cela se comprend puisque depuis trois mois je suis en voyage. Me voici déjà depuis deux mois dans cette ville dont nous avons tant parlé et que je désirais tant voir. J'ai vu les principales curiosités de Rome : ses ruines, ses églises, ses artistes anciens et modernes. Ce séjour m'est en même temps instructif et agréable.

Vous savez comme je pense souvent à vous. J'aurai probablement bientôt à vous demander une nouvelle preuve de votre dévouement et de votre amitié pour moi; le Duc de Lévis vous écrit à ce sujet. Je serais bien heureux de cette occasion de vous voir et de passer quelque temps avec vous, mais je ne voudrais pas, avant tout, que votre santé ou vos affaires en souffrissent. Ne venez donc que si vous pouvez le faire sans trop vous déranger.

Donnez-moi des nouvelles de madame de Bouillé et de Gaston ; j'espère que leurs santés continuent à être bonnes.

Adieu, mon cher monsieur de Bouillé, comptez toujours, en tous les cas, sur mon affection bien vive et bien sincère.

HENRI.

La lettre suivante s'était croisée avec celle qui précède et ne répondait qu'à la lettre du 12 octobre.

Le Comte de Bouillé à M. le Duc de Bordeaux,

À L'OCCASION DU PREMIER DE L'AN (1840)

Monseigneur,

Le temps fuit et les années s'écoulent, mais elles ne sauraient emporter avec elles les sentiments du cœur profondément enracinés. Je viens donc, au renouvellement de celle-ci, offrir encore à Votre Altesse Royale l'hommage de tous ceux que je lui ai voués et elle connaît trop bien la sincérité de mes vœux pour ne pas les accueillir, j'espère, avec sa bonté accoutumée. Quels que soient les grands événements qui doivent, dit-on, la signaler, puisse cette année 1840, Monseigneur, en être une pour vous particulièrement heureuse.

Les journaux se sont beaucoup occupés du séjour de Votre Altesse Royale à Rome et quelques-uns d'une façon bien ridicule. J'ai souvent ri de leur dépit et de la peur que Monseigneur leur a faite, peur qui prouve ses succès. Je désire fort qu'il inspire toujours ce sentiment aux impies et aux mauvais cœurs... assez d'autres l'en dédommageront par leur amour.

Monseigneur aura employé son temps de la manière la

plus agréable et la plus instructive dans la capitale du monde chrétien. Que de choses intéressantes et belles à y voir ! Plus que jamais je regrette de ne pas les avoir connues. Votre Altesse Royale y aura reçu la bénédiction du Saint-Père ; on assure que celle d'un vieillard porte toujours bonheur ; à plus forte raison doit-il en être ainsi, quand ce vieillard est le Vicaire de Jésus-Christ sur la terre et qu'il la donne à un fils aîné de l'Eglise. Nous devons donc en accepter l'augure.

Volant toujours sur les traces de Monseigneur, ma pensée le suit partout, mais je ne sais guère plus où le retrouver maintenant et j'adresse à tout hasard ma lettre à Göritz. Si Monseigneur y est de retour, il aura revu ses augustes parents, sans doute encore bien affligés de la mort du pauvre Duc de Blacas. Je l'ai beaucoup regretté, car je n'avais eu personnellement qu'à me louer de lui, et s'il avait des défauts (quel homme n'en a pas?) il faut convenir qu'il possédait aussi de nobles qualités. Je suis certain que le bon cœur de Votre Altesse Royale lui aura rendu toute justice à cet égard. Je n'ai pu m'empêcher de donner aussi des larmes au Cardinal [1]... Il est si triste de voir ainsi disparaître de la terre ses vieux compagnons d'exil et de fidélité et ceux qui ont aimé, comme nous, le Prince que nous aimions tant.

J'ai reçu avec reconnaissance l'aimable lettre que Monseigneur a bien voulu m'écrire le 12 Octobre dernier et dans laquelle il me dit que je ne lui parle pas assez de

---

(1) De Latil.

Gaston et de ma famille. C'est un reproche dont nous ne saurions tous trop le remercier.

Voici environ deux mois que je suis au sein de cette petite famille, vivant bien retiré à la campagne auprès de Bordeaux, dans une terre de la belle-mère de mon fils, nommée le Réduit, où les gens du pays me parlent souvent des promenades que la Reine y a faites. Cette existence est un peu triste et monotone, mais je m'y nourris de mes souvenirs. Nous y dorlotons la marmotte de Gaston, qu'il trouve, comme de raison, charmante... Le plus laid des oiseaux est bien amoureux de ses petits !

> « Mes petits sont mignons,
> » Beaux, bien faits et jolis sur tous leurs compagnons. »
> (La Fontaine.)

Mais je dois dire, à part ma prédilection naturelle de vieux grand père hibou moi-même, que le jeune papa n'a pas absolument tort. Le reste du temps est employé par le susdit à massacrer les arbres de la propriété, à en couper les gros, à en planter de petits, pour y faire un soi-disant jardin anglais, qui, selon moi, n'aura ni queue ni tête et qui ressemblera plutôt à celui d'un iroquois; mais il s'occupe et s'amuse, c'est l'essentiel ! Hélas ! Que n'a-t-il autre chose à faire et, au lieu de s'en prendre au végétal, que n'est-il en mesure de tailler plutôt des croupières au règne animal ! Son projet est de m'accompagner, vers la fin de février, avec sa femme et leur progéniture, à Paris, où j'espère rencontrer plusieurs personnes qui pourront me parler en détail de Monseigneur. Ils s'y reposeront quelques semaines dans mon ermitage de Vaugirard et ils iront ensuite voir leur mère à Rastadt, où celle-ci continue à être bien souffrante.

Elle est toujours bien occupée de Monseigneur. Je ne terminerai pas ce long chapitre sur Gaston sans mettre, ainsi qu'il me le demande, aux pieds de Votre Altesse Royale, ses respectueux hommages et ceux de tout ce qui lui appartient.

Je n'ai, du reste, rien d'intéressant à mander à Monseigneur. Je ne vais que très rarement à Bordeaux et je ne vois personne ici. Mes correspondances de Paris sont également fort ternes, mais le malaise général qui travaille le monde moral et physique semblerait annoncer pour bientôt quelque grand enfantement... Puisse-t-il n'être pas celui de la montagne.

Quelque chose qui arrive, Monseigneur sait que je suis et serai toujours à ses ordres, trop heureux s'il daigne me fournir l'occasion de lui vouer encore mes faibles services, en quoi que ce soit dont je puisse être capable. Je le prie d'en agréer l'assurance et celle du plus profond respect, comme aussi, j'ose le dire, du plus fidèle attachement avec lesquels je suis, Monseigneur, de Votre Altesse Royale, etc.

Comte de BOUILLÉ.

A Bruges, près Bordeaux, le 1er Janvier 1840.

P.-S. — Si Monseigneur est à Goritz, me permettra-t-il de le prier de vouloir bien me mettre, ainsi que tous les miens, aux pieds du Roi, de la Reine et de Mademoiselle, avec l'hommage de nos vœux et de nos sentiments constamment les mêmes ?

Le Comte de Bouillé à M. le Duc de Bordeaux.

RÉPONSE A SA DERNIÈRE LETTRE.

Monseigneur,

Je me hâte de répondre à la lettre que Votre Altesse Royale m'a fait l'honneur de m'écrire le 14 du mois dernier et de lui exprimer combien je suis heureux de la nouvelle marque d'estime et d'affection qu'elle daigne m'accorder.

Je disais à Monseigneur, en lui écrivant pour lui offrir mes vœux de bonne année, que je serais toujours à ses ordres et prêt à lui donner, en toute occasion, des preuves de mon inaltérable dévouement..... il est vrai que j'ajoutais, ainsi que je le devais faire, *autant que je pouvais en être capable.*

Hélas ! je ne saurais lui dissimuler que, dans la circonstance actuelle, l'effort que je vais faire pour me rendre à son aimable appel et lui prouver que je ne suis pas un gascon, est peut-être au-dessus de mes forces, et je le prie de permettre que je m'en réfère, à cet égard, à ma réponse au Duc de Lévis. Néanmoins, j'espère que Dieu protégera mon zèle et ma bonne volonté et que j'aurai, grâce à ma confiance en lui, l'honneur et le bonheur de mettre encore bientôt moi-même aux pieds de Votre Altesse Royale l'hommage de tous les sentiments avec lesquels je suis, Monseigneur,

De Votre Altesse Royale,

Le très humble et très fidèle serviteur.

COMTE DE BOUILLÉ.

Bruges, près Bordeaux, 4 Janvier 1840.

Le Comte de Bouillé au Roi Louis XIX,

POUR INFORMER SA MAJESTÉ DU DÉSIR DE M. LE DUC DE BORDEAUX DE L'AVOIR AUPRÈS DE LUI.

Sire,

En me rendant à l'appel que vient de me faire le Duc de Lévis pour le remplacer momentanément auprès de Monsieur le Duc de Bordeaux, ainsi qu'au désir, si aimable et si flatteur pour moi, que Monseigneur m'en a manifesté lui-même, j'ai cru que mon premier devoir était d'en instruire Votre Majesté qui, sans doute, l'a déjà été par M. de Lévis, et de prendre à cet égard les ordres du Roi. Cependant, plein de confiance en ses bontés pour moi, si je me rends en Italie avant de les avoir reçus, j'ose espérer que Votre Majesté ne désapprouvera point ma conduite et qu'elle daignera plutôt rendre justice au zèle et au dévouement qui ne m'ont pas permis d'hésiter, malgré le pauvre état de ma santé, à saisir une occasion d'être encore utile, quoique bien faiblement, à son auguste neveu. Cette approbation sera ma plus douce récompense, et je me féliciterai de pouvoir y ajouter le bonheur de mettre encore bientôt moi-même aux pieds du Roi et à ceux de la Reine le respectueux hommage de tous les sentiments avec lesquels je suis, Sire, etc.

Comte de BOUILLÉ.

P.-S. — Dans la crainte que cette lettre ne s'égare, le Roi voudra-t-il bien permettre que je lui en adresse un duplicata, aussitôt après mon arrivée en Italie? C'est demain que je m'embarque pour Rome.

Marseille, le 17 Janvier 1840.

Le Comte de Bouillé au Roi Louis XIX.

SUR LE MÊME SUJET.

Sire,

Les lettres que j'avais adressées au Duc de Lévis, en réponse à celles qu'il m'avait transmises de la part de Monsieur le Duc de Bordeaux et qu'il m'avait écrites lui-même pour m'engager à me rendre ici, ne lui étant pas encore parvenues à mon grand regret et par je ne sais quelle raison, il se trouve que c'est uniquement celle que j'ai eu l'honneur d'écrire à Votre Majesté en quittant Marseille, qui l'aura instruite du motif de mon voyage, ce dont le Roi aura pu dès lors s'étonner beaucoup.

Le Duc de Lévis, en entrant aujourd'hui avec Votre Majesté dans des détails qu'il n'attendait pour lui donner que l'arrivée de ma réponse, et en lui expliquant la cause de son silence, a désiré que, de mon côté, j'en parlasse également au Roi, afin qu'il pût se rendre compte de la manière dont la chose s'est passée. C'est donc dans ce but que j'ose adresser encore ce peu de mots à Votre Majesté, en me flattant toujours qu'elle daignera m'approuver dans ce que j'ai fait et n'y voir qu'une nouvelle preuve du plus entier et fidèle dévouement que je suis heureux de pouvoir donner au Roi et à son auguste neveu.

C'est dans ces sentiments et avec le plus profond respect que je suis, Sire, etc.

COMTE DE BOUILLÉ.

Rome, 23 Janvier 1840.

Le Roi LOUIS XIX
au Comte de Bouillé.

RÉPONSE AUX DEUX LETTRES PRÉCÉDENTES.

———

Goritz, ce 5 Février 1840.

J'ai reçu, mon cher Comte, vos deux lettres de Marseille du 18 janvier et celle de Rome du 28. Comme j'ai chargé le Duc de Blacas de vous le mander, je serai charmé de vous revoir, que vous vous adjoigniez à Montbel et que vous reveniez ici avec mon neveu.

Soyez assuré du plaisir que j'aurai à vous renouveler de vive voix les assurances de toute mon estime et affection pour vous.

LOUIS.

Mille tendresses de notre part à mon neveu; nous avons été fâchés d'apprendre qu'il avait encore souffert de son pied.

———

Le Comte de Bouillé à Son Altesse Royale
Madame la Duchesse de Berri.

MÊME MOTIF QUE LES LETTRES PRÉCÉDENTES.

———

Madame,

Appelé par Monseigneur et à la demande expresse du Duc de Lévis pour le remplacer, durant son absence, auprès de votre auguste fils, j'ose espérer que Votre Altesse Royale me voit sans peine rentrer momentanément à son service, ainsi que le Roi a daigné le faire. Madame connaît trop bien tous mes sentiments pour n'être pas persuadée de tout le zèle et de tout le soin que je mettrai à remplir encore des fonctions aussi honorables, et je me flatte que Votre Altesse Royale ne trouvera dans mon empressement à m'en charger qu'une nouvelle preuve de mon inaltérable dévouement envers Monseigneur et son auguste famille.

Heureux de saisir cette occasion de me mettre aux pieds de Madame, je la prie d'agréer l'hommage du plus profond respect avec lequel je suis, Madame,

De Votre Altesse Royale,
Le très humble et très obéissant serviteur.

Comte de BOUILLÉ.

Monsieur le Comte de Lucchesi-Palli au Comte de Bouillé.

RÉPONSE A LA LETTRE PRÉCÉDENTE,
AU NOM DE MADAME LA DUCHESSE DE BERRI.

Monsieur le Comte,

Son Altesse Royale madame la Duchesse de Berri n'a reçu votre lettre que peu d'heures avant ses couches qui ont eu lieu heureusement hier à huit heures et demie du matin. Madame, se trouvant dans l'impossibilité de vous écrire elle-même, me charge de vous exprimer de sa part combien elle est heureuse de vous savoir auprès de son auguste fils, sûre que vos bons et sages conseils ne peuvent que lui être d'une grande utilité.

Son Altesse Royale désire que vous fassiez part de sa délivrance à la Famille royale. On a nommé le nouveau-né Adinolphe, Marie, Léopold, etc., etc.

Je vous prie, monsieur le Comte, de mettre mes hommages les plus respectueux aux pieds de Leurs Majestés et de la Famille royale et d'agréer la nouvelle assurance de ma haute considération et de mes sentiments les plus distingués.

Votre très humble et très obéissant serviteur,

LE COMTE HECTOR DE LUCCHESI-PALLI
DE CAMPO-FRANCO.

Gratz, ce 11 Mars 1840.

Le Comte de Bouillé à M. le Duc de Bordeaux,
AU RETOUR DE GORITZ; RELATION DE SON VOYAGE.

Monseigneur,

Fidèle à ma promesse ou plutôt toujours soumis aux ordres de Votre Altesse Royale, je ne veux pas tarder plus longtemps à l'informer de mes aventures depuis mon départ de Goritz. Je suis arrivé ici sain et sauf à Rastadt, après un voyage qui m'eût paru fortuné si la route que je suivais ne m'eût pas tant éloigné de Monseigneur. J'avais cheminé d'Udine à Milan par une chaleur que tout autre que moi, vieille grillade des tropiques, eût trouvé insupportable et dans des nuages de poussière si épais que j'en étais complètement saupoudré lorsque j'arrivai à Milan... comme un lièvre rôti l'est de farine en Angleterre.

La Lombardie et sa belle capitale m'ont paru telles que Monseigneur me les avait dépeintes. C'est un magnifique pays et je ne m'étonne pas que princes et guerriers s'en soient si souvent disputé la conquête. En traversant Brescia, je fredonnai le second couplet du *Chant Français* et j'avalai une glace en l'honneur de Bayard, car je mourais de soif.

Durant les trois jours que je passai à Milan, je fus assez heureux pour y faire plusieurs fois ma cour à la Reine. Sa Majesté daigna m'y traiter avec une extrême bonté, mais j'eus le chagrin, en partant, d'y laisser Mademoiselle atteinte de la rougeole. Il m'a été malheureusement impossible de me procurer depuis de ses nouvelles, même par les gazettes que l'on reçoit ici ; mais cette petite maladie se développait d'une manière si bénigne, à mon départ, que j'ai tout espoir qu'elle se sera terminée sans le moindre accident et que Monseigneur reverra bientôt, si déjà la chose n'a eu lieu, sa bien-aimée sœur en parfaite santé.

Si je pouvais tremper ma plume dans l'écritoire de monsieur de Châteaubriant, du Vicomte d'Arlincourt ou de quelque autre grand écrivain du siècle, je ferais à Votre Altesse Royale une pompeuse relation de mon romantique itinéraire d'Italie en Suisse, par le Splugen. Ce chemin est superbe, étonnant par la hardiesse des travaux d'art qu'il a nécessités. Il est difficile de voir des monts plus élevés, plus effroyablement sourcilleux, des abîmes plus profonds. Glaciers éternels, *via mala*, ponts du Diable, cascades, rochers percés à jour ou suspendus, pour ainsi dire, en l'air ; rien n'y manque de tout ce qui constitue le pittoresque et la belle horreur. Un temps délicieux prêtait aussi son charme à ce magnifique spectacle. Monseigneur admirerait ce lieu avec l'enthousiasme que lui inspire toujours le grandiose des scènes de la nature et il s'y plairait, mais en passant, bien entendu, car ce doit être un affreux et triste séjour les deux tiers de l'année.

J'avais donné un soupir au joli lac de Côme, affligé que j'étais du regret de ne pouvoir que le côtoyer rapidement et, vingt-sept heures après mon départ de Milan, j'étais rendu à Coire, capitale des Grisons, dont je venais, hélas ! augmenter le nombre. De là, je gagnai Zurich en m'embarquant sur le lac de Wallenstadt, l'un des plus pittoresques et orageux de la Suisse. Le temps qui, ce jour-là, était sombre et menaçant, convenait assez à la circonstance, et c'eût été presque comique si, après avoir tant de fois affronté les flots des plus vastes mers, je m'étais noyé dans un verre d'eau trouble. Cependant il n'y avait rien à craindre ; j'étais sur un excellent petit bateau à vapeur, où j'avais pour compagnon de voyage un ancien officier suisse du régiment de Castella, nommé Frueller, brave et bon compère de soixante-seize ans, royaliste comme Monseigneur et maigre comme moi. Il avait servi sous les ordres du Marquis de Bouillé à l'affaire de Nancy et, plein encore de ses jeunes et beaux souvenirs de France, il m'en parlait les larmes aux yeux. Nous eûmes bientôt fait connaissance, et Monseigneur croira sans peine que nous nous embrassâmes en nous quittant, avec une effusion pareille à celle qui nous avait jadis précipité, le Baron de Raitzenstein et moi, dans les bras l'un de l'autre.

Zurich est une jolie ville, son lac est charmant. Je m'y reposai trente-six heures, et m'étant remis en route par la forêt noire et le Brisgaw, j'arrivai ici, transvasé de diligence en diligence et ballotté de douane en douane, le cinquième jour après celui de mon départ de Milan. J'ai retrouvé à Rastadt ma pauvre femme toujours bien souffrante, moins changée pourtant que je ne le craignais, heureuse de recevoir par moi des nouvelles fraîches de Monseigneur et de pouvoir nous entretenir ensemble beaucoup de lui. Gaston, ma belle-fille et leur marmotte m'avaient précédé ici de quelques jours, en sorte que je m'y suis trouvé, en arrivant, tout-à-fait au sein de ma famille. Ce moment ne pouvait être que bien doux pour moi et mon cœur a recueilli avec joie cette goutte de miel surnageant dans un vase d'absinthe.

Sous peu de jours, notre caravane ira dresser sa tente à Pethersthal, dont madame de Bouillé doit prendre les bains cette année. L'établissement est situé à une dizaine de lieues d'ici. Lorsqu'elle y sera installée, j'irai, pour mes affaires, passer quelque temps à Paris, d'où je reviendrai probablement soigner ici ma pauvre souffreteuse.

J'ignore si le grand Auto-da-fé aura lieu en France pendant que j'y serai et si je verrai, de Vaugirard, l'embrasement de Babylone. Quels que soient les futurs événements que la fin du cycle actuel doit y produire, puissent-ils me fournir l'occasion de me dévouer encore de toute âme au service de Monseigneur et de son auguste famille ; mais j'avoue que ma foi aux prophéties pour l'année 1840 commence à être plus que jamais ébranlée. Le Duc de Rohan, que j'ai rencontré à Baden, m'a bien confirmé ce que madame de Gontaut nous avait raconté de la lettre du Cardinal, son frère, mais en me disant qu'il ne lui avait pas écrit que la grande catastrophe dût positivement arriver en

1840 ; et voilà aussi qu'un successeur a été donné à l'archevêque de Paris, qui ne devait pas être remplacé. A tout cela, Dieu est grand, me répondra-t-on, et nous avons encore six mois devant nous.

Je demande pardon à Monseigneur de cette longue lettre, si pesamment écrite et où je ne lui ai pas encore parlé de lui-même et de tout ce qui l'intéresse ; mais il sait que ma plume devient lourde et que les expressions n'en coulent facilement que lorsque je lui trace les sentiments que je lui ai voués. J'espère que toutes ses courses auront été agréables et heureuses et que, s'il est maintenant à Kirchberg, comme je le pense, il s'y porte à merveille ; qu'il y tue passablement le temps jusqu'à ce qu'il trouve moyen de mieux l'employer à son gré, et puis-je, sans être trop coupable d'indiscrétion, témoigner à Monseigneur tout le bonheur que j'éprouverais d'être au courant de ses projets, afin de pouvoir m'associer ainsi, au moins en pensée, à ses destins autant que possible.

Je ne répéterai pas à Monseigneur, dans la crainte de l'ennuyer, tout ce que je voudrais encore lui dire de ma vive reconnaissance de ses dernières bontés pour moi et de celles dont ses augustes parents m'ont comblé. Oserai-je prier Votre Altesse Royale de vouloir bien me mettre à leurs pieds ? J'aime à croire que ni eux, ni Monseigneur ne douteront jamais de mon cœur et de tous les sentiments aussi respectueux que dévoués avec lesquels je suis,

De Votre Altesse Royale,

Le très humble, très obéissant et très fidèle serviteur,

Comte de BOUILLÉ.

P.-S. — Madame de Bouillé et mes enfants se mettent aux pieds de Votre Altesse Royale et à ceux du Roi, de la Reine et de Mademoiselle, avec tous leurs hommages de dévouement et de respect.

Nous espérons que la santé du Roi est meilleure depuis son retour à Kirchberg.

Rastadt, 25 Juin 1840.

Monsieur le DUC DE BORDEAUX
au Comte de Bouillé.

CETTE LETTRE S'ÉTAIT CROISÉE AVEC LA PRÉCÉDENTE.

Kirchberg, ce 23 Juin 1840.

Je ne vous ai pas écrit depuis votre départ, mon cher monsieur de Bouillé, et cependant j'éprouve le besoin de vous remercier encore d'être venu passer trois mois avec nous à Goritz. Votre présence, je le dis sans flatterie, a bien contribué à chasser l'ennui que me cause ce triste séjour et que je n'ai point éprouvé cet hiver. Je crains seulement que vous n'ayez été fatigué par nos promenades et que parfois nous ne vous ayons ennuyé.

J'espère que vous aurez retrouvé madame de Bouillé en meilleure santé; l'été et les eaux qu'elle doit prendre lui feront certainement du bien.

Écrivez-moi souvent, cher Comte, donnez-moi de vos nouvelles, de celles de votre famille : vous savez tout le plaisir que j'y trouve, et comptez toujours sur ma bien sincère et, *s'il est possible*, encore plus vive amitié.

HENRI.

Le Comte de Bouillé à M. le Duc de Bordeaux.

A L'OCCASION DE SA FÊTE.

Monseigneur,

Le bon Xavier m'a exactement remis à son passage ici la lettre que Votre Altesse Royale lui avait confiée pour moi, et je la prie d'agréer tous mes remerciements de cette nouvelle preuve de son aimable souvenir. J'espère que Monseigneur n'aura pas tardé à recevoir la longue épître que j'ai eu l'honneur de lui adresser pour me conformer à ses ordres, et qu'il l'aura accueillie avec sa bienveillance ordinaire.

La Duchesse de Blacas s'est arrêtée quelques heures ici pour y voir madame de Bouillé qui, vivement touchée de cette marque d'amitié, a été tout à la fois bien affectée et bien heureuse de la retrouver. La pauvre Duchesse avait le cœur bien gros de ce voyage en France, et ce n'était pas sans une sorte d'effroi qu'elle se voyait au moment d'en passer la frontière pour y entrer. Du reste, sa santé, comme celle de son jeune chevalier, était aussi bonne que possible; elle n'était point fatiguée du chemin, déjà assez long, qu'elle venait de faire, et j'ai tout espoir qu'elle sera arrivée de même et sans le moindre accident, à sa destination. Nous avons été charmés d'apprendre par elle que tout allait bien à Kirchberg moralement et physiquement, que la Reine et Mademoiselle y étaient revenues, Mademoiselle parfaitement rétablie de sa rougeole, ce qui nous a fait un plaisir infini. Xavier s'est joint à madame sa mère pour nous donner tous les détails qui pouvaient nous intéresser. C'est ainsi que j'ai su quels étaient maintenant les passe-temps de Monseigneur et qu'il faisait aux canards et aux chevreuils une guerre de Turc à Maure, en attendant que la campagne pût s'ouvrir contre lièvres, perdreaux et autre menu gibier de ce genre; qu'il pourrait se donner quelquefois le salutaire plaisir de la natation dans un bassin disposé pour cela, comme également celui du galop en plein champ, vu que le pauvre hussard *historique* du 7ᵉ et 10ᵉ s'était enfin résigné à lui mettre la bride sur le cou. Quant aux futurs voyages, il m'a dit qu'il ignorait entièrement quels étaient à cet égard les projets de Votre Altesse Royale. Puissent-ils s'exécuter selon ses désirs et pour son bonheur!

Je ne saurais dire à Monseigneur combien j'ai été sensible aux expressions de sa dernière lettre, toujours si pleine de bonté pour moi et ma famille, qui me charge, en la mettant à ses pieds, de lui en témoigner aussi toute sa reconnaissance.

Madame de Bouillé a remis pour la fin du mois son voyage à Pétersthal. L'arrivée ici de sa sœur cadette, de son beau-frère et de ses nièces, qui sont venus y passer quelques semaines avec elle, ayant dérangé tous nos premiers plans pour la saison, il en résulte que nos enfants renoncent, de leur côté, à aller aux eaux et même à passer l'hiver prochain à Paris, où je les reconduirai dès lors aussi à la fin du mois, mais seulement pour s'y reposer une quinzaine et retourner ensuite à Bordeaux. Tout cela va m'isoler encore quelque temps, mais au moment où la fatale mesure pour nous de l'émancipation coloniale s'agite et va, selon toute apparence, être adoptée, il est nécessaire que les pauvres créoles rentrent tous dans leurs trous, comme des rats d'église, afin de s'y ramasser quelques petites provisions de maïs et de fromage et de s'y faire une poire pour la soif.

En attendant, nos jours s'écoulent assez tristement ici, la pluie nous empêchant de nous livrer aux seules distractions que nous pourrions y trouver, celles de quelques promenades à Baden ou dans les environs.

Je désirerais bien que cette lettre arrivât le 15 à Kirchberg et, n'étant pas assez heureux pour y assister moi-même à la fête de Monseigneur, qu'elle pût au moins lui porter l'hommage de tous les vœux qu'à cette occasion nous formons pour son bonheur, moi, ma femme et mes enfants. Il n'en est pas de plus ardents, de plus sincères, et nous espérons que Votre Altesse Royale daignera les agréer avec bonté ; qu'elle nous permettra de lui dire au nom de tous les bons Français :

> Contre vous, c'est en vain que le félon conspire,
> Que la haine un instant sourit à ses succès ;
> Vous régnez sur les cœurs, et cet aimable empire,
> En *appuyant* vos droits, les *assure* à jamais.

Pardon, Monseigneur, ils sont bien mauvais et je demande grâce pour le poète en faveur du royaliste.

Rien ne pouvait me causer plus de joie que l'assurance qui m'a été donnée par Votre Altesse Royale qu'elle avait trouvé quelque plaisir à me revoir auprès d'elle pendant le bien court espace de temps que j'ai pu lui consacrer encore mes faibles services. C'est à moi à la remercier de m'en avoir fourni l'occasion, et je crois n'avoir pas besoin de redire à Monseigneur, pour qu'il en soit parfaitement convaincu, combien il peut compter, toujours et partout, sur l'entier dévouement comme sur tous les sentiments aussi respectueux que fidèles de son vieux serviteur.

Le Comte de BOUILLÉ.

P.-S. — Oserai-je prier Monseigneur de vouloir bien me mettre, ainsi que toute ma famille, aux pieds du Roi, de la Reine et de Mademoiselle ?

Rastadt, le 10 Juillet 1840.

Le Comte de Bouillé à M. le Duc de Bordeaux.

Monseigneur,

Heureux de profiter de toutes les occasions de faire ma cour à Votre Altesse Royale, je ne négligerai certainement pas celle qui m'est offerte par le Marquis d'Hautpoul qui part demain pour se rendre auprès de Monseigneur. Le rétablissement de sa santé lui permet enfin d'aller se donner une jouissance enviée par tous les cœurs qui vous sont dévoués.

Ainsi que je l'annonçais à Monseigneur dans la dernière lettre que j'ai eu l'honneur de lui écrire de Rastadt, j'ai quitté ce triste lieu pour revenir ici avec mes enfants, et voici quatre jours que nous sommes arrivés sains et saufs à l'ermitage de Vaugirard, un peu exigu pour ce grand nombre d'hôtes ; aussi y mettent-ils tout sans dessus dessous, au grand déplaisir du pauvre ermite, car madame de Bouillé, persistant à ne pas vouloir respirer l'air de France, tant qu'il ne sera pas redevenu plus doux et qu'il ne sera pas parfumé de lys, ce que j'ai de mieux à faire est d'abandonner cette chaumière au plus fort enchérisseur et de lui conserver pour cela, autant que possible, son petit lustre de propreté.

Depuis notre arrivée, l'assoupissement des affaires politiques a été troublé par un événement qui, j'espère, aura des suites, et telles que nous pouvons le souhaiter en définitive, car tant que toutes les armées de l'Europe restaient l'arme au bras, et qu'une forte secousse quelconque ne lui était pas donnée, il était impossible de sortir de cette longue léthargie. Puisse donc ce paltoquet de monsieur Thiers, pour ne pas me servir de l'épithète plus noble et plus aimable encore dont le gratifie ordinairement le Vicomte Walsh, donner le signal du commencement de la fin ! Monseigneur sait que je déteste *John Bull* depuis longtemps, que nous sommes payés pour cela et que je ne suis guère, non plus, partisan des baïonnettes étrangères, mais je les reverrais de moins mauvais œil s'ils nous accordent la seule chose que je leur demande, celle d'offrir à Votre Altesse Royale l'occasion de mettre aussi flamberge au vent et d'essayer du métier d'Henri IV à la tête de ses fidèles de France.

Tout rococo que je suis, j'y suivrais Monseigneur avec encore plus d'ardeur, je crois, qu'à la chasse des bécasses, pauvres innocentes créatures. En attendant ces grands conflits, s'ils doivent avoir lieu, la peur a commencé par s'emparer de la Bourse de Paris et y a produit plus d'un échec parmi les combattants. Le général d'Hautpoul racontera tout cela à Monseigneur, qui lui en apprendra peut-être davantage.

Je désirerais bien que le voyage que Votre Altesse Royale va entreprendre fût aussi septentrional que possible et j'espère que Monseigneur sera partout fêté et accueilli comme il doit l'être. Je ne doute pas de ses succès... C'est déjà pour lui une vieille habitude et si, par ci par là, au milieu de toutes ses nouvelles courses, il songe à ses plus dévoués serviteurs, je suis bien sûr d'un souvenir de sa part, etc., etc.

Comte de BOUILLÉ.

P.-S. — Vient ensuite une recommandation en faveur de Monsieur Formon.

Paris, Août 1840.

Le Comte de Bouillé au Roi Louis XIX

À L'OCCASION DE SA FÊTE.

Sire,

Je manquerais à tout ce que je dois à Votre Majesté de respect et de reconnaissance si je ne lui demandais pas la permission de mettre à ses pieds l'hommage de mes vœux et de mes sentiments à l'occasion de sa fête. Le Roi, en daignant les agréer avec bonté, ajoutera une nouvelle grâce à toutes celles dont il m'a déjà comblé. Puissent ces vœux, Sire, être exaucés du Tout-Puissant et quelque faible que soit la voix qui les exprime, ils ont au moins le mérite de partir d'un cœur sincère et d'être dictés par le plus absolu dévouement.

J'ai été heureux d'apprendre de plusieurs personnes qui

ont eu l'honneur de faire leur cour à Kirchberg et entre autres du bon Melchior, que Votre Majesté était plus contente de sa santé depuis qu'elle y est. J'espère en recevoir toujours d'aussi bonnes nouvelles.

Après avoir passé deux mois à Rastadt, je suis tombé ici au milieu des orages qui chargent depuis peu de temps l'horizon politique, mais j'y cherche encore vainement l'arc-en-ciel du Seigneur. Cependant, ses décrets impénétrables se manifestent quelquefois au moment où l'on s'y attend le moins.

Madame de Bouillé persistant dans sa résolution, qu'en définitive je ne puis blâmer, de ne pas rentrer encore en France, je m'occupe de la vente de ma maisonnette qui deviendrait une charge trop lourde pour moi dans la triste position de fortune où nous nous trouvons, laquelle serait des plus malheureuses sans les bontés du Roi. Aussitôt que j'y serai parvenu, je m'en retournerai à Rastadt, mais je crains que ce ne puisse être avant l'hiver.

Je demande pardon à Votre Majesté d'entrer avec elle dans ces détails personnels que j'aurais considérés comme une impertinence de ma part si mon but, en instruisant le Roi de mon sort, n'était pas de lui indiquer le lieu où il pourrait me transmettre ses ordres dans le cas où je serais capable de lui être encore de quelque utilité.

Oserai-je prier Votre Majesté de me mettre aux pieds de la Reine? Je sais que Monseigneur est en voyage; mon cœur et ma pensée l'y accompagnent. Je ne doute pas que Son Altesse Royale n'ait eu la bonté d'acquiescer à la demande que je lui ai faite, dans toutes les lettres que j'ai eu l'honneur de lui écrire, de parler de moi au Roi et à son auguste famille.

C'est avec les sentiments les plus profonds de respect, de dévouement et de fidélité que je suis, Sire, etc.

LE COMTE DE BOUILLÉ.

P.-S. — L'ancien page Dauphin, qui est ici pour un mois, devant s'en retourner ensuite à Bordeaux avec sa petite famille, ose espérer que Vos Majestés daigneront aussi agréer tous ses hommages avec l'expression de sa reconnaissance de leurs bontés pour lui et de l'intérêt que le Roi veut bien lui conserver.

Paris, le 16 Août 1840.

Sa Majesté le Roi LOUIS XIX
au Comte de Bouillé.

RÉPONSE A LA LETTRE PRÉCÉDENTE.

Ce 2 Septembre 1840.

J'ai eu le plaisir de recevoir, mon cher Comte, votre lettre du 16 août. Je suis extrêmement sensible aux sentiments que vous me témoignez à l'occasion de ma fête. Ma femme me charge de vous remercier et de vous dire mille choses aimables de sa part. Je remercie aussi mon ancien page; je fais les vœux les plus ardents pour son bonheur et pour le vôtre.

Comptez-y, mon cher Comte, ainsi que sur toute mon estime et affection.

LOUIS.

Monsieur le DUC DE BORDEAUX
au Comte de Bouillé.

RÉPONSE A SA DERNIÈRE LETTRE.

Kirchberg, ce 4 Septembre 1840.

J'ai reçu votre lettre, mon cher monsieur de Bouillé, par monsieur d'Hautpoul. Je regrette que vous n'ayez pu décider madame de Bouillé à retourner en France, car le séjour de Rastadt n'est pas très agréable, ainsi que vous me l'avez écrit, et vous serez par là encore plus éloigné de Gaston et de sa famille.

Je pars dans quelques jours pour mon voyage. La santé du général d'Hautpoul, qui était faible à son arrivée ici, est meilleure, et j'espère qu'il ne sera pas trop fatigué de la route. Vous me recommandez la demande de Monsieur Formon ; c'est une raison de plus pour moi de la lui accorder. Je chargerai monsieur d'Hautpoul de lui donner mon consentement.

Ecrivez-moi souvent, cher Comte, vous savez tout le plaisir que vous me faites en me donnant de vos nouvelles. Faites mes compliments les plus affectueux à Gaston et à sa famille ; n'oubliez pas non plus, quand vous reverrez madame de Bouillé, de lui parler de moi, et comptez toujours sur ma bien sincère et constante affection.

HENRI.

P.-S. — Auriez-vous la bonté, si vous rencontrez monsieur Charlet, de lui demander, *comme de vous*, le nom de celui qui m'a envoyé mon chien de chasse *Stop*. Je l'ai su, mais je l'ai oublié maintenant.

Le Comte de Bouillé à Monsieur le Duc de Bordeaux.
CETTE LETTRE S'ÉTAIT CROISÉE AVEC LA PRÉCÉDENTE.

Monseigneur,

L'occasion du Duc de Fitz-James, qui se rend à Kirchberg, est trop belle pour que je n'en profite pas. Je le charge donc de ce peu de lignes pour Votre Altesse Royale dans l'espoir qu'elle daignera les accueillir avec sa bonté accoutumée. Le Comte de Pastoret m'a dit que Monseigneur avait différé ses voyages ; je pense qu'il aura eu de fortes raisons pour cela et qu'il ne fait peut-être que reculer pour mieux sauter, mais je regrette en même temps l'amusement et les distractions que ces nouvelles courses lui auraient procurés à l'époque actuelle de l'année. J'espère qu'il continue à y remédier aussi bien que possible. M. de Pastoret m'a promis de me tenir au courant des projets futurs de Monseigneur ; il sait combien je m'intéresse vivement à tout ce qui le concerne et principalement à tout ce qui pourrait le rendre heureux.

Tout est triste ici, Monseigneur. Il n'y a personne à Paris et l'on dirait que le royalisme se cache. Je trouve peu d'énergie ou plutôt beaucoup de découragement et chacun s'inquiète de ces sombres nuages qui couvrent l'horizon, car il peut en sortir beaucoup de mal et peu de bien. Cependant j'avoue (et ceci entre nous), que je voudrais, moi, voir éclater la bombe, le diable déchaîné partout et des événements de nature à nous sortir de l'apathie où nous tombons et à faire naître des chances qu'une trop longue attente peut rendre moins favorables. J'aurai toujours la plus entière confiance dans le Dieu de vos pères, ce Dieu, protecteur de la France, et dans la brillante étoile qui conduisit tant de cœurs au berceau de Votre Altesse Royale..... Un jour vos grandes destinées s'accompliront, je n'en doute pas, mais nous autres, Monseigneur, nous vieillissons, et il m'eût été si doux de les voir se réaliser, ces destinées, avant d'aller grossir le nombre des fidèles à votre race qui ne sont plus de ce monde.

Le Marquis d'Hautpoul avait bien voulu se charger d'une lettre pour Votre Altesse Royale; je ne doute pas qu'elle ne l'ait exactement reçue. Celle-ci lui sera probablement remise avant le 29. Je lui demande néanmoins la permission de lui renouveler, à l'occasion de cet anniversaire toujours si heureux pour nous, tous mes vœux les plus sincères et les plus ardents.

C'est en vain que je cherche jusqu'à présent un acquéreur à ma maisonnette. La saison est trop avancée, Vaugirard trop peu séduisant, et je crains bien qu'elle ne me reste beaucoup plus longtemps sur les bras que je ne le voudrais. Ceci me gêne et me contrarie sous tous les rapports, et m'empêchera peut-être de retourner auprès de ma pauvre malade de Rastadt aussitôt que je le voudrais.

Si je puis être, en attendant, de quelque utilité ici à Monseigneur, il sait combien il peut disposer de moi. Mes enfants retournent dans trois ou quatre jours sur les bords de la Garonne, et Gaston me charge de le mettre aux pieds de Votre Altesse Royale; sera-t-elle assez bonne pour parler de nous à ses augustes parents et pour leur faire agréer l'hommage de tous nos sentiments? J'ai pris la liberté de me rappeler dernièrement au souvenir du Roi, à l'occasion de sa fête.

Les ouvriers regimbent ici contre les maîtres; ils demandent une augmentation de salaire et moins d'heures de travail. Des banquets civiques ont lieu, au nom de la réforme électorale. Louis Bonaparte et son *aigle* sont tous les deux en cage, et l'on n'y fait pas plus d'attention que si c'étaient deux francs moineaux... Les regards sont toujours tournés vers la pipe de Méhémet-Aly, d'où tout s'en ira peut-être en fumée... En Afrique, Abd-el-Kader coupe les têtes de nos pauvres conscrits. Sa Majesté citoyenne et son petit grand ministre jouent au plus fin, à qui embrouillera ou débrouillera le mieux les affaires et se débarrassera l'un de l'autre; en attendant, leurs bourses se remplissent et celles du bon peuple badaud se vident. De nouveaux mémorandums sont sur le tapis *de Turquie*... L'on s'agite, l'on se plaint, l'on se dénigre, l'on s'attrape, et tout cela n'empêche pas la chaleur d'être excessive à Paris, le Jockey-Club d'aller son train, les *Lions* d'y faire les jolis cœurs et les amateurs du café Tortoni d'y prendre régulièrement tous les soirs des glaces et des sorbets.

Voici, en peu de mots, le seul bulletin politique qu'il m'est donné de pouvoir transmettre à Monseigneur... S'il ne lui apprend rien de bien intéressant, puisse-t-il au moins le faire sourire un moment !

Des personnes toutes dévouées à Monseigneur, que je rencontre quelquefois, telles que le Prince de Robecq, le général Vincent, etc., etc., s'occupent toujours beaucoup de lui, et avec quel plaisir nous nous sommes entretenus des temps passés, pendant deux heures dernièrement, le cher *Augustin* et moi !

Il est venu me chercher à Vaugirard et nous nous sommes abordés, tout à la fois, le plus tendrement et le plus aristocratiquement du monde... Bonjour, cher Comte ! — Et bonjour, cher Baron... Comment cela va-t-il ? — Fort bien (il est gras comme un ortolan). — Et madame la Baronne et les jeunes Baronnettes ? — A merveille ! (J'aurais dit autrefois bourgeoisement... vos demoiselles). Et là-dessus nous nous mîmes à chanter, lui sur l'air de *Feu feu monsieur Mathieu*, et moi sur celui de *Cauchy-Cauchy*.

Monseigneur daignera-t-il me pardonner toutes ces balivernes et me permettre de dérober à ses regards, sous un grain de folie, la tristesse d'un cœur qui ne se console de bien des chagrins qu'en se flattant de la pensée que Votre Altesse Royale n'est pas tout-à-fait indifférente à son dévouement pour elle, et qu'elle voudra bien agréer, comme à son ordinaire, l'hommage respectueux de tous les sentiments avec lesquels je suis

Son très humble, très obéissant et très fidèle serviteur.

Le Comte de BOUILLÉ.

Paris, Septembre 1840.

Monsieur le DUC DE BORDEAUX
au Comte de Bouillé.

POUR LE RAPPELER ENCORE AUPRÈS DE LUI A GORITZ.

———

Goritz, ce 4 Novembre 1840.

J'ai reçu, mon cher monsieur de Bouillé, vos deux dernières lettres; je vous remercie de votre exactitude.

Je vous écris aujourd'hui pour vous demander, si votre santé et vos affaires vous le permettent, de venir de nouveau passer quelque temps avec moi, l'année prochaine, pendant l'absence du Duc de Lévis. Le souvenir des trois mois que nous avons passés ensemble, au printemps, me fait désirer vivement de vous revoir auprès de moi, et je vous demande avec confiance cette nouvelle preuve de votre dévouement et de votre amitié.

Mon voyage, comme a pu vous le dire M. d'Hautpoul, s'est très bien passé et j'en ai été fort content. Nuremberg et surtout Munich m'ont beaucoup intéressé. Cette dernière ville est devenue, par les soins éclairés du Roi de Bavière, une seconde Rome, où les arts fleurissent et sont cultivés par plusieurs hommes très habiles. Le goût le plus pur règne dans tous ces monuments de styles si variés. J'ai examiné aussi avec le général d'Hautpoul le nouveau système d'artillerie, qu'un Français, ancien émigré, le général Zoller, a fait adopter en Bavière. Il est bien meilleur que le système autrichien, mais je crois qu'il est moins parfait que le nôtre.

Adieu, mon cher monsieur de Bouillé, au revoir, j'espère,

bientôt. Comptez toujours sur ma bien vive et constante affection.

HENRI.

P.-S. — Je vous envoie, dans cette lettre, un mot pour madame de Bouillé, en réponse à la lettre qu'elle m'a écrite pour le 29 Septembre.

---

*Monsieur le DUC DE BORDEAUX
à la Comtesse de Bouillé.*

Goritz, ce 4 Novembre 1840.

J'ai reçu, Madame, votre lettre de Rastadt et je viens vous en remercier. Je n'avais pas besoin de recevoir ces nouvelles expressions de votre attachement pour en être bien persuadé, et c'est avec plaisir que je vous renouvelle à mon tour l'assurance de tous les sentiments que je vous conserve, ainsi qu'à toute votre famille. J'espère que bientôt des temps plus heureux viendront et que nous pourrons nous retrouver. En attendant ce moment, croyez, Madame, à ma bien sincère affection.

HENRI.

Le Comte de Bouillé à M. le Duc de Bordeaux.

RÉPONSE A LA LETTRE PRÉCÉDENTE.

Monseigneur,

Je prie Votre Altesse Royale d'agréer tous mes remerciements de la lettre qu'elle a bien voulu m'écrire le 4 courant et qui est venue me trouver ici, où j'arrivais à peu près en même temps qu'elle. J'ai appris avec bonheur que Monseigneur avait été effectivement fort satisfait de ses derniers voyages et surtout de son séjour à Munich. En daignant entrer avec moi dans quelques détails à ce sujet, il ne pouvait que me causer le plus grand plaisir ; celui de le savoir toujours aussi bien portant, n'est pas non plus le moindre que je pouvais éprouver.

Votre Altesse Royale me témoigne le désir de me voir encore quelque temps auprès d'elle l'année prochaine, pendant la nouvelle absence du Duc de Lévis. Elle n'ignore pas que ses désirs sont toujours des ordres pour moi et je m'y conformerai avec d'autant plus d'empressement que, d'après ce que me mande le Duc, mon voyage à Goritz aura l'approbation du Roi.

Monseigneur peut donc être assuré que j'y serai rendu à l'époque qu'il m'a fixée, heureux de trouver encore une occasion de lui prouver tout mon dévouement. J'espère que ma santé ne mettra aucun obstacle à cet engagement, devant passer ici mon hiver, si ce n'est jovialement, du moins fort tranquillement, auprès d'une bonne ménagère qui me soigne comme un vieux coq en pâte, et il ne tiendra pas à elle que je ne sois bien en état de me mettre en route quand le moment sera venu, car elle n'est jamais plus contente que lorsqu'elle me voit bon encore à quelque chose aux objets de sa constante affection, j'oserai dire de son idolâtrie. Elle me charge de la mettre aux pieds de Monseigneur et de lui exprimer toute sa reconnaissance de la dernière lettre qu'il a bien voulu lui écrire.

Si je ne craignais d'ennuyer Monseigneur de la lecture

d'une trop longue rapsodie, tout ce qui se passe en France me fournirait ample matière à politique et à bien tristes réflexions sur les fléaux qui frappent et menacent ce malheureux pays... Les événements, sans avoir été tout ce qu'à la lettre 1840 devait produire, n'en auront pas moins fait de cette année une époque bien remarquable, et tout doit nous porter à croire que la prochaine sera plus fertile encore en choses extraordinaires. Puisse-t-elle couronner nos vœux !

En attendant, tout est fort pacifique de ce côté-ci du Rhin et tandis que les belliqueux hurleurs de la *Marseillaise* s'évertuent à le franchir en chansons, les bons habitants du pays le font passer à des bataillons d'*oies* qui, après avoir rendu *foie* et hommage aux pâtissiers de Strasbourg, s'en vont renforcer à Paris les *batteries* de cuisine et servir de modèles aux *forts* détachés. Ainsi va le monde... et l'on commence par se remplir la panse avant de se percer la bedaine.

Je félicite Monseigneur de s'être fait accompagner dans son excursion sur l'Adriatique par M. de Villaret-Joyeuse ; c'est un officier bien digne de sa confiance et de son intérêt.

Si Monseigneur avait de nouveaux ordres à me donner, il sait où je suis. Ne voulant pas lui faire attendre plus longtemps ma réponse, je me borne aujourd'hui à lui renouveler l'hommage respectueux de tous les sentiments avec lesquels je suis, Monseigneur,

de Votre Altesse Royale,

Le très humble, très obéissant et très dévoué serviteur.

Comte de BOUILLÉ.

P.-S. — Monseigneur sera-t-il assez bon pour nous mettre, madame de Bouillé et moi, aux pieds du Roi, de la Reine et de Mademoiselle?

Nous sommes vivement touchés de l'intérêt qu'ils daignent conserver à nos enfants, ce qui nous encourage à leur dire que Gaston et sa petite famille continuent à se bien porter sur les rives de la Garonne.

Rastadt, ce 21 Novembre 1840.

Le Comte de Bouillé au Roi Louis XIX,

A L'OCCASION DU PREMIER DE L'AN (1841).

Sire,

Sans cesse occupé des bontés de Votre Majesté pour moi, j'ai le regret de ne pouvoir que porter rarement à ses pieds l'hommage de ma vive reconnaissance... J'ose donc espérer qu'au retour de l'une de ces occasions où il est permis aux sujets fidèles d'offrir à leur maître le tribut de leurs sentiments dévoués, le Roi voudra bien m'accorder, avec sa bienveillance accoutumée, la grâce d'accomplir un devoir si doux à mon cœur, et qu'il daignera agréer tous les vœux que j'adresse au Ciel pour lui et pour son auguste famille... il n'en fut jamais de plus sincères. Ce m'est un bonheur, Sire, de penser qu'il me sera bientôt possible d'en renouveler moi-même l'expression à Votre Majesté, puisqu'elle veut bien approuver le désir de M. le Duc de Bordeaux de m'avoir encore quelque temps à son service pendant la prochaine absence du Duc de Lévis. J'ai considéré, sous ce rapport, comme un ordre du Roi et un ordre bien flatteur pour moi, la lettre que j'ai reçue il y a quelques jours du Comte Xavier de Blacas; je ferai donc tous mes efforts pour être à Goritz à l'époque où Monseigneur m'y attend et où Votre Majesté me permet d'y revenir. Ma santé et mes forces ne me manqueront pas plus, j'espère, dans ce voyage, qu'en toutes les occasions qui pourraient m'être offertes d'être encore de quelque utilité à mes maîtres.

Le Roi aura su que j'avais quitté Rastadt le mois dernier, ramené ici par mes affaires, mais ce qui l'étonnera peut-être ce sera d'apprendre qu'au moment de mon départ madame de Bouillé s'est tout d'un coup décidée à m'y accompagner. Je n'ai pu qu'approuver ses motifs, surtout dans l'état de souffrance où elle est. Mais en surmontant l'extrême répugnance qu'elle éprouvait à franchir une frontière devenue odieuse pour elle, ma pauvre femme n'a pu s'y résoudre qu'à la condition de vivre à Vaugirard dans la plus profonde retraite et de n'aller jamais à Paris. Cette vie calme et solitaire lui convient du reste d'autant mieux, qu'elle ne peut plus s'occuper que de sa déplorable santé, qui exige des soins perpétuels et un repos absolu.

Le Roi et la Reine permettent-ils qu'elle mette à leurs pieds l'hommage de son profond respect, et la Reine daignera-t-elle accueillir également le mien?

Si le Roi, d'ici au moment de mon départ, dans les premiers jours de février, avait quelques nouveaux ordres à me donner, il sait avec quel zèle et quel empressement je les exécuterais.

Je suis avec le plus entier et le plus respectueux dévouement, Sire, etc.

COMTE DE BOUILLÉ.

Vaugirard, 1er Janvier 1841.

Le Comte de Bouillé à M. le Duc de Bordeaux,

A L'OCCASION DU PREMIER DE L'AN (1841).

Monseigneur,

Si je voulais faire parvenir à Votre Altesse Royale tous les vœux que je forme sans cesse pour elle depuis le commencement jusqu'à la fin de l'année, je la ruinerais en frais de poste ; Monseigneur daignera-t-il donc permettre que je me borne à l'assurer que parmi tous ceux bien nombreux, sans doute, que l'on adresse au Ciel pour lui en ce jour, il n'en est pas de plus sincères et de plus ardents que les miens... je prie Votre Altesse Royale d'en agréer l'hommage. Je ne saurais trop la remercier de ce qu'elle a bien voulu me faire dire par le Duc de Lévis, au sujet de mon empressement à lui être agréable en tout ce qui peut dépendre de moi. Sa confiance et les sentiments dont elle m'honore seront toujours la plus douce récompense des faibles services que je puis être assez heureux pour lui rendre.

J'espère que rien ne s'opposera à mon départ pour Goritz dans les premiers jours de février et que j'y serai rendu aux ordres de Votre Altesse Royale vers le 20.

Monseigneur ne sera peut-être pas médiocrement surpris d'apprendre que, au moment où je m'y attendais le moins, madame de Bouillé s'est décidée à quitter Rastadt avec moi et à m'accompagner ici où mes affaires me rappelaient. Ce parti en a été un d'autant plus grand pour elle, qu'il lui a fallu vaincre pour cela l'excessive répugnance qu'elle éprouvait à revoir ce pays de France, veuf de tout ce qui le lui rendait cher, et qui n'est plus pour elle qu'un séjour de regrets et de larmes; mais bien des motifs impérieux, et surtout le mauvais état de sa santé, ne lui permettaient guère de demeurer plus longtemps en Allemagne. Toutefois, elle n'est revenue ici qu'à la condition expresse de vivre dans la plus profonde solitude à Vaugirard et de ne jamais mettre les pieds à Paris, dont le seul voisinage lui fait mal. Elle prie Monseigneur de vouloir bien agréer tous ses vœux, avec l'hommage de ses sentiments les plus dévoués et les plus respectueux.

Vivant ici dans notre chaumière comme de véritables ermites, je n'ai encore rien vu ni rien appris, depuis mon départ de Rastadt, qui soit digne d'être mandé à Monseigneur. Nous sommes arrivés, par un singulier hasard, dans notre petite retraite, le même jour que le convoi de Napoléon aux Invalides. Je suis resté toute une semaine sans mettre le nez dehors et, des innombrables habitants de la moderne Babylone, je suis peut-être le seul qui n'ait pas eu la curiosité d'aller voir le somptueux catafalque du revenant de Sainte-Hélène, sous la noble voûte que votre illustre aïeul, Louis le Grand, fit élever au milieu de toutes ses gloires, à celles de ses armes et pour en flatter, dans la douceur de leur repos, l'orgueil des guerriers qui l'avaient aidé à doter la France de ses belles et durables conquêtes. Je dois dire que je n'ai pas eu la moindre envie de grossir le nombre des badauds.

Quelle nation indéfinissable, Monseigneur, quel peuple que celui-ci!... Mais, hélas! ce sont des Français, et, malgré tout, vous qui êtes Bourbon, vous qui vous nommez

Henri, votre cœur ne les repoussera pas... Il est probable qu'ils en feront un jour l'épreuve.

Voilà donc Monseigneur passant gaiement son carnaval à Venise et y courant des bordées sur l'Adriatique, après en avoir fait autant à cheval, comme ce vieux commodore anglais du roman de Pérégrine Pickle, qui, à cause du vent contraire, avait mis six heures à parcourir la distance d'un mille pour se rendre aux noces de son neveu... Mais quand Monseigneur naviguera en pleine eau, puisse-t-il le faire toujours sur les mers orageuses de la vie, à pleines voiles avec bonnettes et kakatoires (que les Anglais nomment *sky skreepers,* balayeuses du ciel), et le grand foc d'artimon cargué !... Votre Altesse Royale voit que je me souviens encore un peu de mes nombreuses courses aquatiques.

Je ne sais trop encore quel chemin je prendrai pour me rendre à Goritz et comment je voyagerai ; mais, comme d'ici à mon départ Monseigneur peut être encore à temps de me donner ses commissions, je le prie de compter sur tout le zèle que je mettrai à les faire, si je reçois des ordres assez tôt pour cela.

Je n'ai pas besoin, je pense, d'exprimer à Votre Altesse Royale tout le bonheur que j'aurai à me retrouver encore pour quelque temps auprès d'elle, et à lui donner de nouvelles preuves de l'entier dévouement et de tous les sentiments aussi fidèles que constants, avec lesquels je suis, Monseigneur, etc.

Comte de BOUILLÉ.

Vaugirard, le 1er Janvier 1841.

Lettre de M. le Duc de Lévis au Comte de Bouillé,

AU SUJET DE SON PROCHAIN VOYAGE A GORITZ.

Venise, le 18 Janvier 1841.

Je viens, très cher Comte, de recevoir votre lettre du 1er janvier et je m'empresse de vous écrire ces quelques lignes, afin qu'elles puissent vous parvenir avant votre départ. Monseigneur me charge de vous dire les choses les plus aimables et de vous remercier de votre lettre. Quand je lui ai dit : « Voilà une lettre de M. de Bouillé, » il s'est écrié : « Ah ! tant mieux, car elles sont toujours aimables et spirituelles. » C'est donc un grand plaisir pour lui de vous lire, un plus grand encore de vous revoir. C'est tout simple, comme dit la chanson : on revient toujours à ses premières amours.

Je ne vois pas que nous ayons cette fois grand commissions à vous donner ; mais, néanmoins, Monseigneur me charge de vous dire qu'il *veut* que vous voyagiez en poste. Il trouve avec raison que c'est déjà bien assez de vous faire faire pour son service d'aussi longs voyages dans cette saison, et que c'est bien le moins que l'on s'arrange pour en diminuer le plus possible la fatigue et les inconvénients. Ainsi donc, *ordre formel* de prendre la poste . . . . .
. . . .

Notre temps se passe ici assez agréablement, d'autant que, comme vous savez, nous ne sommes pas gâtés par Goritz. Nous nous occupons aussi utilement, grâce à l'étude de la marine, que Monseigneur suit avec assez d'ardeur sous la direction de M. de V. J. Ce sera probablement à

Goritz que nous nous retrouverons, car nous comptons quitter Venise le 15 février, craignant que la fin du carnaval ne soit un peu trop bruyante et dissipée pour des gens graves et réfléchis comme nous.

Adieu, cher Comte, présentez à madame de Bouillé tous mes hommages et les plus tendres compliments de Madame de Lévis. Tout notre monde veut être rappelé à votre souvenir, et moi je vous renouvelle du fond du cœur l'assurance de la bien vive et sincère amitié que je vous ai vouée.

Duc de LÉVIS.

Le Comte de Bouillé à M. le Duc de Bordeaux,

A SON RETOUR DE GORITZ.

Monseigneur,

L'on ne saurait choisir un meilleur quantième pour écrire à Votre Altesse Royale, aussi suis-je bien empressé d'en profiter pour mettre à ses pieds le nouvel hommage de mes vœux à l'occasion de sa fête.

Monseigneur m'ayant permis de lui donner des nouvelles de mon voyage, je lui dirai qu'il a été fort heureux sous le rapport des accidents. Je n'en ai éprouvé aucun, et je suis rentré sain et sauf, en vieux limaçon, dans ma coquille de Vaugirard, mais excessivement fatigué, bien que j'aie été quatorze jours en route, à cause de ma halte de deux jours à Rastadt, pour l'arrangement des affaires que madame de Bouillé y avait laissées.

Arrivé chez moi, j'y ai trouvé ma pauvre femme elle-même, plus souffrante que jamais, et en outre garde-malade de Gaston, retenu dans son lit par la fièvre. Ce fut donc un triste jour pour moi, que celui où j'ai regagné mes pénates. Heureusement que l'indisposition de mon fils tire à sa fin et j'espère qu'il sera bientôt parfaitement rétabli. Quant à madame de Bouillé, mes inquiétudes sur son état ne peuvent qu'augmenter et je crains qu'elle ne soit pour moi, sous ce rapport, une véritable source de chagrins.

J'ai eu un temps exécrable en route, à peine deux beaux jours, des pluies atroces, des orages continuels. Il y en eut un surtout, au moment où je quittais Lintz, tel que je n'en ai jamais vu, même à la Martinique. Le postillon, que des torrents de pluie inondaient, allait au grandissime galop, en sorte que je crus un moment que le diable et le vent s'étaient réunis pour conjurer ma perte et que la petite voiture serait mise en pièces ou écrasée par le tonnerre, ce qui pensa arriver, car il tomba une fois, sans exagération, à moins de cinquante pas des chevaux. Pour donner à Monseigneur une idée du train dont nous allions, je ne mis que trois quarts d'heure à faire le relais de Lintz à Wels, au milieu de la foudre et des éclairs. *Œil-de-Dindon*, mon domestique, était à peindre sur son siège, si un peintre aérien eût été assez habile pour saisir à la volée ses traits humides.

Je chasse tous ces tristes souvenirs, Monseigneur, pour ne conserver que ceux toujours si flatteurs et si précieux pour moi des bontés dont vous m'avez encore comblé, ainsi que votre auguste famille, durant les derniers mois que j'ai été assez heureux pour passer auprès de Votre Altesse Royale ; ceux-là, et Monseigneur ne saurait en douter, resteront éternellement gravés dans mon cœur avec mes sentiments de reconnaissance et de dévouement envers lui.

Je rends compte au Duc de Lévis des commissions qu'il m'avait données, mais je n'ai du reste rien de bien important à lui mander. Je crains que ce même mauvais temps qui ne cesse de nous priver ici des beaux jours de l'été, ne se fasse sentir également à Kirchberg et peut-être d'une façon plus désagréable encore. Je le regretterais infiniment pour ces plaisirs champêtres, les seuls que puisse y trouver Monseigneur, mais j'espère qu'il ne tardera pas à s'en dédommager par quelque heureuse diversion. Je le prie d'être assez bon pour me mettre aux pieds du Roi et de tous ses augustes parents, et, en lui renouvelant la respectueuse assurance de tous mes sentiments, j'ose rappeler à Votre Altesse Royale la promesse qu'elle a daigné me faire de penser quelquefois, dans ses moments perdus, à son fidèle et dévoué serviteur

Le Comte de BOUILLÉ.

P.-S. — Mademoiselle voudra-t-elle bien permettre que je lui adresse, par l'organe de Monseigneur, tous mes nouveaux remerciements de l'honneur qu'elle a bien voulu me faire de me prendre quelquefois comme écuyer ? Madame de Bouillé, qui a été vivement touchée de son aimable et gracieux souvenir, désirerait bien lui en exprimer toute sa reconnaissance. Dès que ses pauvres pattes seront un peu débarrassées de sa goutte, elle aura l'honneur d'écrire à Monseigneur pour le remercier elle-même du dessin qu'il a bien voulu me donner pour elle. Gaston me charge également de le mettre aux pieds de Votre Altesse Royale et de lui dire qu'il a reçu, avec non moins de gratitude, les jolis boutons de chemise.

Vaugirard, le 6 Juillet 1841.

Lettre du Comte de Locmaria au Comte de Bouillé,

POUR LUI DONNER CONNAISSANCE, AU NOM DE M. LE DUC DE BORDEAUX, DE L'ACCIDENT QU'IL VENAIT D'ÉPROUVER.

Kirchberg, 31 Juillet 1841.

Je viens, mon cher Comte, vous donner, *de la part de* notre cher Prince, des détails sur un événement que les journaux vont publier et que vous ne devez pas apprendre par eux. Monseigneur vous est trop attaché pour ne pas désirer vous faire part directement de l'accident qu'il vient d'éprouver. Mercredi 28 juillet, il avait formé le projet d'aller à la verrerie de Schrems, que vous connaissez, pour régler un compte et faire de nouvelles commandes. Arrivé à un quart de lieue de Schrems, nous avons rencontré une voiture de moisson attelée de deux bœufs qui suivaient la même route que nous; le chemin était assez étroit et bordé de barrières des deux côtés. Monseigneur voulut dépasser la charrette. En apercevant son cheval, les bœufs s'effrayèrent et se jetèrent de côté; effrayé à son tour, le cheval du Prince se défend et refuse d'aller plus en avant. Alors je propose à Monseigneur de passer le premier, pensant que mon cheval entraînerait le sien. Il refusa et voulut forcer son cheval à obéir; il raidit la main et piqua des deux; mais au lieu de se porter en avant, le cheval se renversa brusquement sur le Prince et tomba sur lui; le choc fut assez violent pour lui casser la cuisse.

Monseigneur a supporté cet accident avec courage et sang-froid. Tous les soins lui ont été prodigués ; un habile opérateur, appelé tout aussitôt de Vienne, est arrivé trente heures après l'évènement et a disposé pour la cure du membre fracturé un appareil fort ingénieux dont il est l'inventeur ; cet appareil, qui agit constamment sur le membre pour le replacer d'abord et ensuite pour le maintenir, offre toutes les garanties d'une complète guérison. Depuis cinq ans que ce système est en usage à Vienne, il n'y a pas d'exemple qu'une fracture n'ait pas été complètement guérie. Je crois donc que vous pouvez partager les espérances que M. Wattmann nous a données. M. Bougon ne quitte pas le Prince et son collègue de Vienne reviendra de temps en temps pour suivre les progrès de la cure qui, malheureusement, ne sera terminée qu'au bout de huit semaines, c'est-à-dire le 26 septembre prochain.

Je vous écris, mon cher Comte, au nom de Monseigneur, de M. de Lévis, qui ne le quitte pas, et si vous voulez me permettre de me nommer aussi, pour répondre au désir bien simple de correspondre avec un des amis les plus dévoués de notre Prince. Permettez-moi de saisir cette occasion pour vous renouveler l'assurance des sentiments d'attachement que vous m'avez inspirés pendant les moments que nous avons passés ensemble. Croyez, je vous prie, qu'ils feront époque dans ma vie, et que votre souvenir sera toujours attaché à celui de la position que j'occupe auprès de Monseigneur.

Votre bien dévoué serviteur,
Le Comte de LOCMARIA.

Lettre du Comte de Montbel au Comte de Bouillé,

RENFERMANT QUELQUES DÉTAILS DE PLUS SUR L'ACCIDENT
DE SON ALTESSE ROYALE.

Kirchberg, ce 1er Août 1841.

Mon cher Comte, je viens vous entretenir de l'accident grave survenu à M. le Duc de Bordeaux, accident qui aurait pu avoir des conséquences bien plus funestes. Le 28, Monseigneur voulut aller à la verrerie de Schrems ; il partit accompagné de M. de Locmaria, Stanislas et Maxence. Il montait un jeune cheval gris que B... avait ramené de Prague où il l'avait acheté, il y a quinze jours environ. C'était un jour de foire ; on rencontra sur la route des charrettes dont les bœufs s'effarouchant se jettèrent en travers de la route. Monseigneur voulut forcer son cheval effrayé à passer dans l'intervalle libre. Le cheval se cabra et se renversa sur le Prince qui eut la cuisse cassée au col de fémur. Maxence partit au plus tôt pour chercher le docteur Bougon. Stanislas, dont le cheval est très vif, était déjà à Schrems. Ne voyant rien arriver, il revint sur ses pas et trouva le Prince couché sur la route très souffrant. Après une heure d'attente, on se procura une voiture de poste. Le Prince y fut placé sur des matelas et on le rapporta lentement au château. Après cinq heures d'une marche pénible, il arriva à neuf heures du soir. Le Roi était allé le rejoindre. La Reine, qui avait été bien malade et purgée le jour même, était dans les angoisses les plus vives.

Dès que le docteur eut constaté la gravité de la blessure, Stanislas partit pour Vienne d'où il ramena le docteur

Wattmann, chirurgien fort habile. On soumit le Prince à l'application d'un procédé de l'invention de ce dernier, un extenseur qui, sans éclisses, replace et retient les os dans leur situation normale. Le docteur répond que M. le Duc de Bordeaux ne demeurera pas boiteux. Le Prince souffre beaucoup des nerfs. Il est condamné à deux mois d'immobilité au lit et à un mois de béquilles. Il a supporté ses opérations sans se plaindre et a une grande résignation chrétienne [1]. Nous devons remercier Dieu qu'une telle chute n'ait pas compromis son existence...

Adieu, mon cher Comte, mille hommages respectueux et affectueux à madame de Bouillé. Le Prince vous dit mille amitiés.

MONTBEL.

P.-S. — Madame la duchesse de Berri, qui était à Vienne, est revenue à Kirchberg, dès qu'elle a appris l'accident de son fils.

Le Comte de Bouillé à M. le Duc de Bordeaux,

AU SUJET DE SON ACCIDENT.

Monseigneur,

A peine relevé d'une grave indisposition provoquée par un rhumatisme nerveux aigu au côté droit qui m'a retenu près de quinze jours dans mon lit ou dans ma chambre et

---

[1] Une lettre de M. le Duc de Blacas arrivée en même temps, renfermait des détails à peu près identiques. Il ajoutait : Monseigneur a montré du courage et même de la sérénité, presque de la gaieté, depuis qu'il est dans son lit, et c'est beaucoup avec la perspective de s'y ennuyer si longtemps.

dont il me reste encore une excessive faiblesse, la triste nouvelle du cruel accident qui vous est arrivé est venue me rendre toutes mes douleurs et redoubler mes chagrins. Je m'étais flatté jusqu'à hier matin que cette nouvelle si promptement donnée par les journaux qui nous sont contraires, n'était qu'une méchanceté de leur part ; mais les lettres que le Duc de Blacas et messieurs de Locmaria et de Montbel ont eu la bonté de m'écrire, ainsi que toutes celles reçues par messieurs de Pastoret et de Baulny, ne m'ont plus laissé malheureusement aucun doute sur la vérité de ce funeste événement, dont je ne cacherai pas à Votre Altesse Royale que j'ai été comme anéanti. Cependant, Monseigneur, ma première pensée a été de rendre grâce à Dieu, au milieu des cruelles épreuves auxquelles il nous soumet, de ce qu'il a préservé vos jours et de ce que ce malheur n'ait pas été plus grand. L'idée seule en fait frémir et tel même qu'il a été, je crois que j'aurais perdu la tête si j'en avais été témoin. Rassuré maintenant par la certitude que nous donnent toutes les lettres de Kirchberg que l'état de Monseigneur est aussi satisfaisant que possible et que nous pouvons avoir toute confiance dans sa prompte et parfaite guérison, je me hâte de lui exprimer toute la part si vive que je prends au malheur qui lui est arrivé et qui nous frappe tous en lui. Monseigneur connaît trop bien mes sentiments, sait trop bien à quel point je lui suis dévoué et attaché pour que j'aie besoin de lui en dire davantage. Quant à ma pauvre femme, elle est inconsolable ; elle ne songe plus à ses souffrances personnelles, bien poignantes aussi, et toutes ses pensées, comme les miennes, sont maintenant concentrées à Kirchberg, au chevet du lit de

Monseigneur. Je ne suis pas surpris du courage qu'il a montré, de son calme et de sa résignation actuels ; mais je conçois toute la patience dont il faudra qu'il s'arme, pour supporter de si longs et ennuyeux arrêts ; je le supplie néanmoins de s'y soumettre tranquillement pour ne nuire, par aucune agitation, à la marche progressive de sa guérison. Il est environné des plus tendres affections et de tous les soins possibles, soins que j'ai l'amer regret de ne pouvoir partager avec les cœurs fidèles et dévoués qui l'entourent. Je sais que le bon Duc ne le quitte pas, et ceux-là, avec l'aide de Dieu qui n'a permis cet événement que pour faire ressortir la protection particulière dont il couvre Votre Altesse Royale, parviendront bientôt à remettre Monseigneur complètement sur pied et à lui rendre l'exercice de toute son activité naturelle. Si nos prières de tous les jours, je dirai presque de tous les instants, si celles de vos nombreux amis et serviteurs peuvent accélérer ce moment, Monseigneur croira sans peine qu'elles ne lui manqueront pas. Ceci ne sera donc qu'une affaire de patience et de temps... enfin, tout au plus de quelques semaines.

Je ne saurais trop remercier Votre Altesse Royale de l'extrême bonté qu'elle a eue de charger le Comte de Locmaria de me donner immédiatement de ses nouvelles et je lui demande en grâce de continuer à m'en faire donner le plus souvent possible. Je ne veux pas la fatiguer davantage aujourd'hui par la lecture d'une si triste lettre ; mais quand mon cœur et mon esprit seront plus reposés, je lui demanderai la permission de lui exprimer tout ce que nous fera éprouver de bonheur, à madame de Bouillé et à moi, l'annonce des progrès de sa guérison.

Nous comprenons combien a dû être affreux pour le Roi, la Reine et Mademoiselle, l'instant où ils ont vu arriver Monseigneur au château sur ce char de douleur et nous les avons plaints de tout notre cœur. Votre Altesse Royale sera-t-elle assez bonne pour mettre tous nos hommages à leurs pieds?

Je n'ai pas besoin de dire à Monseigneur que tous ses amis ici ne pensent qu'à lui, ne s'occupent que de lui et qu'il faut que ce triste événement tourne, en définitive, à son honneur et gloire.

Je prie Monseigneur d'agréer le nouvel hommage du respectueux attachement et du dévouement sans borne de son vieux serviteur

Le Comte de BOUILLÉ.

P.-S. — Le Baron de Veauce, qui est arrivé ici avec une célérité étonnante, m'a confirmé, à ma grande satisfaction, toutes les nouvelles rassurantes déjà reçues sur l'état de Monseigneur, mais il nous a aussi vivement affligés par ce qu'il nous a dit sur la santé de la Reine, déjà si altérée avant l'accident de Monseigneur et nous formons les vœux les plus sincères pour qu'elle soit bientôt parfaitement rétablie.

Vaugirard, 11 Août 1841.

Le Comte de Bouillé au Roi Louis XIX.

À L'OCCASION DE SA FÊTE ET DE L'ACCIDENT DE M. LE DUC DE BORDEAUX.

Sire,

Habitué aux approches de la fête de Votre Majesté à n'éprouver que des émotions de bonheur, à ne rendre que des actions de grâces à Dieu en implorant ses bénédictions pour le Roi, il m'est bien douloureux, lorsque je viens mettre à ses pieds l'hommage de tous mes sentiments et de mes vœux pour lui, d'être obligé d'y mêler aussi le triste langage de mon cœur au sujet de la cruelle circonstance qui a dû affecter si péniblement Votre Majesté. Elle croira sans peine que personne n'a été plus ému que moi de l'accident de son auguste neveu et ne remercie plus que moi la Providence de ce qu'elle a permis que ce malheur n'ait pas été plus funeste.

La promptitude avec laquelle le Duc de Blacas et MM. de Montbel et de Locmaria (ce dernier d'après le désir de Monseigneur) m'ont instruit de cette triste nouvelle, m'a profondément touché et m'a fourni les moyens de calmer un peu, sur l'état de Monseigneur et les résultats de l'accident, les inquiétudes et les alarmes qui commençaient à se manifester de toutes parts. J'ai su également tout ce que le Roi, tout ce que la Reine avaient souffert, et l'amertume de nos regrets s'en est vivement accrue. Il ne nous reste plus maintenant qu'à demander au Ciel, par de continuelles et ferventes prières, la prompte et parfaite guérison de Monseigneur, et j'ose assurer le Roi que ces prières ne lui manquent pas.

Je n'avais pas besoin d'un aussi grand chagrin pour mettre le comble à ceux que m'occasionne la maladie de madame de Bouillé, dont l'accident de Monseigneur a cruellement augmenté les souffrances... Elle supplie le Roi et la Reine de lui accorder la permission de mettre à leurs pieds, avec l'expression de toute sa peine, l'hommage de son profond respect. Mon fils, qui est encore souffrant dans sa retraite de Bordeaux, partage bien vivement aussi tous nos sentiments à cette occasion.

Je viens moi-même d'éprouver pendant quinze jours d'horribles douleurs causées par un rhumatisme nerveux aigu, mais l'on oublie facilement ses souffrances personnelles lorsque l'on songe à toutes celles auxquelles ses maîtres chéris sont si cruellement condamnés. Je me réjouis de savoir que la santé du Roi se soutient, mais j'ai été désolé d'apprendre que celle de la Reine avait été encore bien altérée depuis mon départ de Kirchberg. Oserai-je prier Votre Majesté de lui en faire agréer tous nos regrets avec nos vœux les plus ardents pour son parfait rétablissement?

J'espère que le Comte de Montbel aura reçu la lettre que je lui ai adressée à mon arrivée ici et dont je l'avais prié de donner communication au Roi.

Je suis avec le plus profond respect et le plus entier dévouement, Sire,

de Votre Majesté,

Le très humble, très obéissant et très fidèle serviteur et sujet.

Comte de BOUILLÉ.

Vaugirard, 15 Août 1811.

Le Comte de Bouillé à M. le Duc de Bordeaux,

À L'OCCASION DE L'ANNIVERSAIRE DE SA NAISSANCE.

Monseigneur,

Si je ne me trompe pas dans mon calcul, cette lettre arrivera aux pieds de Votre Altesse Royale le jour ou bien près du jour anniversaire de sa naissance, de ce bienheureux 29 septembre qui nous a causé tant de joie, qui nous promettait tant de bonheur, et auquel tous les cœurs qui vous sont fidèles attachent encore et attacheront toujours leurs plus chères espérances. Monseigneur daignera-t-il à cette occasion agréer, avec sa constante bonté pour moi, le nouvel hommage de tous mes vœux et de ceux de ma femme et de mes enfants? Plus que jamais nous en adressons au Ciel pour lui demander de donner à Monseigneur tout le courage et la patience dont il a besoin dans l'état de cruelle souffrance et d'ennuis prolongés où le retient la longue guérison de son fatal accident; mais nous ne cessons en même temps de remercier Dieu de ce qu'il lui accorde tant de force, je dirai même tant de vertu, pour les supporter comme il le fait, et aussi de la certitude que nous donnent ceux qui ont si bien soigné Votre Altesse Royale, qu'il ne lui restera pas la plus légère trace ni le moindre inconvénient de cette maudite chute. Cherchons donc, Monseigneur, à nous consoler de ce malheur en ne songeant plus qu'aux jours qui ne tarderont pas, j'espère, à reparaître, où Monseigneur, rendu à sa belle et bonne santé ordinaire et à l'entier exercice de toutes ses heureuses facultés, ne s'occupera plus que de l'accomplissement de ses futures, grandes et nobles destinées, et qu'il lui sera facile de sauter encore, s'il le faut, à pieds joints, sur les obstacles qu'il pourrait rencontrer en chemin... Nous comptons les jours, et nous espérons qu'au moment où Monseigneur recevra cette lettre, les deux mois étant accomplis, il pourra sortir de son lit, quitter la si pénible position qu'il est forcé de garder et que, dès lors, le reste ira vite.

Il me serait bien agréable de pouvoir égayer Votre Altesse Royale par le récit de quelque anecdote ou événement de nature à pouvoir le faire sourire un instant; mais, hélas! le champ où je moissonne ici est tout-à-fait infertile... Pas le plus petit mot pour rire, et je tombe de plus en plus dans une noire mélancolie qui commence à affecter visiblement ma santé. Celle de ma pauvre femme, qui m'a donné et me donne encore tant de chagrins, éprouve cependant depuis quelques jours une véritable amélioration et au point que je me livrerais, si cela continuait, à l'espoir que la nature doit triompher chez elle de toutes les sinistres prévisions des médecins et qu'elle a passé la plus forte crise de la maladie. Ceci, et le prompt et parfait rétablissement de Votre Altesse Royale, remettraient un peu de baume dans mon vieux sang, s'il est susceptible d'en recevoir encore. Je demande pardon à Monseigneur de l'entretenir autant de madame de Bouillé et de moi-même; il faut s'en prendre de mon indiscrétion à l'intérêt qu'il daigne nous accorder.

Les journaux auront instruit Votre Altesse Royale de tout ce qui se passe sur divers points de notre pauvre pays de France, qui n'aura jamais de tranquillité que quand... Monseigneur devine ma pensée. Mais, en attendant, tout cela, quoique assez sérieux dans bien des endroits, n'est, au bout du compte, que feux de paille, que désordres momentanés et sans résultats, tandis que l'esprit d'anarchie et de désorganisation sociale marche toujours, plus ou moins dans l'ombre, ou ostensiblement vers son déplorable but. L'âme généreuse et noble de Votre Altesse Royale aura frémi en apprenant le nouvel attentat qui a eu lieu, lors de l'arrivée à Paris du 17me léger. Ceux qui sont maintenant en butte à de pareils dangers ont, il est vrai, semé le vent dont ils recueillent les tempêtes... Mais ces moyens de leur montrer qu'ils n'ont que ce qu'ils méritent, n'en sont pas moins odieux et n'en donnent pas moins la preuve d'une bien grande perversité chez un peuple qui, malheureusement, ne sait pas plus jouir du bien qu'on lui fait, que se soumettre aux maux qu'il provoque.

Quelle tâche Monseigneur aura un jour à remplir ; mais son Dieu et celui de la France sera là, j'espère, à ses côtés... Je ne veux pas prolonger cette lettre dans la crainte que ma tristesse ne gagne aussi Votre Altesse Royale, ce dont je serais désolé.

Le bon Maxence m'a mandé que Monseigneur voulait bien écouter quelquefois sa jolie voix, accompagnée de quelques airs de piano, et que c'était une des récréations qui venaient un peu à son secours dans ses longs moments d'ennui. Je voudrais bien pouvoir en inventer d'autres dont je m'empresserais de lui envoyer la recette ; mais, hélas ! je n'ai plus le génie de l'invention, pas plus qu'aucun autre, et je ne respire plus maintenant que pour aimer Monseigneur et prier pour lui. Voudra-t-il bien agréer l'expression de cet inaltérable sentiment, comme celle du plus profond respect et du dévouement sans bornes, avec lesquels je suis, Monseigneur,

De Votre Altesse Royale,
Le très humble, très obéissant et très fidèle serviteur.

Comte de BOUILLÉ.

P.-S. — Si ce n'est pas abuser des bontés de Monseigneur, nous lui demandons, madame de Bouillé et moi, la grâce de nous mettre aux pieds de ses augustes parents et à ceux de Mademoiselle. Nous ne saurions lui dire à quel point nous nous sommes réjouis des bonnes nouvelles que l'on nous a données du rétablissement de la santé de la Reine, et combien nous sommes heureux que Sa Majesté ait éprouvé un aussi grand bien de son voyage à Tœplitz. J'écris quelques lignes à mon bon ami Lévis pour le prier, sur toute chose, de me tenir ou de me faire tenir au courant, le plus possible, de l'état de Monseigneur et des progrès de sa guérison.

Vaugirard, ce 19 Septembre 1841.

Monsieur le DUC DE BORDEAUX
au Comte de Bouillé.

PREMIÈRE LETTRE APRÈS L'ACCIDENT DE S. A. R.

Kirchberg, ce 19 Octobre 1841.

Me voilà beaucoup mieux, mon cher monsieur de Bouillé, et je veux en profiter pour vous remercier des bonnes lettres que vous m'avez écrites et auxquelles je n'ai pu répondre jusqu'ici. Je me lève tous les jours pendant plusieurs heures et j'ai commencé jeudi à sortir en voiture sans en être fatigué. Dès le 29, j'avais pu me lever et m'habiller complètement pour recevoir tous les Français qui se trouvaient ici.

J'ai bien regretté de n'avoir pu réunir autour de moi, ce jour-là, tous mes fidèles amis; c'est vous dire que j'ai bien pensé à vous. Il faut même, à cette occasion, que je vous parle d'une idée qui m'est venue dans la tête, ou pour mieux dire dans le cœur, et qui vous concerne. Je charge le Duc de Lévis et le Marquis de Pastoret de vous faire connaître cette première disposition que j'ai voulu faire du libre usage que j'ai maintenant de ma fortune. Mais ce que je veux vous dire moi-même, c'est que vous me feriez le plus grand chagrin de mettre obstacle à mes désirs, et pour vous mettre bien à l'aise, je vous dirai que je n'hésiterais pas, dans l'occasion, à accepter de vous, si vous étiez dans la position de le faire, et de quelques autres de mes fidèles amis et serviteurs, le même service que j'ai tant de plaisir à vous rendre. Vous voyez donc bien, mon cher ami, que vous ne pouvez pas me refuser, et d'ailleurs *telle est ma volonté, ainsi n'y faites faute.*

J'ai été heureux d'apprendre que la santé de madame de Bouillé vous donnait moins d'inquiétude. Dites-lui bien tous les vœux que je forme pour son prompt et entier rétablissement.

Les marques d'intérêt que l'on m'a données et que l'on continue à me donner de toutes parts, me touchent vivement. La Providence a évidemment veillé sur moi, et cet accident, qui pouvait avoir des suites si fâcheuses, n'en aura aucune, grâce à Dieu et aux bons soins dont j'ai été entouré.

J'ai bien pensé à vous le jour de votre fête, ainsi qu'à la visite que nous avons faite ensemble à Assise au tombeau de votre saint Patron. Vous voyez que tous les souvenirs du temps que vous avez passé auprès de moi me sont chers et précieux.

Adieu, mon cher monsieur de Bouillé, comptez toujours sur ma sincère et constante affection.

HENRI.

Le Comte de Bouillé à M. le Duc de Bordeaux.
RÉPONSE A LA LETTRE PRÉCÉDENTE.

Monseigneur,

Comment exprimer à Votre Altesse Royale tout ce que m'a fait éprouver la lettre qu'elle a eu la bonté de m'écrire le 10 du courant? Deux sentiments se sont partagés mon cœur : d'abord celui du plaisir infini que j'ai eu en apprenant par Monseigneur lui-même le bon état de sa santé et les progrès d'une guérison qui, touchant à sa fin, ne lui laissera plus bientôt que le souvenir des maux qu'il a soufferts... Que mille actions de grâces soient donc rendues à cette divine Providence qui a exaucé nos vœux ! Mais ces vœux n'en resteront pas là, et nous avons été trop malheureux des dangers qu'a courus Votre Altesse Royale pour que nous cessions un instant de demander à Dieu de la couvrir sans cesse de sa toute-puissance et de la combler de ses bénédictions les plus signalées.

L'autre émotion, Monseigneur, qu'ont fait naître en moi ces lignes si bonnes, si aimables, que vous avez daigné me tracer, est toute de reconnaissance.

Votre Altesse Royale a deviné la triste position à laquelle tant de revers de fortune m'ont réduit et elle veut y remédier par un acte de bonté aussi délicat que généreux. Les paroles touchantes dont elle accompagne la manifestation de sa volonté à cet égard, lui ont été dictées par son cœur toujours si noble et si bon, et je croirais en effet lui manquer de respect et ne pas répondre à sa bienveillance si je n'acceptais pas sans hésitation ce nouveau témoignage des sentiments dont elle m'honore ; je lui obéis donc... mais en priant Monseigneur d'agréer l'expression de ma profonde gratitude, oserai-je le supplier, en même temps, de ne pas s'offenser si je lui demande de souffrir que je me regarde comme son débiteur autrement que par le cœur, jusqu'à ce que mes affaires personnelles me permettent de remettre à ses pieds plus que tout ce que je lui devrai encore d'hommages et de reconnaissance, car j'avouerai à Votre Altesse Royale, et elle le comprendra facilement, que l'idée de lui être à charge, lorsque toutes ses ressources pécuniaires peuvent lui être bien autrement nécessaires, ne laisse pas que d'avoir quelque chose de pénible pour moi... mais je ne lui en parlerai pas davantage dans la crainte de lui déplaire.

M. de Pastoret s'est empressé de me faire connaître, en ce qui le regarde, les intentions de Monseigneur, et je n'ai qu'à me louer de lui en cette occasion comme en beaucoup d'autres.

Je désire bien que Monseigneur ait fait sans fatigue et sans inconvénient le voyage de Vienne et qu'il puisse y passer son temps aussi agréablement que possible. Il y aura, malheureusement, au bout de ce voyage, la perspective du triste Goritz, mais avec le printemps reviendront les beaux jours, et rien alors ne s'opposera, j'espère, à ce qu'il en profite à son entière satisfaction. Le Duc de Lévis me mande qu'il doit revenir bientôt ici et qu'un de nos amis le remplacera pendant son absence auprès de Monseigneur. Je lui porterai envie; que n'ai-je quelques années de moins et un peu plus de santé, ma personne comme mon cœur serait tout à vous! Cependant, si je pouvais perdre l'espoir de vous être encore de quelque utilité, si je devais renoncer au bonheur d'aller vous porter encore moi-même le tribut de mon dévouement fidèle, j'en mourrais de chagrin.

Madame de Bouillé est on ne peut plus touchée de ce que Votre Altesse Royale a bien voulu me dire pour elle et sur sa santé, qui s'améliore effectivement de jour en jour d'une manière presque miraculeuse; elle aura mis, si cela continue, comme je l'espère, complètement en défaut les sinistres prévisions de la médecine. Je n'ai pas besoin d'assurer Monseigneur qu'elle partage vivement ma reconnaissance de toutes les marques de bonté dont il me comble. Elle me charge d'être, à cet égard, son interprète auprès de lui, en la mettant à ses pieds. Je crois pouvoir en agir de même au nom de ma famille absente.

Monseigneur, en me prouvant par de bien aimables citations qu'il daigne m'accorder quelquefois des souvenirs, ajoute encore à toutes ses grâces celle d'un sentiment que je ne puis trop apprécier, dont je ne saurais assez le remercier... Ce n'est pas pour moi seul que j'ai invoqué mon Patron à son magnifique tombeau d'Assise, et peut-être, à ma prière, veille-t-il sur les jours et les destinées de Votre Altesse Royale. Je la prie de vouloir bien se rappeler aussi qu'un mot d'Elle, dans ses moments perdus, est la plus grande joie que je puisse éprouver et qu'il n'est personne sur la terre qui lui soit plus entièrement dévoué, par affection comme par devoir, que son fidèle et respectueux vieux serviteur

Le Comte de BOUILLÉ.

P.-S. — Je ne saurais mander rien d'intéressant à Monseigneur de ce malheureux pays-ci. Tout y va comme à l'ordinaire, mais Dieu seul sait où, en définitive, tout va ! L'avenir déchirera peut-être ce triste voile ; puisse-t-il ne s'épaissir encore à nos yeux que pour nous découvrir ensuite, d'une manière plus éclatante, les bienfaisants décrets de la Providence !

Vaugirard, ce 22 Octobre 1841.

Le Comte de Bouillé au Roi Louis XIX,

POUR LUI EXPRIMER SA RECONNAISSANCE D'UN DON QUE SA MAJESTÉ VENAIT DE LUI ENVOYER DE SON PROPRE MOUVEMENT.

Sire,

Les expressions me manquent pour peindre au Roi toute ma reconnaissance du nouveau bienfait que je dois à sa généreuse bonté comme à son touchant souvenir. Le Duc de Blacas vient de me remettre la somme qu'il a daigné m'envoyer. Déjà comblé des bontés et des grâces de Votre Majesté au-delà de tout ce que mes faibles services pouvaient me mériter de bienveillance de sa part, la pensée de lui être encore à charge ne me serait jamais venue ; mais le Roi n'attend pas que l'on fasse, dans la confiance qu'il inspire, un appel à son cœur ; il devine les peines de ceux qui lui sont dévoués et il trouve encore dans son inépuisable bonté, et j'oserai dire dans ses privations personnelles, le moyen de leur prouver qu'il est toujours leur bienfaiteur comme leur noble maître.

Sire, comment pourrai-je m'acquitter envers Votre Majesté de tout ce que je lui dois de gratitude et de dévouement ? Mon zèle, mes sentiments lui sont connus ; mais tout ce qui me reste de facultés morales et physiques ne pourraient y suffire... Ainsi, que le Roi daigne ordonner, qu'il veuille bien m'indiquer ce en quoi je puis lui être utile, qu'il me mette à même de lui prouver qu'il n'a pas de sujet plus fidèle, de serviteur plus entièrement à lui, et je serai trop heureux de répondre à ses ordres jusqu'à mon dernier soupir !

Ma position était devenue extrêmement pénible, par suite de notre ruine coloniale... Le Roi vient de me rendre le repos en me donnant les moyens de liquider quelques dettes pressantes envers d'avides négociants, et quant au bien-être de mon existence, Votre Majesté y avait déjà amplement pourvu. Je ne suis donc pas à plaindre après tant de vissicitudes dont je pouvais être bien autrement victime sans les bienfaits du Roi.

La santé de ma femme, qui m'avait occasionné de si mortelles inquiétudes, s'est améliorée comme par enchantement, de telle sorte que toutes mes craintes à ce sujet se sont dissipées. Je n'ai donc que des actions de grâces à rendre à Dieu.

Madame de Bouillé, qui partage vivement ma reconnaissance et tous mes sentiments envers le Roi et son auguste famille, ose espérer qu'il voudra bien permettre, ainsi que la Reine, que je la mette à leurs pieds.

Nous nous occupons de la vente de notre maisonnette de Vaugirard, dont la possession nous devenait plus onéreuse qu'utile et agréable, et nous sommes venus nous établir pour l'hiver, jusqu'à nouvel ordre, dans un petit appartement, à Paris.

Le Duc de Blacas va profiter des conseils du Roi ; il se dispose à partir sous peu de jours pour l'Angleterre. Nous avons fait ici quelques courses ensemble ; plus on le voit, plus on l'aime, et plus on reconnaît en lui le digne héritier des nobles qualités de son père. Son dévouement particulier à Votre Majesté est un véritable culte ; on ne saurait le pousser plus loin.

Je regrette de ne pouvoir rien écrire au Roi d'intéressant sur ce qui se passe ici ; nos affaires y languissent successivement et rien, pour l'instant du moins, ne semble devoir les ranimer. L'esprit révolutionnaire et la corruption morale qui sont en conspiration permanente contre l'ignoble trône de Juillet, menacent non-seulement l'autorité usurpatrice, mais la société elle-même tout entière. Les premiers auteurs du mal tremblent maintenant d'être débordés, comme la chose arrive presque toujours, par les passions terribles qu'ils avaient déchaînées à leur profit, et ne voient pas sans épouvante le volcan qu'ils ont allumé sous leurs pas... Dieu seul connaît quel sera le résultat définitif d'un pareil état de choses. Notre confiance en sa miséricorde est inaltérable, mais quand daignera-t-il, dans son éternelle sagesse, réaliser notre espoir ?

Je me suis vivement réjoui des bonnes nouvelles que j'ai eues de la santé du Roi et de celle de la Reine, nouvelles que Maxence vient encore de me confirmer en m'apprenant l'heureuse arrivée de Vos Majestés à Goritz, mais je suis bien peiné d'apprendre que M. le Duc de Bordeaux a un peu souffert des fatigues de son voyage à Vienne, et qu'ainsi forcé d'y prolonger son séjour plus qu'il ne devait le faire, sa réunion avec ses augustes parents en sera nécessairement retardée, ce qui doit affliger Monseigneur. J'espère cependant que ce temps d'arrêt va consolider sa guérison et que s'il arrive plus tard à Goritz, ce sera dans un état qui ne laissera plus rien à désirer. M. de Brissac part dans huit jours pour aller rejoindre le prince à Vienne. Votre Majesté croira sans peine que je me serais rendu à ses ordres avec tout l'empressement possible si, malgré ma pauvre santé et toutes mes tristesses, j'avais pu lui être encore de quelque utilité en cette occasion.

Le Roi sera-t-il assez bon pour me mettre aux pieds de la Reine, et daignera-t-il agréer, avec sa bienveillance accoutumée, le nouvel hommage et la constante expression du plus profond respect et du plus entier dévouement avec lesquels je suis, Sire, etc.

COMTE DE BOUILLÉ.

Paris, 20 Novembre 1841.

P.-S. — Je n'ai pas oublié ce que le Roi m'a recommandé lorsque j'eus l'honneur de prendre congé de lui à Kirchberg, et je ne manquerai pas de mander à M. de Montbel, qui doit être maintenant de retour auprès de lui, tout ce qui me paraîtra mériter son intérêt, mais pour le moment, je ne saurais trouver matière à une lettre de ce genre.

Le Comte de Bouillé à M. le Duc de Bordeaux.

Monseigneur,

Je ne puis laisser partir le bon Brissac sans lui donner quelques lignes que je le prie de mettre de ma part aux pieds de Votre Altesse Royale.

C'est avec un bien vif regret que nous avons appris l'obligation où se trouve Monseigneur de garder encore les arrêts par suite de la fatigue inévitable que lui a occasionnée son voyage de Kirchberg à Vienne. Ceci doit l'ennuyer terriblement et mettre encore sa longue patience à l'épreuve; mais enfin, tout arrive à son terme et j'espère que celui où Monseigneur sera entièrement rétabli de ce fatal accident, n'est pas encore bien éloigné... Nous l'appelons journellement de nos vœux les plus ardents. Je pense que les visites ne manquent pas à Votre Altesse Royale et que sa cour est nombreuse. Ce n'est peut-être pas ce qui l'amuse le plus. Ces moments de contrainte et de représentation sont malheureusement des charges obligées de la grandeur et du rang, et font quelquefois répéter aux Princes le souhait d'Agamemnon:

> Heureux qui, satisfait de son humble fortune,
> Libre du joug superbe où je suis attaché,
> Vit dans l'état obscur où les Dieux l'ont caché.

Cependant, vient ensuite le cercle intime des serviteurs fidèles et des amis dévoués, et je ne doute pas que Monseigneur ne trouve, dans celui qui l'entoure, quelque dédommagement aux ennuis qui le tiennent cloué sur son canapé ou qui viennent l'y assaillir.

Mon bonheur eût été de partager leur zèle et leurs soins auprès de Votre Altesse Royale... au lieu de cela, me voici redevenu, jusqu'à nouvel ordre, et non pas sans peine, badaud de Paris, car je préfère encore cent fois ce titre à celui de citoyen. Nous avons quitté le cottage de Vaugirard, dont la solitude commençait à devenir un peu sévère, et nous louons ici un petit appartement pour l'hiver, la santé de madame de Bouillé lui permettant de se livrer un peu plus maintenant à la recherche d'un parti pour une de ses jeunes parentes, qu'elle affectionne beaucoup et qui est en âge de se marier. La chose ne sera pas facile, vu que la jeune personne possède, comme dit la chanson de la mère Camus, *plus d'z appas que d'z écus...* Quant à moi, si mon séjour plus continuel à Paris pouvait me mettre à même d'y être de quelque utilité à Monseigneur, je suis entièrement à ses ordres et je ne saurais y trouver une occupation plus selon mes désirs et mes goûts.

Nous venons d'avoir ici Louis de Blacas, qui nous quitte aujourd'hui pour l'Angleterre; il a beaucoup plu par sa politesse et ses bonnes manières et il paraît être fort content de son voyage, ainsi que de la connaissance qu'il va faire avec John Bull, qui le dédommagera, j'espère, de sa détestable politique, par quelques chasses aux lièvres et aux renards assaisonnés de roastbeef et de plum-pudding. Monseigneur a-t-il le projet de porter toujours ses pas de ce côté, quand reviendra pour lui le moment de l'activité et des voyages? car je vois que l'aimable Goritz ne le possèdera pas cette année et peut-être même fort peu l'année prochaine, au grand déplaisir, indubitablement, de ses augustes parents et de Mademoiselle, que je plains surtout de la longue absence de Votre Altesse Royale.

Maxence a eu la bonté de me donner des nouvelles de ce pauvre Goritz, et j'ai été heureux d'apprendre par lui que toute la famille royale y était arrivée à bon port et s'y portait à merveille.

Je ne suis pas celui qui questionnera le moins le Duc de Lévis, à son arrivée ici, sur Votre Altesse Royale et tout ce qui la concerne. J'ose espérer que Monseigneur n'y trouvera pas d'indiscrétion de ma part; c'est la curiosité du cœur qui m'y portera, espérant qu'il me donnera les meilleures nouvelles possibles de la santé de Votre Altesse Royale qui, d'après ce qu'il vient de mander *au petit berger*, ne souffre nullement, grâces à Dieu, de la pénible sujétion à laquelle Monseigneur se voit encore condamné.

Madame de Bouillé me charge, comme à son ordinaire, de faire agréer à Votre Altesse Royale l'hommage respectueux de tous ses sentiments, et nous nous réunissons pour renouveler à ses pieds celui de notre vive et profonde reconnaissance du témoignage si touchant que Monseigneur a daigné me donner encore dernièrement de ses bontés pour moi. J'espère que la lettre que j'ai eu l'honneur d'écrire à ce sujet à Votre Altesse Royale lui est exactement parvenue, et je la supplie d'accueillir, avec sa bienveillance accoutumée, la constante expression du dévouement sans bornes et de l'inaltérable attachement de son fidèle vieux serviteur

Le Comte de BOUILLÉ.

Fin de Novembre 1841.

Le Comte de Bouillé à M. le Duc de Bordeaux,

À L'OCCASION DU PREMIER DE L'AN (1842).

Monseigneur,

Jupiter, après une forte migraine, grâce à un bon coup de marteau appliqué sur son divin crâne, en vit sortir Pallas, armée de pied en cap. Que ne donnerais-je pas pour qu'un violent rhume de cerveau, maladie très à la mode dans ce moment-ci, pût produire en moi pareil phénomène ! Je mettrais la déesse des guerriers à la disposition de Monseigneur pour qu'elle lui enfantât à son tour de nombreuses légions dignes d'être guidées par lui, à la conquête du noble héritage dont la félonie le prive encore ; mais, hélas ! je ne puis tirer de ma creuse cervelle enrhumée qu'une pauvre lettre, bien faible interprète des vœux dont je viens lui renouveler l'hommage au commencement de cette année. Puissent-ils être exaucés, comme tous ceux que je forme sans cesse pour Votre Altesse Royale, et elle n'aura rien à désirer sur la terre ! Monseigneur daignera-t-il les accueillir avec sa bonté ordinaire, ainsi que ceux non moins sincères que ma femme et mon fils me chargent de mettre à ses pieds.

Un fatal accident a rendu les six derniers mois qui viennent de s'écouler bien pénibles pour Monseigneur. Son courage et sa patience ont été mis à une longue et cruelle épreuve, mais nous espérons que Votre Altesse Royale trouvera en 1812 d'heureuses compensations à ces jours néfastes, dont le souvenir même s'effacera bientôt de sa mémoire. Le Comte de Locmaria, arrivé dernièrement, m'a confirmé les nouvelles satisfaisantes que le Duc de Lévis m'avait données de Monseigneur, par sa lettre du 18 décembre ; mais je suis difficile à contenter sur ce point, et je ne serai complètement heureux que lorsque j'apprendrai que Monseigneur, tout-à-fait rétabli, peut se livrer de nouveau à tous les exercices auxquels il se plaisait... Ce sera toujours avec impatience que j'attendrai cette bonne nouvelle.

Louis de Blacas, à peine de retour d'Angleterre, a manqué culbuter d'un cabriolet dans lequel il courait les rues gelées de Paris, mais il en a été quitte pour une légère contusion qui le retiendra cependant deux ou trois jours au lit. Il est, comme moi, un peu inquiet de la santé du Roi, et il lui tarde de se retrouver auprès de Sa Majesté. Son séjour ne sera donc que de courte durée.

Je n'ai rien de nouveau à mander à Monseigneur, ou qui puisse l'intéresser. Il aura appris avec un véritable chagrin, je n'en doute pas, la mort du vénérable Evêque d'Hermopolis, dont la dernière pensée en ce monde aura été pour Monseigneur, et qui maintenant prie pour lui dans le ciel, juste récompense de ses vertus. L'abbé Trébuquet a dû en être bien affecté !

Nos affaires politiques sont toujours au même point, il y aurait de quoi en périr de consomption, sans la confiance que nous avons dans l'étoile de Votre Altesse Royale qui, pour être enveloppée de nuages, n'en sera, j'espère, que plus resplendissante un jour des reflets du beau soleil de Louis le Grand... *Spes et fides.*

Nous n'avons fait à peu près, madame de Bouillé et moi, que changer de solitude, en passant de l'allée des Acacias à la rue Boudreau, mais nos cœurs, toujours pleins de reconnaissance des bontés de Monseigneur, sont à Vienne et le suivront partout. Le bon et fidèle Brissac se sera sûrement acquitté des commissions verbales que je lui avais données pour Votre Altesse Royale. Je ne pouvais choisir un meilleur organe auprès d'elle. — J'ai joué aux barres, à mon grand regret, avec M. de Maupas, n'ayant eu connaissance de son départ qu'au moment même où il quittait Paris. Monseigneur aura sans doute été charmé de revoir encore ce vieux serviteur auprès de lui.

Ma lettre devrait être datée du 1ᵉʳ janvier, mais j'espère que Monseigneur me pardonnera d'avoir retardé jusqu'au jour *des Rois* l'hommage que j'ai l'honneur de lui faire de mes vœux et de mes sentiments pour lui.

La santé de madame de Bouillé continue à s'améliorer. Elle est toujours vivement touchée de l'intérêt que Monseigneur daigne lui conserver. Gaston ne bouge pas des bords de la Garonne, sans posséder cependant l'avantage de pouvoir en grossir les ondes, des fenêtres du château de ses pères, situé à cet effet beaucoup trop loin de là.

Mais je crains d'ennuyer Monseigneur de ce long verbiage... Voudra-t-il bien l'excuser, et croire toujours à la sincérité des sentiments de profond respect, d'attachement et de dévouement sans bornes, que lui a voués pour la vie son fidèle serviteur

Le Comte de BOUILLÉ.

Paris, le 6 Janvier 1842.

P.-S. — Le petit berger a disparu *ex abrupto*. Les uns disent qu'il est allé à Chambord, d'autres à Vienne. Si ces derniers avaient raison, je prierais Monseigneur de le gronder de ne m'avoir pas mis dans la confidence de son voyage. Son occasion était si bonne et je suis désolé de l'avoir manquée.

Sa Majesté le Roi LOUIS XIX
au Comte de Bouillé.

RÉPONSE À SA LETTRE DE PREMIER DE L'AN.

Goritz, le 26 Janvier 1842.

J'ai eu le plaisir de recevoir, mon cher Comte, vos deux lettres du 20 novembre et du 3 de ce mois. Nous sommes très sensibles, ma femme et moi, aux vœux que vous formez pour nous; ils nous sont d'autant plus agréables que nous savons combien ils sont sincères. Nous vous en remercions, ainsi que madame de Bouillé, à laquelle je vous prie de dire les choses les plus aimables de ma part. J'ai appris avec grand plaisir que sa santé était meilleure.

Ma femme vient d'avoir une fièvre catarrhale qui a duré cinq jours. Elle tousse encore, mais elle n'a plus de fièvre et j'espère que dans quelques jours elle ne s'en ressentira plus. Pour moi, cela va très bien.

Si vous êtes content du général D... et qu'il n'ait fait des siennes à personne, je vous prierai de lui remettre dix mille francs que vous pouvez tirer sur messieurs Coutts, à qui j'écris de les tenir à votre disposition. Vous voudrez bien faire entendre au général que ce que je fais pour lui ne se renouvellera pas et que je désire ne plus entendre parler de lui.

Je suis bien aise que vous ayez été content du Duc de Blacas; cela ne me surprend pas; ce sont tous les trois de dignes fils de leurs parents. Un excès de précautions que je suis loin de désapprouver et le mauvais état des chemins retarde encore le retour de mon neveu auprès de nous. Brissac et Maupas étant auprès de lui, les Lévis doivent le quitter le 3 du mois prochain.

C'est toujours avec un nouvel empressement que je vous renouvelle, mon cher Comte, l'assurance de toute mon estime et affection.

LOUIS.

Monsieur le DUC DE BORDEAUX au Comte de Bouillé.

SECONDE LETTRE APRÈS L'ACCIDENT.

Vienne, le 4 Février 1842.

Mon cher monsieur de Bouillé, vous m'avez écrit plusieurs charmantes lettres qui m'ont fait le plus grand plaisir. J'aurais donc des reproches à me faire de ne vous en avoir pas encore remercié si je n'avais pour excuse une petite indisposition que j'attribue au climat de Vienne, car nous en avons été tous plus ou moins atteints. Je suis tout à fait bien maintenant et fort content de ma jambe qui fait tous les jours des progrès en force et en agilité. Un peu inquiet de la santé de mon oncle qui a été très souffrant pendant quelque temps, j'avais formé le projet de partir le 3 février, mais les nouvelles de Goritz étant excellentes, je me suis décidé, quoique à regret, à différer mon départ jusqu'au 15 par excès de prudence et pour satisfaire aux avis de mes bons amis de France dont le zèle est assurément très louable et mérite toute ma reconnaissance, mais qui m'impatientent bien un peu, car je vous avoue que j'ai hâte de quitter Vienne qui ne m'offre aucun agrément ni aucun avantage dans la position où je me trouve et j'ai un grand désir de me réunir à ma famille et de retrouver ma sœur qui est pour moi une si bonne et aimable garde-malade. Soyez d'ailleurs tous bien tranquilles, je ne pars qu'avec l'assentiment de toute la Faculté et l'assurance positive qu'il n'y a aucune espèce de danger ni d'inconvénient à le faire. J'aurai un chirurgien avec moi et ma voiture est arrangée de manière que je puis, quand je le veux, m'y coucher tout de mon long. Rassurez donc, je vous en prie, tous les braves gens qui veulent bien s'inquiéter pour moi.

Je suis bien heureux de savoir madame de Bouillé rétablie ; dites-le-lui de ma part et faites-lui mes affectueux compliments. C'est à vous, maintenant, mon cher ami, à vous bien soigner. Faites-le pour vous et pour moi, car je veux conserver longtemps un si bon et fidèle serviteur et ami, et je n'ai garde, vous le savez, de renoncer à ses services dans l'occasion.

Adieu, mon cher monsieur de Bouillé, je vous renouvelle l'assurance de ma bien sincère et constante affection.

HENRI.

Le Comte de Bouillé au Roi Louis XIX.
RÉPONSE A LA DERNIÈRE LETTRE DE SA MAJESTÉ.

Sire,

Le Roi m'a comblé de bontés en m'adressant les lignes qu'il a daigné m'écrire le 26 du mois dernier. J'ose le prier d'en agréer l'expression de ma vive et respectueuse reconnaissance.

Ce que Votre Majesté a bien voulu me dire de l'heureux retour de sa santé nous a causé, à madame de Bouillé et à moi, une extrême joie, mais nous nous serions fort affligés de la petite maladie qui a occasionné à la Reine quelques jours de fièvre, si le Roi n'avait dissipé en même temps les inquiétudes que nous aurions pu en concevoir. Nous croyons donc qu'il nous est permis de nous livrer à l'espérance que la Reine n'aura pas tardé à en être parfaitement rétablie et nous jouissons par anticipation de cette bonne nouvelle.

Je me suis empressé de me conformer aux ordres du Roi en ce qui concernait le général D..., mais j'ai voulu procéder à leur exécution bien en connaissance de cause, de manière à ne laisser à Votre Majesté aucun regret de cet acte de généreuse bonté envers un homme dont le cœur vaut mieux que la tête, et enfin, après m'être d'abord bien assuré que cet esprit fougueux s'était calmé, que rien, dans ce moment-ci, soit dans sa conduite ou ses discours, ne pouvait donner lieu envers lui au mécontentement du Roi, que son opinion politique était toujours celle de la droite et simple ligne que tout légitimiste doit suivre, s'il est conséquent avec le principe qui fait sa loi et son devoir, et il faut lui rendre cette justice, qu'il n'en a jamais réellement professé d'autres, du moins ouvertement. Ce n'est donc, Sire, qu'après cet examen à fond, que j'ai fait connaître au général les dispositions plus bienveillantes de Votre Majesté à son égard, et que je lui en ai donné en même temps la preuve, par la remise de *dix mille francs*, produit de 395 « 16 » 6 pences, dont je me suis prévalu à cet effet sur MM. Coutts, de Londres, ainsi que le Roi m'avait autorisé à le faire.

Le général m'a paru infiniment touché de cet auguste témoignage du retour des bontés du Roi pour lui, mais il a été en même temps bien expressément convenu et entendu entre nous qu'il s'en trouvait pleinement satisfait, tant pour le présent que pour l'avenir, qu'il n'adresserait désormais aucune demande de ce genre à Votre Majesté, et qu'elle n'entendrait plus parler de lui que dans les expressions de son respectueux dévouement et de sa reconnaissance, contenus déjà dans la lettre ci-jointe qu'il m'a chargé de faire parvenir au Roi.

Ne voulant pas abuser aujourd'hui des moments de Votre

Majesté par la lecture d'une plus longue lettre, je me bornerai à ce compte que j'ai l'honneur de lui rendre de la commission dont elle m'avait chargé, me réservant de profiter de l'occasion du Duc de Blacas, non encore de retour de Bruxelles, mais attendu d'un jour à l'autre, pour faire parvenir au Roi d'autres détails qui pourraient l'intéresser. Je remettrai également au Duc la quittance du général.

Je viens de recevoir par le Duc de Lévis d'excellentes nouvelles de Monseigneur le Duc de Bordeaux, qui a eu l'extrême bonté de me les confirmer lui-même, et je vois avec une vive satisfaction que l'impatient désir que me témoigne Monseigneur d'être bientôt rendu à Goritz, ne peut tarder de s'accomplir, sans qu'il en résulte le moindre danger ou inconvénient pour sa santé. — Le Duc de Lévis me mande qu'il sera ici le 20 du courant. M. de Pastoret n'est revenu de Vienne que depuis huit jours, et en voici près de quinze que M. de Saint-Priest est parti, m'assure-t-on, pour cette capitale.

Madame de Bouillé a été, comme moi, infiniment sensible aux choses aimables que le Roi a daigné me dire pour elle, ainsi qu'au témoignage flatteur du bienveillant souvenir de la Reine. Votre Majesté sera-t-elle assez bonne pour nous mettre à ses pieds?

Le Roi ne saurait m'accorder une plus grande preuve de bonté qu'en daignant me fournir, et le plus souvent possible, les occasions de lui être de quelque utilité; il doit toujours compter, en tout ce qui peut dépendre de moi, sur mon entier dévouement. J'ai l'honneur de lui en renouveler l'assurance, en le priant de vouloir bien agréer, en même temps, l'hommage le plus respectueux de tous les sentiments avec lesquels je suis, Sire,

De Votre Majesté,

Le très humble, très obéissant et très fidèle serviteur et sujet.

COMTE DE BOUILLÉ.

Paris, Février 1842 (1).

Monsieur le DUC DE BORDEAUX
au Comte de Bouillé.

TROISIÈME LETTRE APRÈS L'ACCIDENT.

Goritz, ce 11 Juin 1842.

Je vous demande pardon, mon cher monsieur de Bouillé, de n'avoir pas répondu plus tôt aux lettres si aimables que vous m'avez écrites. Vous savez combien notre vie est uniforme et réglée, combien il y a peu de changement dans notre intérieur, et à moins de vous répéter ce que vous savez, je l'espère, encore mieux que tout le reste, combien je vous suis tendrement attaché, combien je m'occupe de vous et de tout ce qui vous touche, j'ai bien peu de choses à vous écrire.

Sur ce dernier article, il est vrai, je ne saurais tarir. Soignez mieux votre santé que vous ne le faites, afin de vous mettre en état de venir nous voir bientôt; nous en serons tous heureux.

---

(1) A partir de cette date, jusque dans le courant de l'année 1846, la copie des lettres toujours aussi nombreuses du Comte de Bouillé, n'a pu être retrouvée, ou n'avait pas été conservée.

Ma guérison fait des progrès; je me suis presque entièrement séparé de ma canne; je nage tous les jours avec le cher Duc que j'ai eu tant de bonheur à revoir, et je me prépare au départ pour Kirchberg. Je passerai cette année par Brunsée et Mariazell.

Faites mes compliments affectueux à madame de Bouillé et croyez, mon cher ami, à ma bien sincère et constante affection.

HENRI.

Monsieur le DUC DE BORDEAUX au Comte de Bouillé.

QUATRIÈME LETTRE APRÈS L'ACCIDENT.

Tœplitz, ce 12 Août 1842.

J'ai reçu les deux lettres que vous m'avez écrites, mon cher monsieur de Bouillé, et je veux vous remercier de tout ce que vous m'y dites d'aimable pour moi, ce qui ne me surprend jamais de votre part, et d'intéressant sur les affaires de notre pauvre France. J'ai été vivement frappé du triste événement du 13 juillet, et j'ai remercié le Ciel de ne m'avoir pas traité avec la même rigueur l'année dernière. Il me reste encore quelques traces de mon accident, mais les bains me font du bien et je sens ma jambe reprendre de la force de jour en jour, ce qui me fait croire que bientôt ce long temps d'épreuve sera tout à fait passé.

Les charmantes promenades des environs de Tœplitz me font d'autant plus de plaisir à parcourir qu'elles me rappellent celles que nous avons si souvent faites ensemble, et je n'ai pas besoin de vous dire que ces souvenirs me sont chers, me rappelant un ami sur lequel je compte et compterai toujours. La seule chose que je vous reproche, c'est de rester si longtemps sans venir nous voir. J'espère cependant que bientôt vous nous ferez ce plaisir.

Faites mes compliments affectueux à madame de Bouillé; dites-lui combien je suis satisfait qu'elle soit plus contente de sa santé, et croyez, mon cher ami, à ma bien sincère et constante affection.

HENRI.

P.-S. — M. de Lévis voulait vous écrire, je l'en empêche, car il est surchargé de lettres à répondre. Il vous écrira plus tard.

Monsieur le DUC DE BORDEAUX au Comte de Bouillé,

POUR LUI DEMANDER DE VENIR PASSER QUELQUES MOIS AUPRÈS DE LUI.

Kirchberg, ce 30 Octobre 1842.

J'ai reçu, mon cher monsieur de Bouillé, la lettre que vous m'avez écrite pour le 29 septembre, et je vous remercie de tous les vœux que vous formez pour mon bonheur. Ceux que je forme pour le vôtre sont aussi, vous le savez, bien sincères et partent du fond de mon cœur. Mais, bien que j'aime à vous les exprimer dans mes lettres, je préfère mille fois vous parler de vive voix de toute mon amitié pour vous. J'espère que votre santé vous permettra d'entreprendre un voyage au commencement de l'année prochaine pour venir passer quelque temps auprès de moi. Outre le plaisir que j'aurai à vous revoir, ce sera un nouveau service que vous me rendrez, car je serai un peu isolé à cette époque, le Duc de Lévis, et plus tard M. de Locmaria, devant aller passer quelque temps en France. Au reste, le Duc de Lévis vous écrit plus au long sur ce sujet.

Je suis toujours content des progrès de ma jambe. Je marche avec beaucoup moins de fatigue ; je monte à cheval plus aisément, et enfin j'ai recommencé à faire des armes avec le bon Caduff. Dieu aidant, j'ai bon espoir d'une guérison totale. Je vais, sous peu de jours, me mettre en route pour Prague où je compte passer quelques semaines. J'aimerai à revoir tous les lieux que nous avons habités si longtemps. Chaque promenade me rappellera votre souvenir, et là, comme à Tœplitz, comme partout ailleurs, ce souvenir me sera cher et agréable. J'ai de bonnes nouvelles de Goritz. Tous les voyages se sont bien passés et toutes les santés sont bonnes.

Faites mes compliments affectueux à madame de Bouillé, mes amitiés à Gaston, et croyez, mon cher monsieur de Bouillé, à ma bien sincère et constante affection.

HENRI.

Le Roi LOUIS XIX
au Comte de Bouillé,
QUI ÉTAIT ALORS AUPRÈS DE M. LE DUC DE BORDEAUX.

Goritz, ce 4 Juin 1843.

J'ai eu le plaisir de recevoir, mon cher Comte, vos deux lettres du 25 mai et 1er juin, et la Reine celle du 1er. Nous vous en faisons mille remerciements. Nous sommes enchantés des bonnes nouvelles que vous nous donnez de mon neveu, nous admirons sa patience et nous espérons qu'il en tirera un bon profit au moral et au physique ; dites-lui mille choses tendres de notre part. Je suis très content d'avoir reçu l'inscription, je vous prie d'en remercier de ma part, quand vous les reverrez, et mon ancien page et celui qui la lui a remise, en disant à Gaston bien des amabilités en mon nom. Rien de nouveau ici depuis votre départ, sinon l'arrivée de M. de Nicolaï et de son fils Raymond, et qu'O'Hegerty nous a quitté hier matin. Madame de Nicolaï est encore souffrante de la grippe.

Adieu, mon cher Comte, comptez sur toute mon estime et affection.

LOUIS.

Monsieur le DUC DE BORDEAUX
au Comte de Bouillé,
QUI VENAIT DE RETOURNER EN FRANCE.

Padoue, le 21 Juin 1843.

Mon cher monsieur de Bouillé, je veux, avant toutes choses, vous remercier du nouveau sacrifice que vous avez fait en venant auprès de moi et vous redire ce que vous savez depuis longtemps combien votre présence m'a été utile et agréable. Revenez souvent nous voir, ce sera toujours pour moi un grand plaisir de me retrouver avec un ami auquel je suis bien sincèrement attaché.

Je vous écris ces lignes pour vous prier de me représenter au baptême de l'enfant de votre fils et pour prier madame de Bouillé, de la part de ma sœur, de la représenter également. Heureux par là de pouvoir vous donner une preuve de ma reconnaissance pour tous les services que vous m'avez rendus et de mon amitié pour vous et pour Gaston.

Adieu, mon cher monsieur de Bouillé, croyez à ma bien sincère et constante affection.

HENRI.

Monsieur le DUC DE BORDEAUX au Comte de Bouillé,

À L'OCCASION DE LA NAISSANCE DE SA FILLEULE.

Venise, le 15 Juillet 1843.

Je viens de recevoir votre lettre, mon cher monsieur de Bouillé, je veux vous en remercier et vous faire mon compliment sur les heureuses couches de votre belle-fille et la naissance de votre petite Henriette. Je suis charmé d'apprendre que vous n'ayez pas été trop fatigué de votre voyage et que vous ayez retrouvé tous les vôtres en bonne santé.

Vous me parlez du traitement que j'ai suivi à Padoue; je

commence à en sentir les bons effets, et d'ailleurs je suis fort content des bains de mer que je prends ici et qui me font, je crois, beaucoup de bien. Je resterai encore quelque temps ici pour pouvoir en prendre davantage ; vous savez qu'il est très difficile de nager à Kirchberg, je profite donc de mon séjour à Venise pour me livrer à cet exercice qui m'est si utile, je dirai même si nécessaire. Le Duc de Lévis est, comme à l'ordinaire, surchargé de lettres à écrire, c'est ce qui fait qu'il ne vous écrit pas ; il sait d'ailleurs que je me suis chargé de vous écrire.

Adieu, mon cher Comte, faites mes compliments les plus affectueux à madame de Bouillé, à Gaston et à sa femme, et croyez toujours à ma bien sincère et constante affection.

HENRI.

Sa Majesté le ROI LOUIS XIX au Comte de Bouillé.

LETTRE DE FÉLICITATIONS AU SUJET DE LA NAISSANCE DE SA PETITE-FILLE.

Kirchberg, ce 4 Août 1843.

J'ai eu le plaisir de recevoir, mon cher Comte, votre lettre du 17 juillet, ainsi que les vues que je vous avais demandées. J'en suis fort content et je vous en remercie. Nous vous faisons notre compliment, ma femme et moi, sur l'augmentation de votre famille, et nous vous prions de dire sur cela les choses les plus aimables de notre part à Gaston. Nous avons été charmés d'apprendre que vous étiez arrivé à temps.

Mon neveu nous est arrivé il y a trois jours, se portant à

merveille et se trouvant très bien des boues, de la natation et des bains de mer. Nous avons été frappés de la manière dont il marche, et cela nous fait espérer que d'ici à quelque temps on ne s'apercevra plus de ce cruel accident. Je suis très touché des sentiments que vous me témoignez, je sais combien ils sont sincères, et j'y compte avec la plus entière confiance. Vous me dites des choses tristes, mais Dieu est grand et saura faire tourner toutes choses pour sa plus grande gloire. Quoique j'aie encore des douleurs de temps en temps, je suis pourtant mieux. Je me suis acquitté de votre commission pour ma femme, elle vous en remercie et vous dit bien des choses aimables.

Adieu, mon cher Comte, croyez que je partage sincèrement tout ce que vous éprouvez et ne doutez pas de toute mon estime et affection pour vous.

LOUIS.

P.-S. — Nous vous prions de parler de nous à madame de Bouillé.

Sa Majesté le ROI LOUIS XIX au Comte de Bouillé,

RÉPONSE A UNE LETTRE DE FÊTE.

Kirchberg, ce 4 Septembre 1843.

Je viens de recevoir, mon cher Comte, votre lettre du 25 août. Je suis très touché des sentiments que vous me témoignez à l'occasion de ma fête ; ils me sont d'autant plus agréables qu'ils partent du cœur, d'un cœur que je connais et sur lequel je compte parfaitement. Je me suis acquitté de votre commission pour la Reine qui me charge de vous en remercier et de vous dire bien des choses aimables. Elle se porte bien, ainsi que les enfants ; pour moi, je suis beaucoup plus content de ma santé depuis quelques jours. J'ai encore des remerciements à vous faire pour les deux nouvelles vues dont je suis fort content.

Vous connaissez toute mon estime et affection pour vous.

LOUIS.

Monsieur le DUC DE BORDEAUX au Comte de Bouillé.

RÉPONSE A UNE LETTRE DU PREMIER DE L'AN.

Londres, le 12 Janvier 1844.

J'ai reçu, mon cher monsieur de Bouillé, la bonne et aimable lettre que vous m'avez écrite pour le jour de l'an ; je suis toujours touché de ce que vous me dites de vos sentiments pour moi qui ne sont pas nouveaux et sur lesquels je compte entièrement. Je vous remercie aussi de la visite que vous êtes venu me faire ; parmi toutes les personnes qui ont fait le voyage de Londres, vous êtes une de celles que j'ai eu le plus de plaisir à voir.

Adieu, mon cher ami, chargez-vous de mes compliments affectueux pour madame de Bouillé et dites-lui combien j'ai eu de plaisir à la revoir. Dites aussi à Gaston le regret que j'éprouve qu'il n'ait pu vous accompagner dans votre voyage, et recevez pour vous-même l'assurance de ma bien sincère et constante affection.

HENRI.

P.-S. — Je vous envoie la lettre que vous m'avez demandée pour monsieur de Perrinelle.

Monsieur le DUC DE BORDEAUX
au Comte de Bouillé,

AU SUJET DE LA MALADIE DU ROI LOUIS XIX.

Goritz, ce   Mai 1844.

Je vous demande pardon, mon cher monsieur de Bouillé, de n'avoir pas répondu plus tôt à votre aimable lettre; j'espère cependant que vous ne m'accuserez pas pour cela de vous oublier et de ne pas penser à vous, car vous devez comprendre que je sois bien gravement et tristement préoccupé de l'état de santé de mon oncle. L'affligeant spectacle que nous présentent ses longues et cruelles souffrances est pourtant adouci par l'angélique patience et l'admirable courage avec lesquels il les supporte. Les crises violentes qui le tourmentent ne l'affaiblissent pas tant qu'on pourrait le croire, et nous espérons encore qu'avec les beaux jours la santé lui reviendra.

En me rappelant mon séjour en Angleterre, vous me rappelez aussi le temps trop court que vous y avez passé avec moi. Je ne puis m'empêcher de vous remercier encore d'être venu me voir; vous m'avez fait, vous le savez déjà, un vif plaisir.

Faites mes compliments affectueux à madame de Bouillé, et croyez, mon cher Comte, à ma bien sincère et constante affection.

HENRI.

P.-S. — M. de Lévis étant à Noisiel, je vous envoie une lettre pour le Duc de Lorges, que je vous prie de lui faire remettre de ma part.

Monseigneur le COMTE DE CHAMBORD HENRI V
au Comte de Bouillé.

A L'OCCASION DE LA MORT DU ROI LOUIS XIX.

Goritz, le 25 Juin 1844.

Je vous remercie, cher Comte, de la lettre que vous m'avez écrite. Vous ne pouviez manquer, vous dont le cœur est si bon, vous qui avez toujours été si dévoué et qui connaissiez si bien les hautes et précieuses qualités de mon oncle, de prendre une part bien vive à notre profonde douleur et à nos regrets. Mon oncle était un second père pour moi ; il a veillé, vous le savez, avec un soin bien affectueux sur mon enfance ; je sens donc toute l'étendue de la perte que je fais. L'amélioration qui s'était manifestée dans son état, quelques jours avant sa mort, nous avait donné des espérances qui ont été cruellement trompées. Que la volonté de Dieu soit faite ! C'est, nous pouvons l'espérer, un saint qui est allé recevoir dans le ciel la couronne qu'il avait méritée par une vie de souffrances supportées avec une si admirable résignation.

Madame de Bouillé m'a écrit une bonne et affectueuse lettre ; remerciez-la de ma part en me rappelant à son souvenir, et croyez pour vous-même, mon cher ami, à ma bien sincère affection.

HENRI.

Son Altesse Royale MADEMOISELLE
à la Comtesse de Bouillé.

MÊME MOTIF QUE LA LETTRE PRÉCÉDENTE.

Frohsdorf, le 11 Juillet 1844.

J'ai été touchée, chère Madame, de votre lettre, mais je n'ai pas été surprise de l'intérêt si profond que vous avez pris à notre douleur ; mon excellent oncle était réellement un père pour nous, et mon cœur a cruellement ressenti la perte que nous avons faite.

J'ai éprouvé une réelle satisfaction en me joignant à mon frère pour tenir votre petite-fille sur les fonts du baptême ; je fais des vœux pour que le petit-fils que vous attendez hérite des sentiments si admirablement dévoués de son grand'père et de sa grand'mère.

Croyez, chère madame de Bouillé, à tous mes sentiments.

LOUISE.

Monseigneur le COMTE DE CHAMBORD
au Comte de Bouillé,

QUE LA REINE DÉSIRAIT AVOIR AUPRÈS D'ELLE PENDANT L'HIVER.

Frohsdorf, le 26 Septembre 1844.

Mon cher monsieur de Bouillé, je ne veux pas rester plus longtemps sans vous donner de nos nouvelles. Lorsque le Duc de Lévis vous a écrit de ma part pour vous prier de vous tenir prêt, en cas de besoin, à le remplacer, nous ne savions pas que ma tante vous avait demandé de venir auprès d'elle. Mais dès qu'elle m'a eu exprimé son désir, j'ai approuvé entièrement son choix et je lui ai cédé tous mes droits sur vous. Si donc votre santé ne s'oppose pas à ce que vous entrepreniez ce voyage, vous nous rendriez à tous un grand service en venant tenir la place du Duc de Blacas pendant l'hiver. Je serai bien heureux de vous revoir et d'avoir près de moi un ami sur lequel je puis si bien compter.

Je viens de Vienne, j'ai été très content de mon voyage, des personnes que j'ai vues et aussi de mes bains de mer. Vous savez, du reste, que j'aime Venise et que je suis toujours bien aise de m'y trouver.

Faites mes compliments affectueux à madame de Bouillé et à Gaston, et croyez, mon cher ami, à ma bien sincère et constante affection.

HENRI.

Monseigneur le COMTE DE CHAMBORD
au Comte de Bouillé,

QUI AVAIT ÉTÉ RETENU EN FRANCE PAR SA SANTÉ.

Goritz, le 6 Mars 1845.

Depuis longtemps je voulais vous remercier, mon cher monsieur de Bouillé, d'une bonne et aimable lettre que vous m'avez écrite. Vous me parlez du pardon qui vous aurait été accordé pour n'avoir pas pu venir auprès de moi cette année ; vous n'aviez pas besoin de pardon, nous savons bien tous que ce n'est pas le zèle et le dévouement qui vous manquent, mais vous ne trouverez pas extraordinaire que nous vous regrettions vivement et qu'à Venise, en me rappelant un autre séjour, j'aie souvent songé à vous.

Toutes les santés sont bonnes ici, malgré la rigueur de la saison et la neige sous laquelle nous sommes enfouis depuis plus d'un mois. Les vieillards ne se souviennent pas d'avoir eu un hiver semblable, mais il paraît qu'ils ont perdu partout la mémoire, car vous savez que c'est la phrase obligée dans tous les pays où l'on arrive.

Les nouvelles que vous me donnez de Gaston et de sa famille m'ont fait bien rire. Je vois avec plaisir que tout ce petit monde croît et embellit. Quand vous écrirez à votre fils, dites-lui mille choses de ma part. Faites aussi mes compliments affectueux à madame de Bouillé, ainsi qu'à M. de Perrinello ; dites-lui encore tout le plaisir que j'ai eu à le voir à Londres.

Adieu, mon cher Comte, j'espère qu'une autre année je pourrai vous exprimer de vive voix les sentiments de sincère et constante affection dont je vous renouvelle ici l'assurance.

HENRI.

Monseigneur le COMTE DE CHAMBORD
au Comte de Bouillé.

RÉPONSE A UNE DE SES LETTRES.

Venise, le 15 Juin 1845.

J'ai reçu, mon cher Comte, la lettre que vous m'avez écrite par le Duc de Lévis et dans laquelle vous me dites, d'une manière si aimable, que vous êtes jaloux de lui en le voyant partir. J'espère que votre santé vous permettra bientôt de l'imiter. Depuis une semaine, je suis à Venise, prenant les bains de mer qui, comme vous le savez, me font toujours grand bien. J'ai vu avec beaucoup de plaisir, pendant quelques jours, M. de Châteaubriand, et j'ai été bien touché de ce qu'il entreprit un voyage si long et si pénible pour venir me trouver. Venise a un charme de plus pour moi cette année, car ma mère est établie dans son grand et magnifique palais, et j'ai le bonheur de la voir souvent.

Faites mes compliments affectueux à madame de Bouillé, à Gaston, à tous les siens, et croyez, mon cher ami, à ma bien sincère et constante affection.

HENRI.

P.-S. — Je vous prie de remettre la lettre ci-jointe à monsieur votre beau-frère et de recevoir aussi mon compliment sur le mariage de votre nièce. Le Duc de Lévis est accablé de lettres ; il vous répondra plus tard.

Monseigneur le COMTE DE CHAMBORD
au Comte de Bouillé,

À L'OCCASION DU MARIAGE DE MADEMOISELLE.

Frohsdorf, le 28 Décembre 1845.

En répondant aujourd'hui, mon cher Bouillé, à la lettre que vous m'avez écrite à l'occasion du mariage de ma sœur, je suis heureux de pouvoir aussi vous remercier de la nouvelle preuve de dévouement que vous me donnez en acceptant de venir, à la fin de l'hiver, passer quelque temps auprès de moi. Vous ne pouvez pas douter de tout le plaisir que j'aurai à vous revoir, car vous savez que je vous compte au nombre de mes plus chers et plus fidèles amis.

Le mariage de ma sœur, tout en nous causant une joie bien vive, a été cependant pour nous la source d'un véritable chagrin. Son départ a laissé un bien grand vide dans notre intérieur, mais il ne faut penser qu'à son bonheur, et tout nous donne l'assurance qu'elle sera heureuse. Ma tante a été très affectée de cette séparation ; elle vient d'éprouver encore un nouveau chagrin par la mort de son amie, la Comtesse d'Esterhasy. Heureusement, sa santé n'a pas souffert de toutes ces épreuves.

Adieu, mon cher ami, soignez-vous bien, afin que rien ne vous empêche de venir me rejoindre, et comptez toujours sur ma bien sincère et constante affection.

HENRI.

P.-S. — Compliments affectueux à madame de Bouillé.

Son Altesse Royale Madame la DUCHESSE DE BERRI au Comte de Bouillé,

QUI ÉTAIT ALORS AUPRÈS DE MONSEIGNEUR LE COMTE DE CHAMBORD, MALADE A BRUCK (STYRIE).

Venise, le 22 Avril 1846.

Mon cher Bouillé, je vous remercie bien de vos deux lettres et de tous les bons soins que vous donnez à Henri ; votre première m'avait bien inquiétée et je serais, sans aucun doute, partie si les nouvelles du lendemain n'avaient pas été aussi rassurantes.

Votre lettre me fait bien du plaisir, ainsi que celle de ma

sœur, dont je lui suis bien reconnaissante. Dites-lui, si elle est encore auprès d'Henri, que je lui écrirai demain, ainsi qu'à Monti, que je vous prie de bien remercier de ma part. Je n'écris pas à Henri pour ne pas le fatiguer ; j'espère que les nouvelles que je recevrai aujourd'hui seront toujours meilleures et que bientôt il ne restera plus de traces de ce triste événement. Recommandez bien à Henri de se soigner et d'avoir patience. J'espère que cette lettre vous trouvera déjà à Frohsdorf. C'est pendant la convalescence que je vous prie d'avoir bien soin qu'il ne fasse pas d'imprudence.

Nous avons toujours ici votre cousin que je trouve très bien sous tous les rapports ; nous avons souvent causé de vous et de votre pauvre femme.

Le Comte Lucchesi se rappelle à votre souvenir et, grâce à Dieu, il n'est pas malade, comme on l'a dit à Henri et à ma sœur. — Remerciez bien pour moi le docteur Bougon de ses bulletins et de tous les soins qu'il donne à Henri, et dites-lui qu'il tienne bon à le faire soigner longtemps.

Croyez, mon cher Bouillé, à toute mon amitié.

MARIE-CAROLINE.

P.-S. — Je viens de recevoir votre lettre du 19, qui me rend encore plus contente, et j'en remercie bien Dieu et la Sainte Vierge.

S. A. R. Madame la Princesse Héréditaire DE LUCQUES
au Comte de Bouillé.

AU SUJET DE LA MALADIE DE M. LE COMTE DE CHAMBORD.

Lucques, 24 Avril 1846.

Je vous remercie de tout mon cœur, cher Comte, de vos lettres des 16 et 17. Vous avez compris ce que je devais éprouver. Que Dieu vous bénisse pour le bien que m'ont fait les nouvelles de votre seconde lettre et pour tous les détails que vous me donnez. J'adresse cette lettre à Bruck où j'espère cependant que vous ne serez plus lorsqu'elle arrivera. J'en écris en même temps deux autres à ma tante et à mon frère à Frohsdorf.

Dans le cas où vous seriez encore à Bruck, dites à mon bien-aimé frère tout ce qu'il y a de plus tendre de ma part et de celle de mon mari.

Je ne puis vous écrire plus longuement aujourd'hui, cher Comte. Croyez à ma constante et sincère affection.

LOUISE.

Monseigneur le COMTE DE CHAMBORD
à la Comtesse de Bouillé.

RÉPONSE A UNE LETTRE DE FÊTE.

Frohsdorf, le 25 Juillet 1846.

Je veux vous remercier moi-même, madame la Comtesse, de la lettre que vous m'avez écrite et des vœux que vous m'exprimez. J'en suis d'autant plus touché que je sais combien ils sont ardents et sincères. Si vous aviez été ici pour la Saint-Henri, vous auriez entendu des couplets charmants, sortis d'une plume que vous connaissez et qui vous est bien chère. Je suis heureux de posséder de nouveau monsieur de Bouillé et il me semble que plus je vais, plus je l'aime. C'est une âme si droite et un si noble cœur.

Ma sœur continue à aller bien; il ne faut rien moins que la pensée de son bonheur pour adoucir la peine que j'éprouve de cette séparation.

Croyez toujours, madame la Comtesse, à ma bien constante et sincère affection.

HENRI.

S. A. R. Madame la Princesse Héréditaire DE LUCQUES, au Comte de Bouillé,

AU SUJET DU VOYAGE A LUCQUES DU COMTE ROGER DE BOUILLÉ.

Lucques, 22 Septembre 1846.

Je me reproche toujours, cher Comte, de ne vous avoir pas écrit, mais vous avez pu voir, par mes lettres à mon frère, que je n'en avais pas le temps. Aujourd'hui, je veux venir vous dire le plaisir que j'ai eu à faire connaissance avec votre aimable cousin. Combien nous avons parlé de vous ensemble, et avec quelle satisfaction j'ai écouté les histoires d'*Œil de dindon*. Il me semblait être encore à cet heureux temps où vous nous faisiez de si charmants récits, au sujet des prouesses de cet illustre personnage, dans le triste salon de Goritz.

J'espère que votre cousin vous aura vanté notre joli pays, dont nous avons tâché de lui faire les honneurs, et j'espère que cela vous donnera envie, à votre premier voyage, de diriger vos pas vers Lucques. Je serais vraiment heureuse de vous présenter à mon mari, et je crois que vous seriez content aussi de le connaître, car il est vraiment excellent.

Adieu, mon cher Comte, vous savez toute l'affection que j'ai pour vous, qui êtes un de mes meilleurs et plus anciens amis.

LOUISE.

P.-S. — Rappelez-moi, je vous prie, fort affectueusement au souvenir de madame de Bouillé.

Le Comte de Bouillé à S. A. R. Madame la Princesse Héréditaire de Lucques.

RÉPONSE A LA LETTRE PRÉCÉDENTE.

Madame,

Je ne saurais exprimer à Votre Altesse Royale toute ma respectueuse reconnaissance de la lettre si bienveillante et flatteuse qu'elle a daigné m'écrire le 22 Septembre, mais que je viens seulement de recevoir. Telle est la cause qui m'a empêché de mettre plus tôt l'hommage de ma gratitude aux pieds de Madame ! Elle aura pu s'en étonner, et cependant j'ose espérer qu'elle voudra bien me pardonner un silence qui eût été autrement si coupable de ma part.

Votre Altesse Royale me comble de bontés en se rappelant des jours, hélas ! beaucoup trop courts pour moi, où, heureux de rendre quelques faibles services au Roi, son bien-aimé frère, il m'était en même temps possible de prouver mon dévouement à toute son auguste famille. Que de souhaits sincères je formais pour le bonheur de *Mademoiselle*, et que de grâces je rends à Dieu de ce qu'ils aient été si bien exaucés ! Puissent-ils l'être *bientôt* davantage encore ! Ce qui est de justice sur la terre peut donc s'y trouver quelquefois !

L'accueil dont il a plu à Madame, ainsi qu'à Monseigneur le Prince Héréditaire, d'honorer mon cousin Roger de Bouillé et dont nous sommes l'un et l'autre, avec raison, aussi heureux que fiers, m'impose la douce obligation d'ajouter encore de nouveaux remerciments à Votre Altesse Royale ; en me permettant de lui en offrir l'expression, Madame aura-t-elle la bonté de les faire agréer aussi à son auguste Epoux ? Prince du sang adoré de mes maîtres, aimable dépositaire des destinées de Votre Altesse Royale, que de droits n'a-t-il pas également à mes sentiments les plus dévoués, et si je devais compter encore un jour fortuné dans ma vie, ce serait bien certainement celui où il me serait permis d'aller mettre à ses pieds et aux vôtres, Madame, dans ce charmant pays où vous régnez sur tous les cœurs, l'hommage de ma vieille et constante fidélité.

Je ne puis, Madame, terminer cette lettre sans profiter d'une occasion si favorable pour peindre à Votre Altesse Royale toute l'ivresse de la joie et l'extrême bonheur que me fait éprouver, dans ce moment-ci, l'événement qui vient de s'accomplir à Frohsdorf et qui comble tous nos vœux, ceux de tous les bons Français. Votre Altesse Royale croira sans peine qu'il n'est personne qui en soit plus vivement ému que moi... Daignera-t-elle en agréer, ainsi que Monseigneur le Prince Héréditaire, mes respectueuses félicitations ?

Madame de Bouillé, profondément touchée du bienveillant souvenir de Votre Altesse Royale, me charge de lui renouveler l'hommage et la bien vive assurance de ses sentiments inaltérables. Elle serait infiniment flattée que Madame voulût bien la nommer aussi au Prince son époux; elle ne prend pas une part moins sincère que moi au mariage dont nous nous réjouissons ici, j'oserai dire à Votre Altesse Royale d'une manière même étonnante, s'il m'est permis de m'exprimer ainsi, par le nombre et les manifestations de tous ceux qui en bénissent le Ciel. C'est d'un heureux augure !

Je suis, avec le plus profond respect et le plus entier dévouement, Madame, etc.

COMTE DE BOUILLÉ.

Paris, Octobre 1846.

Monseigneur le COMTE DE CHAMBORD *au Comte de Bouillé,*

QUI VENAIT DE PASSER QUELQUES MOIS A FROHSDORF.

Frohsdorf, le 14 Octobre 1846.

J'ai reçu, mon cher monsieur de Bouillé, votre aimable lettre du 24, et je vous remercie de m'avoir donné des nouvelles de votre voyage et de votre arrivée à bon port. Je veux encore vous exprimer ici toute ma gratitude de la nouvelle preuve de dévouement que vous m'avez donnée en venant passer ici ces quelques mois auprès de nous. Vous savez tout le plaisir que j'en ai éprouvé ; j'espère que vous ne vous en êtes pas trouvé assez mal pour n'avoir plus envie de recommencer. Je serais trop triste d'une pareille pensée. Je suis charmé que vous ayez retrouvé madame de Bouillé en bonne santé et que Gaston se soit enfin décidé à venir vous rejoindre à Paris. Dites-leur à tous les deux les choses les plus aimables de ma part.

Je suis maintenant tout seul à occuper le château, ma tante étant partie, il y a quelques jours, pour Brunsée et Goritz. Elle a emmené avec elle madame de Choiseul et l'aimable Raymond, ne voulant pas priver madame de Montbel de son mari.

Je continue à recevoir d'excellentes nouvelles de ma sœur. Votre cousin Roger[1], qui vient de la voir, m'en a aussi donné dans une lettre dont j'ai été vivement touché.

Adieu, mon cher ami, soignez-vous bien et ne vous exposez pas trop au froid cet hiver. Comptez toujours sur ma constante et sincère amitié.

HENRI.

Le Comte de Bouillé à la Reine Marie-Thérèse,

A L'OCCASION DU MARIAGE DE M. LE COMTE DE CHAMBORD.

Madame,

Tous les événements qui peuvent procurer quelque consolation à Votre Majesté, qui peuvent répandre encore quelque charme sur sa vie si cruellement éprouvée, touchent de trop près un cœur qui lui est aussi dévoué que le mien, pour que je ne m'empresse pas de mettre aux pieds de la Reine l'hommage de tous mes sentiments et mes res-

---

[1] Le Comte Roger de Bouillé.

pectueuses félicitations au sujet du mariage de son auguste neveu.

Puisse le Ciel exaucer mes vœux pour son bonheur et bénir une union si convenable sous tous les rapports! Nous en trouvons déjà la garantie dans les qualités aussi aimables que distinguées, dans les douces vertus et le charmant caractère de la Princesse qui va devenir pour nous un objet d'amour et d'espérance; et puisse aussi Votre Majesté trouver en elle cette tendresse filiale à laquelle elle possède tant de droits, et par elle une longue suite de jours plus heureux!

Madame de Bouillé ne veut pas être oubliée dans l'expression des vœux que j'ose adresser à la Reine; elle se met bien respectueusement à ses pieds. Mon fils vient de nous quitter pour retourner à Bordeaux auprès de sa nombreuse petite famille. Votre Majesté daignera-t-elle me permettre de lui servir également d'interprète dans cette occasion.

Tous les sujets et serviteurs fidèles de notre bien-aimé Prince sont ici dans la joie, et à ce sentiment qui remplit aussi mon cœur, je ne cesse d'unir tous ceux avec lesquels je suis, Madame,

De Votre Majesté,

Le très humble, très obéissant et très dévoué serviteur.

Comte de BOUILLÉ.

Paris, ce 11 Novembre 1846.

Le Comte de Bouillé à Monseigneur le Comte de Chambord,
A L'OCCASION DE SON MARIAGE.

Monseigneur,

Permettez que je ne perde pas un instant pour mettre à vos pieds l'hommage respectueux de mes plus sincères félicitations, et daignez agréer avec bonté tous les vœux que je forme pour que le mariage du Roi, événement si ardemment désiré par tous ses sujets et fidèles serviteurs, soit en même temps une source intarissable de bonheur personnel pour le Prince bien-aimé auquel j'aurais voulu pouvoir me dévouer jusqu'au dernier jour de mon existence et qui possède toutes les affections de mon âme.

Ces vœux seront exaucés, Monseigneur ! car le Ciel vous protége, et vous méritez trop d'être heureux pour qu'il ne bénisse pas l'union, digne de vous sous tous les rapports, que vous contractez avec une aimable et gracieuse Princesse, douée des plus précieuses qualités du cœur et de l'esprit, et dont le charmant caractère et les douces vertus vont vous procurer ce bien-être d'un intérieur sans nuages, cette société intime d'une compagne chérie, l'une des premières félicités d'ici-bas.

Votre pauvre vieux serviteur pleure de joie en vous adressant, Monseigneur, ces faibles lignes qui ne peuvent vous peindre, aussi bien qu'il le voudrait, toutes les émotions de son cœur lorsqu'il vous parle de son dévouement, lorsqu'il demande à Dieu de répandre sur vous et sur tout ce qui vous appartient ses grâces et ses bénédictions. Excusez la pauvreté de son langage, mais croyez à toute la sincérité de ses sentiments.

Je n'ai pas besoin de dire au Roi combien tout ce qui lui est dévoué se réjouit ici de cet événement. Chacun va s'empresser de féliciter Monseigneur, de lui exprimer, de lui porter des hommages et des vœux... Daignera-t-il placer les miens au nombre des plus vrais et des plus fidèles? daignera-t-il m'accorder aussi la grâce de les mettre aux pieds de notre jeune souveraine? Son bonheur devant être inséparable de celui de Monseigneur, ce sont donc les mêmes souhaits que nous faisons pour elle... pour l'auguste couple, objet de notre amour.

Gaston est retourné à Bordeaux, où je vais lui mander la bonne nouvelle qui le comblera de joie, et madame de Bouillé, dont le cœur ne cesse de battre pour Monseigneur, me charge de lui dire qu'il est absorbé dans ce moment-ci par tout le bonheur qu'elle éprouve, par tous ses vœux pour lui. Elle ose espérer que le Roi daignera en agréer l'hommage avec sa bienveillance ordinaire.

Nous irons, le 16, nous prosterner devant les autels et nous unir de cœur et d'intention à la cérémonie qui aura lieu à Frohsdorf.

Je ne puis terminer ma lettre sans demander au Roi de vouloir bien me conserver une petite part dans ses bons souvenirs et sans lui renouveler l'assurance de tous les sentiments avec lesquels je suis, Sire, etc.

Comte de BOUILLÉ.

P.-S. — Si ce n'est pas abuser des bontés du Roi, nous oserons le prier de nous mettre, à cette occasion, bien respectueusement aux pieds de son auguste tante.

Paris, ce 11 Novembre 1846.

La Reine Douairière MARIE-THÉRÈSE
au Comte de Bouillé,

A L'OCCASION DU MARIAGE DE M. LE COMTE DE CHAMBORD.

Frohsdorf, le 23 Novembre 1846.

Je viens de recevoir, monsieur le Comte, votre lettre et celle de votre femme ; remerciez-la beaucoup, je vous prie. Je connais tous ses excellents sentiments royalistes et les vôtres, et je suis bien sensible à leur expression. Enfin, voilà l'objet de nos désirs, dont nous avons tant parlé ensemble, qui paraît devoir être très heureux. Les mariés semblent avoir les mêmes sentiments ; vous la connaissez, ses qualités se découvrent à tout instant. Je jouis enfin de la consolation de leur union si raisonnable.

Adieu, revenez encore nous voir et jouir de leur union. Vous connaissez toute mon estime et mes sentiments pour vous ; je serai toujours bien aise de vous revoir.

MARIE-THÉRÈSE.

Monseigneur le COMTE DE CHAMBORD
au Comte de Bouillé.

PREMIÈRE LETTRE APRÈS SON MARIAGE.

Frohsdorf, 27 Novembre 1846.

J'ai été bien touché, mon cher Bouillé, de vos félicitations et des vœux que vous formez à l'occasion de mon mariage. J'étais bien sûr que vous prendriez une vive part à un événement si heureux pour nous et si impatiemment attendu par tous nos amis. Dieu vient, en me donnant une compagne accomplie, de me prouver encore qu'il n'abandonne jamais ceux qui l'invoquent avec foi et espérance. Je ne puis vous écrire longuement aujourd'hui, mais je me bornerai à vous dire que je suis aussi heureux qu'on peut l'être en ce monde.

Remerciez madame de Bouillé de ma part de la lettre qu'elle m'a écrite en cette circonstance, et croyez, mon cher Comte, à toute mon amitié.

HENRI.

Le Comte de Bouillé à Monseigneur le Comte de Chambord,
A L'OCCASION DU PREMIER DE L'AN (1847).

Monseigneur,

Au moment de partir pour Bordeaux avec madame de Bouillé, permettez que j'anticipe de quelques jours sur celui qui va commencer la nouvelle année, pour mettre à vos pieds et à ceux de notre jeune Reine, votre auguste compagne, l'hommage de tous nos vœux et l'expression fidèle de tous nos sentiments les plus dévoués.

Les derniers mois de 1846, cet heureux *17 Novembre*, dont nous ne pourrons jamais oublier la date, ont été, Monseigneur, marqués par un événement trop providentiel pour que les fidèles sujets de Votre Majesté ne se livrent pas à l'espoir que vous n'avez plus devant vous qu'un avenir de bonheur. Puissent donc les nombreuses années que le Ciel vous réserve, à commencer par celle qui va s'ouvrir, n'être pour le Roi et tout ce qui lui est cher qu'une suite non interrompue de nouvelles grâces et de constantes bénédictions! Tel est le vœu du vieux serviteur à qui Votre Majesté a daigné écrire, peu de jours après son mariage, une lettre si bonne et si touchante! Je n'ai pu m'empêcher de la porter respectueusement à mes lèvres et de serrer contre mon cœur cette phrase si bien faite pour le réjouir, où Monseigneur me dit *qu'il est aussi heureux qu'on peut l'être en ce monde*.

Cette douce pensée du bonheur de Votre Majesté va devenir le sujet habituel de nos entretiens au milieu de mes enfants. Ils apprendront ainsi de jour en jour à chérir davantage les nobles maîtres et les bienfaiteurs de leur père, et ma consolation (plus éloigné encore, comme je vais l'être, des lieux qu'habite le Roi), sera dans la preuve qu'il a tant de fois daigné me donner, que son bienveillant souvenir ne connaît pas de distance.

Votre Majesté a dû recevoir de toutes parts les témoignages de la reconnaissance de cette multitude d'êtres souffrants, objets de son inépuisable charité, et qui le bénissent partout où l'indigence et le malheur s'étaient appesantis sur eux. — La lettre ci-jointe de mon cousin Arthur de Bouillé lui en fournira une nouvelle preuve.

Votre Majesté se plait sans doute à parler quelquefois à la Reine de ses plus dévoués serviteurs. Puis-je espérer que mon nom ne sera pas oublié au nombre de ceux sur la fidélité desquels le Roi doit le plus compter ?

C'est avec les sentiments qui lui sont si bien connus que je suis, Sire, etc.

Comte de BOUILLÉ.

P.-S. — Oserai-je prier Monseigneur d'avoir l'extrême bonté de me mettre aux pieds de son auguste tante et de lui exprimer ma vive et respectueuse reconnaissance des lignes si bienveillantes qu'elle a daigné m'écrire à l'occasion du mariage de Votre Majesté ?

Paris, 25 Décembre 1846.

Monseigneur le COMTE DE CHAMBORD au Comte de Bouillé,

DEUXIÈME LETTRE APRÈS SON MARIAGE.

Venise, le 28 Juin 1847.

J'ai reçu par Pastoret, mon bien cher Bouillé, votre bonne lettre du 25 mai. Je voudrais vous savoir plus content de votre santé. Je vois cependant par le ton de votre aimable épître que vous n'avez pas perdu cette gaîté qui me charmait quand vous étiez auprès de moi et qui, je l'espère bien, malgré tout ce que vous me dites de votre âge, me charmera encore pendant de longues années.

Vous redire ici combien je suis heureux, combien je bénis le Ciel de ce bonheur si inattendu et si longtemps désiré, combien je souhaiterais que vous en fussiez témoin, serait superflu : vous le savez déjà. Je vous dirai seulement que nous avons fait une course charmante à Modène, où mon beau-frère et toute sa famille ont été pour nous d'une amabilité qui m'a été au cœur. Nous voici maintenant à Venise, où nous avons déjà vu beaucoup de Français et où nous prenons les bains, quelquefois interrompus par des orages comme vous en avez vu, accompagnés de tonnerre et de grêle.

Ma femme a été bien touchée de ce que vous me dites pour elle et elle veut que je vous en remercie. Ecrivez-moi souvent, car vous savez tout le plaisir que j'ai à recevoir de vos nouvelles et à lire votre style. Faites mes compliments affectueux à madame de Bouillé et comptez toujours pour vous-même sur toute mon amitié.

HENRI.

Monseigneur le COMTE DE CHAMBORD
à la Comtesse de Bouillé,

RÉPONSE A UNE LETTRE DE FÊTE.

Venise, le 24 Juillet 1847.

Je vous remercie bien, Madame la Comtesse, des vœux que vous m'avez exprimés à l'occasion de ma fête. J'en ai été d'autant plus touché que je sais combien ils sont ardents et sincères. J'ai lu avec un vif intérêt les détails que vous me donnez sur votre fils et sa famille. Je vois que les enfants suivront les nobles traces de leurs pères et qu'ils seront eux-mêmes un jour des modèles de loyauté, de dévouement et de fidélité.

Ma femme a été bien sensible à ce que vous me dites pour elle et me charge de vous en faire ses remerciements. Faites mes amitiés au cher monsieur de Bouillé et comptez toujours, Madame la Comtesse, sur mes sentiments affectueux.

HENRI.

Monseigneur le COMTE DE CHAMBORD
au Comte de Bouillé,

POUR LUI TÉMOIGNER SON DÉSIR DE LE PRÉSENTER A LA REINE.

Eywanowitz, 22 Octobre 1847.

Mon cher Bouillé, votre bonne et aimable lettre m'a été fidèlement remise par votre messager le Chinois, que j'ai été charmé de revoir. J'écoute avec d'autant plus de plaisir ses récits des pays lointains, qu'ils me rappellent ceux que me faisait jadis *un certain François* de votre connaissance, pour qui vous savez que je conserve toujours une tendre affection. Ma femme, qui entend souvent parler de lui, voudrait bien le connaître aussi, car elle sait qu'il joint à un cœur comme on en trouve peu, ces sentiments et ces manières qui ne sont plus malheureusement à l'ordre du jour dans le triste temps où nous vivons.

Quant à moi, je serais heureux que vous puissiez être témoin de tout mon bonheur ; j'espère, mon cher ami, que c'est assez vous dire que quand il vous sera possible de nous faire une visite, vous serez le bienvenu.

Vous vous serez affligé, comme nous et avec nous, des tristes événements qui viennent de se passer à Lucques. Une grande consolation, c'est que ma sœur a supporté cette cruelle épreuve avec beaucoup de courage et que sa conduite a été tout ce qu'elle devait être.

Nous avons eu grand plaisir à voir vos cousines madame de Maumigny et mademoiselle Blanche de Bouillé ; celle-ci est tombée malade à Frohsdorf, mais on nous mande qu'elle est mieux et nous espérons la retrouver entièrement rétablie à notre retour. Je dis retour, car je vous écris de chez l'Archiduc Ferdinand, où nous venons de passer en famille quelques jours très agréables. Il est vraiment impossible de trouver de meilleurs parents, plus affectueux, plus aimables et partageant plus complétement nos sentiments politiques et religieux, chose malheureusement bien rare par le temps qui court.

Adieu, mon cher Bouillé, faites mes compliments les plus affectueux à madame de Bouillé et croyez à toute mon amitié.

HENRI.

Le Comte de Bouillé à Monseigneur le Comte de Chambord,

A L'OCCASION DE SA FÊTE.

Sire,

Retiré à Bordeaux, souffrant et en proie à mille chagrins au milieu de la dissolution sociale de ce malheureux pays, qui paie aujourd'hui bien cruellement son ingratitude et sa déloyauté envers votre auguste grand'père, mon cœur et ma pensée ne cessent d'être occupés de vous et de tout ce qui vous est cher, de votre sûreté, de votre bonheur troublé sans doute par tout ce que votre noble caractère et votre généreuse sensibilité doivent souffrir de l'état actuel, non seulement de cette patrie qui dut pendant quatorze siècles à vos aïeux sa prospérité, sa grandeur et sa gloire, mais encore de celui d'une majeure partie de l'Europe. Mais comment faire parvenir en de telles circonstances, aux pieds du Roi, l'hommage respectueux des sentiments et des vœux que j'éprouve encore davantage le besoin de lui exprimer aux époques annuelles où les prières de ses fidèles sujets s'élèvent au Ciel, pour lui demander de répandre sur Votre Majesté toutes ses grâces et ses bénédictions?

Sire, nous voici au jour de votre fête... Puisse le Dieu protecteur de la France continuer à veiller sur vous et sur toutes les nobles têtes qui composent votre illustre famille! Puisse le voile qui couvre encore vos destinées s'écarter bientôt tout-à-fait, pour vous montrer au monde ce que vous devez être, son sauveur et sa joie!

J'ignore si cette lettre arrivera jusqu'au Roi, mais je l'espère, car il me serait bien pénible qu'il ne reçût pas, comme de coutume, le tribut d'un dévouement qui lui est acquis, s'il est possible, plus que jamais, et qui n'ambitionne que l'occasion de s'utiliser pour lui, tant qu'un souffle de vie animera encore son vieux serviteur. Il en est beaucoup ici qui partagent ce même sentiment, entre autres et bien chaudement monsieur Ravez, qui me charge de le rappeler au bienveillant souvenir de Votre Majesté.

Nous sommes jusqu'à présent fort tranquilles ici, grâce au bon esprit de la garde nationale et d'une grande partie de la population, amie zélée de l'ordre. Nous y avons cependant de très mauvais clubs, et si l'anarchie triomphait à Paris, il est indubitable qu'elle eût tenté de lever également son étendard à Bordeaux.

Gaston, en sa qualité d'ancien officier de cavalerie, a été élu par ses concitoyens capitaine d'état-major de la garde nationale. Ce n'est pas amusant, mais il n'est pas fâché de se remettre un peu à son ancien métier... Que sait-on ?

Non moins fidèles que moi dans leurs sentiments, non moins ardents dans leurs vœux, ma femme et mes enfants se réunissent pour supplier le Roi d'en agréer aussi l'hommage avec bonté, et Votre Majesté nous comblerait en daignant nous mettre tous aux pieds de la Reine et à ceux de son auguste tante, qui doit être vivement affectée de tous les événements qui se sont passés autour d'elle depuis quelques mois. Quelle souffrance pour son cœur déjà si éprouvé par tant de scènes révolutionnaires ! Pour moi, quand je pense à tous ces lieux, si paisibles lorsque j'avais le bonheur d'y vivre auprès de Votre Majesté, à Prague, à Goritz, à Vienne, à Venise, à Padoue, etc., etc., j'éprouve l'effet d'un cauchemar, je crois rêver.

J'espère que le Roi reçoit souvent des nouvelles de madame la Princesse Héréditaire de Parme, et qu'elles sont bonnes, surtout en ce qui concerne sa santé... Je sais que le courage ne lui manque pas.

Forcé de confier ma lettre à la poste, faute d'une occasion plus sûre, loin de craindre qu'elle ne passe sous des yeux hostiles, j'en serais fier, et cependant je dois me borner à ne parler au Roi que du profond respect et de l'inviolable dévouement avec lequel je suis, Sire,

De Votre Majesté,

Le très humble, très soumis et très fidèle serviteur et sujet.

Comte de BOUILLÉ.

P.-S. — Quand tout s'agite et s'écroule dans la vieille Europe sous l'empire du mal, c'est à peine si j'ose attirer un instant les regards de Votre Majesté sur les malheurs dont la Martinique a été aussi le théâtre. La mère de madame de Bouillé, âgée de quatre-vingt-deux ans, et sa sœur, qui en a plus de soixante, ont été obligées de se réfugier pendant deux jours à bord d'un navire en rade de la ville qu'elles habitent, pour se soustraire aux massacres et à l'incendie dont elles étaient menacées. Plus tard, ces pauvres femmes ont pu rentrer chez elles, mais nous sommes fort inquiets de ce qui se sera passé depuis. Au reste, c'est un pays perdu qui tend à devenir un autre Saint-Domingue. Déjà nous y sommes tous ruinés ! Heureux fruits de la diplomatie qui promettait au monde un nouvel âge d'or.

Bordeaux, ce 8 Juillet 1848.

Monseigneur le COMTE DE CHAMBORD
au Comte de Bouillé.

RÉPONSE A LA LETTRE PRÉCÉDENTE.

Frohsdorf, ce 17 Août 1848.

Je vous remercie, mon cher Bouillé, de la bonne lettre que vous m'avez écrite à l'occasion de ma fête. Vous n'aviez pas besoin de me dire que rien ne pouvait changer vos sentiments pour moi; vous m'en avez donné trop de preuves pour que je puisse en douter. Je suis triste seulement de voir que votre santé a bien souffert de tout ce qui se passe. Les nouvelles de la Martinique m'ont aussi vivement affligé. Que de malheurs fondent à la fois sur notre pauvre France! Espérons que bientôt le Ciel y mettra un terme. Ma sœur est accouchée très heureusement d'un garçon, et cette joie de famille vient adoucir toute l'amertume des épreuves qu'elle a eu à subir depuis quelque temps.

Madame de Bouillé m'a écrit de son côté; son cœur est comme le vôtre, il ne change pas; remerciez-la bien pour moi, faites-lui mes compliments les plus affectueux ainsi qu'à votre fils, et recevez vous-même, mon cher ami, la nouvelle assurance de ma bien sincère et constante affection.

HENRI.

Le Comte de Bouillé à la Reine douairière Marie-Thérèse,

A L'OCCASION DE LA NOUVELLE ANNÉE (1849).

Madame,

La Reine daignera-t-elle permettre que je vienne, à l'occasion de la nouvelle année, mettre à ses pieds l'hommage de mon profond respect et de tous mes vœux pour elle ?

Les jours qui se sont écoulés depuis un an ont été marqués par des événements si extraordinaires, si miraculeux, qu'il est impossible de ne pas y reconnaître l'action visible de ce maître du monde dont la justice, pour se faire souvent attendre, n'en frappe pas moins tôt ou tard ceux qu'elle avait longtemps épargnés... Mais cette même justice vient aussi consoler les victimes comme elle atteint les coupables. Qui donc plus que Votre Majesté pourrait se flatter d'y avoir droit, qui plus que vous, Madame, dont le bonheur et toutes les prospérités de la terre auraient dû être le partage, mais qui avez vu vos destinées en butte à tant d'épreuves contraires, doit espérer que de douces consolations l'attendent au soir de la vie pour lui en voiler, s'il est possible, les tristes et cruels souvenirs ! C'est le vœu de mon cœur... celui que j'ose offrir à la Reine et que je demande tous les jours à Dieu d'exaucer et de bénir. Ce vœu renferme toute ma pensée, tout mon espoir... Ai-je besoin d'en dire davantage à Votre Majesté ?

Nous avons été bien inquiets de la Reine lors des révolutions de Vienne et pendant que des dangers de toutes espèces se multipliaient autour d'elle, à Frohsdorf; mais je n'ignore pas le courage et la fermeté que Votre Majesté a montrés au milieu de ces circonstances critiques, et je n'en suis pas étonné; nous sommes également heureux de savoir que sa santé n'en a pas souffert.

Habitué à bien des revers, un nouveau malheur de famille m'a rappelé, il y a deux mois, de Bordeaux, et c'est de Mantes que je prends la liberté de mettre sous les yeux de Votre Majesté ces quelques faibles expressions de mon dévouement et de ma vive et profonde reconnaissance de ses bontés pour moi. Mes chagrins s'adoucissent à la pensée de l'intérêt que la Reine daigne m'accorder, et son estime comme sa bienveillance auront été la plus honorable page de ma vie; j'en suis fier autant que j'en suis touché. Si mes désirs devaient encore être ajournés et que le bonheur de faire ma cour à Votre Majesté, au Roi et à son auguste compagne, ne dût m'appartenir encore qu'en Allemagne, j'espère que ma frêle santé n'y mettra point obstacle et qu'il me sera permis d'aller porter aux pieds de la Reine, dans le cours de cette année, la nouvelle assurance du plus profond respect et des sentiments les plus fidèles et dévoués avec lesquels je suis, Madame,

de Votre Majesté,

Le très humble et très obéissant serviteur.

Comte de BOUILLÉ.

P.-S. — Interprète de tous les sentiments et de tous les vœux de madame de Bouillé, de mon fils et de la famille entière pour la Reine, je viens en leur nom lui en offrir également l'hommage, et prier Votre Majesté de vouloir bien l'agréer avec bonté.

Paris, 1er Janvier 1849.

Le Comte de Bouillé à Monseigneur le Comte de Chambord,

A L'OCCASION DE LA NOUVELLE ANNÉE (1849).

Sire,

Heureux de profiter de l'occasion du bon M. Morisset, je viens mettre aux pieds de Votre Majesté le fidèle hommage de tous mes vœux pour Elle et pour son auguste compagne ; ces vœux, toujours les mêmes, toujours si constamment offerts au Ciel pour le bonheur du Roi, ne peuvent qu'acquérir de ma part un nouveau degré d'ardeur dans les circonstances actuelles où les desseins de Dieu semblent se manifester, d'une manière si éclatante, dans la marche qu'il imprime aux événements de ce monde.

Sire, vous êtes, je n'en doute pas, le but auquel doit arriver la conclusion de ces événements... En vous seul se résumera, avec le terme des maux de la France, la nouvelle aurore de ses prospérités, de sa gloire, de son avenir, et vous aurez bien justifié alors ce nom d'*enfant du miracle* qui vous fut donné à votre naissance.

Sire, laissons faire la Providence... Elle se rit des vains desseins des hommes et, quand vient le moment de sa miséricorde, elle les en accable, pour ainsi dire, malgré eux. Ici, dans ces rues de Paris témoins de tant d'insignes folies, hélas ! d'horreurs même et d'incroyables contrastes, que vois-je en dehors de ces burlesques scènes, de ces grotesques figures, œuvres des crayons du ridicule ? Partout votre image, vos nobles traits, entourés d'une auréole sacrée d'espérance et de respect ! Votre nom est dans toutes les bouches, bien plus encore, dans tous les cœurs ! Puissé-je voir le jour, dans le courant de l'année qui va s'ouvrir, où, de ce nouveau suffrage universel, dépouillé de toute fausse interprétation, renaîtra, par la grâce de Dieu et l'amour des peuples, la double sanction de vos droits imprescriptibles au trône de vos grands et illustres aïeux. Ce jour dût-il être le dernier de ma vie, n'en aurait pas moins été le plus beau. Mais Votre Majesté sait attendre quand il le faut et comme il le faut, et la dignité de son rôle est toujours à la hauteur de son rang et de ses destinées.

Longtemps inquiet de la position du Roi et de son auguste famille au milieu de ces tourmentes révolutionnaires qui avaient été le chercher jusque dans sa paisible retraite, je me réjouis de voir que c'est par le triomphe du bon droit autour de lui que mes craintes se sont dissipées, et j'espère que la noble colonie de Frohsdorf n'a d'autres ennemis à combattre, dans ce moment-ci que, peut-être, les frimas de l'hiver, mais qu'aucune des santés qui me sont si chères n'en est affectée.

Perpétuel voyageur sur ce triste globe, je me suis vu forcé de quitter Bordeaux il y a deux mois pour aller assister en Normandie aux derniers moments de ma pauvre belle-mère qui, chassée de la Martinique à quatre-vingt-deux ans par le meurtre et l'incendie, n'est venue voir la France que pour y mourir, et je suis maintenant à Mantes, auprès de madame de Bouillé, dans l'heureux tête-à-tête d'un mari de soixante-dix ans et d'une femme de soixante, filant le parfait amour et puis parlant beaucoup de vous, Sire, et de tout ce qui vous intéresse, y pensant beaucoup et priant sans cesse pour vous.

Votre Majesté permettra-t-elle à cette moitié de moi-même de mettre également à ses pieds et à ceux de la Reine l'expression des vœux et des sentiments du ménage sous ce rapport le plus uni de la terre? C'est la grâce que je suis chargé de lui demander.

Sire, je ne mourrai content que lorsque j'aurai joui du bonheur de revoir encore Votre Majesté... Mais que va-t-elle penser de mon impertinence! Voilà, dira-t-elle, une plaisante idée! Eh bien, Sire, je ne m'en cache pas, j'aime mieux que vous m'évitiez la longueur de ce voyage et que ce soit vous qui veniez plutôt me chercher *au beau* pays de France, car il le serait alors. Si cela n'entre pas encore dans les projets du Roi, il faudra bien que j'aille m'excuser moi-même de ma sottise auprès de lui et en obtenir mon pardon. Ainsi, j'espère que l'année ne se passera pas sans que je n'aie, d'une manière ou d'une autre, renouvelé verbalement à mon souverain bien-aimé l'hommage respectueux de tous les sentiments avec lesquels je suis, Sire,

De Votre Majesté,

Le plus dévoué, fidèle et soumis serviteur et sujet.

COMTE DE BOUILLÉ.

P.-S. — Gaston, las des honneurs attachés au grade de chef d'état-major de la garde nationale, est rentré dans l'obscurité de la vie privée. Le pauvre garçon ne peut se faire encore aux vertus républicaines, et son patriotisme ne va pas jusqu'à affronter les rhumes et les catarrhes des rondes de nuit.

Paris, 1er Janvier 1819.

Monseigneur le COMTE DE CHAMBORD
au Comte de Bouillé,
RÉPONSE A LA LETTRE PRÉCÉDENTE.

Frohsdorf, le 9 Février 1849.

J'ai reçu, mon cher Bouillé, la lettre que vous m'avez écrite à l'occasion du nouvel an. Je vous remercie des vœux que vous m'exprimez : je connais si bien vos sentiments et vous savez vous-même tout le prix que j'y attache. Dieu, j'en ai la confiance, exaucera les prières de tant de cœurs fidèles, et rendra enfin à notre chère France l'ordre et la paix. C'est surtout dans ces jours d'épreuve que mes pensées se portent vers elle. Ce que je veux, c'est sa prospérité et sa gloire. Que je serais heureux s'il m'était donné d'y concourir! Nous sommes fort tranquilles ici maintenant, notre voisine la Hongrie étant pacifiée, au moins dans les comitats qui nous touchent. La ville de Vienne a été visitée par deux nouveaux fléaux, une inondation et le choléra ; cependant ce dernier semble plus doux qu'à sa première apparition.

Vous ne pouvez douter, mon cher ami, du plaisir que j'aurai à vous revoir. J'espère bien que vous pourrez venir, à moins que cette fois je ne vous en évite la peine. Vous n'en seriez pas fâché, n'est-ce pas? ni moi non plus.

Faites mes compliments affectueux à madame de Bouillé. Je sais depuis longtemps que ses sentiments et ses vœux sont les nôtres. Je vous prie de l'en remercier. Dites-lui bien aussi toute la part que j'ai prise à sa douleur. Mes amitiés à Gaston quand vous lui écrirez. Pour vous, mon cher Bouillé, comptez toujours sur ma vive et sincère affection.

HENRI.

Le Comte de Bouillé à Monseigneur le Comte de Chambord,
A L'OCCASION DE SA FÊTE.

Sire,

La vieillesse, dit-on, n'est pas heureuse, et votre pauvre vieux serviteur en est la preuve, puisqu'il se voit encore privé cette année-ci du bonheur d'aller porter lui-même à Frohsdorf, aux pieds de Votre Majesté, l'hommage de son fidèle dévouement et de tous ses vœux, à l'occasion de sa fête... Ces vœux, Sire, n'en sont pas moins sincères, et le temps ne fait qu'en accroître de plus en plus la vive et pieuse ardeur; daignez les agréer avec votre bonté accoutumée !

Sire, pardonnez-moi une locution peut-être un peu trop commune, mais sans cesse je pense à vous, à vos destinées tellement liées, selon moi, à celles de notre toujours chère quoique bien coupable patrie, que son bonheur me semble inséparable du vôtre. Soyez donc heureux, mille fois heureux, et nous le serons tous, car ce ne peut être qu'à vous, à vous seul, que Dieu réserve le droit et la gloire de mettre un terme à toutes les calamités dont il nous frappe, et que nous n'avons, hélas ! que trop méritées !

Depuis la dernière lettre que j'ai eu l'honneur d'adresser au Roi, ma santé a toujours été en déclinant, loin de s'améliorer. En dépit du choléra et de la menace des émeutes, je n'ai cependant pas bougé de Paris où madame de Bouillé, qui a défait son petit établissement de Mantes, est venue me rejoindre et me donner les soins que cette pauvre santé exige. J'y mène d'ailleurs la vie d'un anachorète, ne voyant que fort peu de monde ; à peine ai-je pu même causer quelques instants avec le Duc de Lévis, qui, accablé d'affaires lorsqu'il est en ville et s'en échappant tant qu'il le peut, pour se réfugier à Noisiel, devient ainsi presque invisible à ses meilleurs amis. Il a eu la bonté de passer plusieurs fois chez moi, malheureusement à l'heure où, par ordonnance de la Faculté, je fais ma promenade journalière, mais il m'a bien promis de ne pas reprendre le chemin de Frohsdorf sans me procurer, d'une manière ou d'une autre, le plaisir de le charger en peu de mots d'en dire beaucoup à Votre Majesté au sujet des sentiments qui ne cessent de faire battre mon cœur pour elle... J'espère qu'il me tiendra parole.

C'est du larynx au pylore et du pylore au larynx que mon ennemi mortel travaille à ma destruction. Mon médecin pour le combattre a beau me bourrer de quinquina préparé à toutes sauces, il n'est parvenu jusqu'à présent qu'à me mettre le feu dans le corps, à tel point que j'ai pu croire qu'il voulait faire de moi une gargousse destinée à être envoyée au général Oudinot pour faire sauter un de ses innombrables bastions de Rome, s'il n'eût enfin terminé ce siège sans ma participation. A propos de Rome, Votre Majesté ne pense-t-elle quelquefois comme moi, avec douleur, à tous ces changements qui s'y sont déjà opérés depuis l'époque où le bon Grégoire XVI lui montrait sa lanterne magique ?

Si j'en crois quelques on-dit, il paraîtrait que la Reine aurait le projet de se rendre incessamment aux eaux d'Ems... Les uns disent que le Roi doit l'y accompagner, d'autres assurent qu'elle ira seule. Dès que j'en aurai acquis la certitude, si la chose doit effectivement avoir lieu, je ferai tous mes efforts pour n'être pas le dernier à y faire ma cour à Vos Majestés, dussé-je m'y traîner à quatre pattes, car il me tarde bien, Sire, d'avoir l'honneur d'être présenté à votre auguste compagne, et je ne serai content que lorsque je vous aurai exprimé, au moins encore une fois avant de quitter ce monde, toute ma reconnaissance de vos bontés et du bienveillant souvenir que Votre Majesté veut bien me conserver. Daignez, Sire, en attendant, me mettre aux pieds de la Reine et à ceux de la Reine douairière, dont le grand courage ne se dément pas au milieu de toutes les nouvelles perturbations politiques dont elle est condamnée à être encore témoin et victime. Madame de Bouillé se joint à moi pour unir également tous ses vœux à ceux que j'adresse au Ciel pour Votre Majesté. Gaston vient de quitter Bordeaux pour aller faire respirer l'air des Pyrénées à sa ribambelle d'enfants dont les santés délicates lui en ont imposé l'obligation.

Il faut que je compte bien sur l'indulgence du Roi pour me permettre de l'occuper autant de moi et de tous ces détails de famille ; sa bonté m'a encouragé, elle sera mon excuse.

Je prends la liberté d'offrir au Roi, par cette occasion que l'on m'assure être bonne, une bagatelle qui n'en renferme pas moins quelque chose d'inestimable à mes yeux... Que Votre Majesté daigne l'accepter en faveur *des deux lignes* qu'elle apercevra sous le piédestal du petit globe et me permettre de lui renouveler en même temps l'hommage du plus profond respect et de tous les sentiments avec lesquels je suis, Sire, etc.

COMTE DE BOUILLÉ.

Paris, le 6 Juillet 1849.

P.-S. — Pardon, Sire, pardon, de la si tardive arrivée d'une lettre que le Roi croira par sa date lui avoir été adressée de la Chine et que le bon Xavier aurait oublié de lui remettre à son retour du Céleste Empire. Ce retard provient de la grave indisposition du pauvre Lévis qui a été pendant plusieurs jours impitoyablement cloué sur son lit, à Noisiel. Je voulais refaire ma lettre, car parler aujourd'hui à Votre Majesté de sa fête, c'est véritablement lui servir de la moutarde après dîner; mais comme les sentiments dont j'osais lui renouveler le respectueux hommage à cette occasion sont ceux que je voudrais pouvoir lui exprimer chaque jour de l'année aussi bien qu'au 15 juillet, je me suis flatté qu'en fait de dates le Roi ne ferait attention qu'à celle déjà si ancienne de mon dévouement pour lui.

Paris, ce 21 Juillet 1849.

Monseigneur le COMTE DE CHAMBORD à la Comtesse de Bouillé,

RÉPONSE A UNE LETTRE D'ANNIVERSAIRE.

Froshdorf, le 17 Octobre 1849.

Je profite du départ de M. de Bouillé pour vous remercier, madame la Comtesse, de votre lettre et des vœux que vous m'avez adressés à l'occasion du 29 septembre. J'en suis d'autant plus touché que je sais depuis longtemps combien ils sont ardents et sincères. Nous avons eu le plus grand plaisir à revoir notre ami. Il m'a paru en très bonne santé. Nous aurions bien voulu le retenir davantage auprès de nous, mais l'hiver n'est pas loin et le froid peut commencer bientôt à se faire sentir.

Ma femme et ma tante me chargent de vous dire les choses les plus aimables de leur part ; quant à moi, madame la Comtesse, je suis charmé de pouvoir vous renouveler ici l'assurance de mes sentiments affectueux.

HENRI.

Monseigneur le COMTE DE CHAMBORD
au Comte de Bouillé.

RÉPONSE A LA LETTRE ÉCRITE A SON RETOUR DE FROSHDORF.

Froshdorf, le 16 Novembre 1849.

Je vous remercie, mon cher Bouillé, de votre lettre du 1er novembre et surtout de la course que vous êtes venu faire ici. Malheureusement votre séjour a été de trop courte durée, mais je vois avec plaisir que vous n'avez pas été fatigué du voyage, et je pense que vous n'oublierez pas votre promesse de nous faire une plus longue visite l'été prochain. Vous avez retrouvé la France, me dites-vous, dans le même état de confusion et de désordre ; espérons que le terme de tant d'épreuves n'est pas éloigné et que, las de tous les maux qu'attirent sur lui ces révolutions continuelles, notre pauvre pays prendra enfin le seul vrai moyen de s'en affranchir.

Votre Saint-Henri et vos Sainte-Thérèse sont arrivés très heureusement ; ma tante et ma femme me chargent de vous en remercier. Ma femme a été charmée de faire connaissance avec vous et me prie de vous dire les choses les plus aimables de sa part.

Adieu, mon très cher Bouillé, faites mes compliments affectueux à madame de Bouillé, et comptez sur toute mon amitié.

HENRI.

Madame la COMTESSE DE CHAMBORD
au Comte de Bouillé,
AU SUJET DE SA VISITE A FROHSDORF ET D'UN OBJET QU'IL LUI AVAIT OFFERT.

Frohsdorf, le 8 Décembre 1849.

J'ai reçu, mon cher monsieur de Bouillé, le charmant cadeau que vous m'avez envoyé et qui sera pour moi un souvenir bien précieux ajouté à tant d'autres que j'ai déjà de vous. Je me félicite de pouvoir vous en exprimer ici toute ma gratitude. Votre bonne visite nous a fait à tous un bien grand plaisir, je vous assure, mais personne n'en a été plus heureuse que moi, qui désirais depuis longtemps avoir l'occasion de vous connaître. Seulement, votre séjour parmi nous a été beaucoup trop court, et nous espérons bien que vous nous en dédommagerez une autre fois.

Dites, je vous prie, mille choses de ma part à madame de Bouillé et aussi de la part de mon mari, qui vous dit, à vous, tout ce qu'il y a de plus tendre.

Croyez, mon cher monsieur de Bouillé, à toute mon affection.

MARIE-THÉRÈSE.

Le Comte de Bouillé à Madame la Comtesse de Chambord.
RÉPONSE A LA LETTRE PRÉCÉDENTE.

Madame,

Votre Majesté m'a comblé de bontés en daignant m'écrire la lettre que le Duc de Lévis m'a remise de sa part, et je viens prier la Reine de vouloir bien en agréer l'expression de ma vive reconnaissance.

Votre Majesté attache beaucoup trop de prix à la bagatelle qu'elle m'avait permis de lui offrir; mais moi, je ne saurais en mettre un trop grand à la bienveillance qu'elle daigne m'accorder et que je m'efforcerai de mériter de plus en plus par mon respectueux dévouement à sa personne, dévouement inséparable désormais de celui qui remplissait depuis si longtemps mon cœur tout entier pour le Roi son auguste époux, et qui fait de son bonheur et de sa gloire l'objet constant de mes pensées et de mes vœux.

Vous en avez déjà réalisé un, Madame, celui de son bonheur... Le Tout-Puissant, j'en ai la confiance, exaucera l'autre.

Puissé-je, Madame, trouver encore, malgré mes nombreuses années, des occasions de déployer mon zèle au service de mon Roi bien-aimé et au vôtre, et, fier des paroles si gracieuses que Votre Majesté a l'extrême bonté de m'adresser, fier surtout d'avoir pu obtenir un suffrage aussi flatteur que le sien lorsque j'ai été lui porter à Frohsdorf l'hommage de mon respect et de tous les sentiments que je lui devais déjà, même avant d'avoir le bonheur de la connaître, j'espère que Dieu me fera la grâce de pouvoir mettre encore cet hommage à ses pieds.

Je supplie la Reine de vouloir bien agréer, en attendant, celui de tous mes souhaits et de ceux de madame de Bouillé à l'occasion de la nouvelle année et de les faire agréer également au Roi. Je n'ai pas besoin de dire à Vos Majestés quels sont ces souhaits. La Reine comprendra facilement qu'ils s'étendent sur tout ce qu'elles peuvent désirer au monde.

Mais, hélas ! quand je voudrais ne parler que de bonheur à Votre Majesté, pourquoi faut-il que je réveille en son cœur un souvenir bien cruel en la priant de permettre que je lui exprime la profonde et douloureuse part que j'ai prise au coup affreux qui l'a frappée dernièrement[1], et que les regrets d'un serviteur fidèle se mêlent aux larmes qu'elle a versées !

Je suis, avec le plus profond respect et le plus absolu dévouement, Madame,

De Votre Majesté,

Le très humble, très soumis et très fidèle serviteur et sujet.

Comte DE BOUILLÉ.

Paris, Décembre 1849.

P.-S. — Les journaux de ce matin, en annonçant un accident affreux qui serait arrivé au Roi sur le chemin de fer de Vienne à Gratz, nous avaient bouleversés... J'ai couru bien vite, dévoré d'inquiétude, chez le Duc de Lévis, qui m'a heureusement rassuré en me racontant comment la chose s'était passée, d'après une lettre du Roi lui-même qu'il a reçue hier. Nous espérons donc que cet accident qui pouvait être si funeste, n'a eu aucune suite et que le Roi ne s'en ressent plus du tout ; mais je tremble encore à sa seule pensée et, tout en félicitant Vos Majestés de ce qu'il n'a pas été plus sérieux, je ne puis leur cacher que nous en serons encore préoccupés jusqu'à ce que nous apprenions qu'à leur heureuse arrivée à Venise, il n'en était plus question.

---

(1) La mort de son frère, le jeune Archiduc Ferdinand d'Este.

Le Comte de Bouillé à la Reine Douairière Marie-Thérèse,

À L'OCCASION DU PREMIER DE L'AN (1854).

Madame,

Chaque jour de ma vie j'adresse des prières à Dieu pour la conservation de Votre Majesté, pour que des temps plus heureux viennent enfin la consoler un peu de tous ceux qui l'ont si cruellement éprouvée. La Reine daignera-t-elle me permettre de lui offrir plus particulièrement, à l'occasion de la nouvelle année, l'hommage de ces vœux que je mets à ses pieds, avec la respectueuse expression de mon fidèle dévouement et de ma vive reconnaissance des bontés de Votre Majesté, bontés dont la Reine a daigné me combler encore la dernière fois que j'ai eu le bonheur de lui faire ma cour à Frohsdorf. Puisse ma fragile santé ne pas m'ôter l'espoir d'en solliciter encore la faveur et de l'obtenir encore de Votre Majesté !

J'espère que la Reine se trouvera bien, sous tous les rapports, de son séjour à Venise, et que l'air plus doux qu'elle y respire cet hiver sera favorable à sa santé. — Ici, nous vivons, comme à l'ordinaire, au jour le jour; mais loin des maîtres que nous chérissons, ces jours nous paraissent bien tristes et bien longs. Ils nous deviendraient insupportables sans l'espérance qui ne nous abandonne pas et qui semble nous dire de plus en plus que le Ciel, prenant enfin pitié de nous, nous les rendra bientôt, et avec eux tout le bonheur que nous avons perdu.

Interprète des sentiments et des vœux de madame de Bouillé, de mon fils et de toute ma famille, j'ose prier la

Reine d'en agréer aussi l'hommage et d'accueillir avec bonté celui du plus profond respect et du dévouement absolu avec lesquels je suis, Madame,

De Votre Majesté,

Le très humble, très soumis et très fidèle serviteur.

COMTE DE BOUILLÉ.

Paris, fin Décembre 1849.

Le Comte de Bouillé à Monseigneur le Comte de Chambord,
A L'OCCASION DE LA NOUVELLE ANNÉE (1850).

Sire,

Ne voulant pas manquer la bonne occasion de monsieur de Frigières, un des hommes les plus obligeants et les plus *éclairés* [1] que je connaisse, j'en ai profité pour exprimer à la Reine ma respectueuse reconnaissance de la lettre que Sa Majesté avait daigné m'écrire au départ du Duc de Lévis, et aussi pour mettre à ses pieds, un peu par anticipation, l'hommage de mes vœux de nouvelle année, en priant la Reine de vouloir bien les faire agréer également à Votre Majesté, mais je ne saurais me contenter de cette seule manifestation de mes sentiments et de mon dévouement envers le Roi, à l'occasion de la seconde moitié du dix-neuvième siècle qui commence, et dussé-je l'en fatiguer peut-être, je viens lui demander encore la permission de lui répéter tout ce que son vieux fidèle lui souhaite de bonheur, de prospérités, de consolations même, si tout ce

---

(1) M. de Frigières était délégué par une Compagnie d'éclairage au gaz, pour établir ce luminaire dans toutes les grandes villes de l'Europe.

que nous promettent nos longs jours d'espérances devait encore par trop se faire attendre; mais Dieu, dans sa bonté, ne le souffrira pas, il aura pitié de la France.

« Pour être encor joyeuse et belle,
» Que lui faut-il ?... son noble enfant ! »

Votre Majesté pardonnera-t-elle à mon amour-propre cette citation d'un pauvre poète, dont toute l'imagination est maintenant concentrée dans le cœur ?

Nous avions passé un cruel moment, Sire, en apprenant l'accident qui vous est arrivé, attristés que nous étions déjà par la nouvelle de la perte, si douloureuse pour la Reine, de son auguste frère, noble victime du plus généreux dévouement et que l'on n'a pas, selon moi, assez exalté ; mais si rien n'efface les regrets qu'il laisse, d'un autre côté que d'actions de grâces n'avons-nous pas à rendre encore à cette divine Providence, qui veille sur les jours de Votre Majesté, puisqu'elle a permis qu'un accident qui pouvait être si grave, n'ait eu aucune suite fâcheuse !

J'espère que le Roi en a été promptement remis et qu'il ne lui en reste plus la moindre trace. Votre Majesté daignera-t-elle agréer aussi à ce sujet, comme à l'occasion de la nouvelle année, l'hommage des sentiments particuliers de madame de Bouillé ?

Je voudrais bien, Sire, pouvoir égayer un peu le sérieux de mon épître par quelque chose de plus amusant à vous raconter, car je finirai par vous paraître fort ennuyeux, mais, hélas ! il n'y a plus en France le plus petit mot pour rire, même au milieu de toutes les folies dont nous sommes témoins ; d'ailleurs, j'y vis comme un ours, non pas mal léché, mais où il n'y a plus rien à lécher. On me disait, cependant, il y a quelques jours, qu'un plaisant (je m'étonne qu'il y en ait encore) soutenait, à propos de la terrible bataille qui a été livrée aux rats dans les égoûts de Paris, où 600,000 de ces méchantes bêtes ont mordu la poussière et dont un gentlemen anglais s'est fait adjuger les peaux à un prix fort raisonnable, qu'il serait à désirer qu'on pût en faire autant des rats qui rongent et détruisent notre pauvre société défaillante, et que ce ne serait que quand la mort aura (aux rats) purgé la terre de cette race immonde que les *souris* du bonheur et de la joie y renaîtront. Et moi, je prétends qu'il n'en faut pas tant, et qu'un seul sourire en France, un seul gracieux sourire que je connais bien, s'il était vu de tous les Français, suffirait pour y produire cette heureuse métamorphose.

Le timbre de lettres reçues hier par madame la Duchesse de Lévis et qu'elle a immédiatement fait passer au Duc, dans ce moment-ci et pour quelques jours en Normandie, serait une preuve que Votre Majesté est maintenant à Venise avec son auguste famille, à l'exception peut-être de Madame. C'est donc à Venise que je prends la liberté de lui adresser celle-ci. Je désire bien que les déplorables événements qui s'y sont passés n'ait rien ôté à cette résidence du charme que le Roi y trouvait toujours. Elle doit même, je n'en doute pas, lui offrir un nouvel attrait par le bonheur qu'il a cette année d'y posséder aussi sa tante.

Oserai-je prier Votre Majesté de vouloir bien nous mettre à ses pieds, madame de Bouillé et moi, ainsi qu'à ceux de la Reine? Si mon pauvre Bordelais était ici, il solliciterait la même grâce, à commencer par le Roi.

En me souhaitant à moi-même, Sire, pour le courant de cette année, un bonheur pareil à celui dont j'ai eu à remercier Dieu le 29 septembre dernier, je viens redire au Roi combien sont sincères, inaltérables et profonds tous les sentiments de respect, de fidélité et de reconnaissance avec lesquels je suis, Sire, etc.

LE COMTE DE BOUILLÉ.

P.-S. — Nous nous sommes infiniment réjouis de la bonne nouvelle des heureuses couches de Son Altesse Royale madame la Duchesse de Parme, et nous prions le Roi de vouloir bien en recevoir nos respectueuses félicitations.

Paris, le 10 Janvier 1850.

Le Comte de Bouillé à Monseigneur le Comte de Chambord,

POUR LUI OFFRIR, AU NOM DU MARQUIS DE BOUILLÉ, LES DEUX DERNIERS VOLUMES DE SON HISTOIRE DES DUCS DE GUISE.

Sire,

Chargé par mon cousin, René de Bouillé, de mettre aux pieds de Votre Majesté les deux volumes qui complètent l'exemplaire de son Histoire des Ducs de Guise, dont le Roi a bien voulu agréer l'hommage, je saisis avec bonheur cette occasion d'attirer un instant sa bienveillante pensée sur son pauvre vieux serviteur chez qui les derniers songes de la vie ne sont qu'un perpétuel souvenir de ses bontés pour lui.

En parcourant l'histoire de ces Princes Lorrains, de ces grands et magnifiques conspirateurs, histoire que déjà vous possédez, Sire, mieux que personne, comme tout ce qui appartient aux annales de la France, vous ne pourrez qu'être frappé de la différence de cette époque avec l'ignoble couleur de celle-ci, du contraste qui existe entre tous ces caractères chevaleresques, bien que trop souvent rebelles, entre toutes ces familles illustres, brillants satellites des astres rivaux qui balançaient alors la fortune de la France et l'impur ramas de tous ces noms vils ou obscurs qui accaparent aujourd'hui la scène politique du monde dans notre patrie dégénérée... O honte! O pitié! c'est bien dégoûtant.

Je sais que Votre Majesté et son auguste famille se trouvent de nouveau réunis à Frohsdorf, après avoir passé un hiver à Venise que de tristes circonstances n'auront peut-être pas rendu aussi agréable au Roi que de coutume, mais dont le climat n'en méritait pas moins, en ce qui concernait la santé de la Reine, une juste préférence sur celui si âpre de l'Autriche pendant la mauvaise saison.

Nous avons eu ici, nous autres également exilés de notre véritable patrie, car la patrie pour nous, Sire, est là où vous respirez, un hiver bien long, bien froid, bien triste, malgré quelques bals et soirées au bon faubourg Saint-Germain, toujours fidèle à ses vieilles traditions, mais où l'on ne rit cependant que du bout des lèvres. Quant à moi, qui ai fait mes adieux aux pompes et aux vanités de ce monde, je n'ai entendu tout le bruit de cette fausse joie que comme un écho lointain, plaintif, du moins à mon oreille, et cherchant en vain à retrouver sur la physionomie de notre malheureuse France quelques traces de ses beaux et nobles traits d'autrefois ; elle ne m'apparaît plus que sombre, décolorée, frappée de vertige et se défigurant tous les jours davantage. Je crains qu'elle ne devienne tout-à-fait hideuse, si elle doit être encore longtemps privée du seul remède qui puisse lui rendre sa dignité, ses charmes et son éclat.

En effet, Sire, ne faut-il pas que nous soyons tombés bien bas pour que ce que l'on appelle ici les honnêtes gens, le parti de l'ordre, après s'être humilié jusqu'à choisir pour candidat un simple marchand de papier et, quoi qu'on dise, décoré de Juillet, n'ait pu l'emporter sur le plus immoral et le plus obscène des romanciers ?

Sire, lorsqu'on vous aime comme vous devez l'être, d'abord comme tout bon Français doit aimer son Roi et ensuite pour vous-même, pour toutes ces nobles et brillantes qualités qui seront partout votre apanage, jusqu'au jour où elles remonteront avec vous sur le trône de vos ancêtres, je ne sais vraiment si l'on peut vous souhaiter sans égoïsme de régner bientôt sur un pareil peuple ! Hélas ! dans les vœux que je forme tous les jours pour le bonheur de Votre Majesté, je tremblerais quelquefois d'adresser celui-là au Ciel, si en priant pour vous, Sire, je n'étais fermement persuadé que le Ciel ne peut que bénir vos destinées.

Je laisse à Stanislas, porteur de ma lettre, le soin de raconter au Roi tout ce qui pourra lui paraître intéressant sur l'état actuel des choses et l'immense gâchis où nous vivons. D'ailleurs, les correspondances habituelles de Votre Majesté, sans compter les journaux, cette diabolique composition arsénicale, doivent le tenir au courant de tout. Je me bornerai donc à prier le Roi de me pardonner ma longue épître barbouillée d'une encre si noire, mais si notre présente position sociale s'offre peut-être trop à moi sous un aussi triste aspect, il n'en est pas de même lorsque je pense à vous, Sire, et j'y pense souvent. Le noir ne tarde pas alors à devenir *tricolore*, oui tricolore, mais tricolore, *vert*, *bleu* et *blanc*, aimables et douces couleurs de l'espérance, de la fidélité et de l'honneur.

Le Duc de Lévis s'est réfugié à Noisiel avec madame de Lévis, dont la santé fort éprouvée cet hiver, avait besoin du bon air de la campagne pour se rétablir parfaitement. Le cher Duc ne faisant que de courtes apparitions en ville, il faut, pour l'atteindre, le tirer au vol comme une hirondelle, et le Roi sait que je ne suis pas fort sur l'article, malgré mes prouesses contre volailles et papillons. Je regrette beaucoup de ne pas voir plus souvent le dit châtelain de Noisiel; c'est privation d'amitié, nos cœurs s'entendent si bien sur tant de choses, et aussi une occasion de moins pour moi de parler de Votre Majesté. Je tâche de m'en dédommager avec tout ce qui de mes connaissances partage ici mes sentiments et, grâce à Dieu, il ne me serait pas difficile de m'y égosiller.

Le Baron de Damas fait voler ses fils de noces en noces; c'est une véritable bénédiction de famille, si toutefois la multiplication de l'espèce humaine peut en être une par le temps qui court. En attendant, la conséquence de ces mariages sera l'arrivée à Frohsdorf de plusieurs de ces heureux couples, qui doivent y aller passer leur lune de miel pour la rendre plus douce encore. Que ne suis-je, sous ce rapport, aussi un nouveau marié !

Madame de Bouillé me prie de la mettre aux pieds du Roi ; sa santé est toujours à peu près au même point et la souffrance est devenue pour elle une triste et longue habitude. Nous nous réunissons pour demander à Votre Majesté d'avoir l'extrême bonté de faire agréer à la Reine, ainsi qu'à son auguste tante, l'hommage de tous nos sentiments les plus respectueux et dévoués.

Un certain Gaston, capitaine d'artillerie de la garde nationale, et toujours fidèle au nom de Bordeaux, qui l'a fixé sur les bords de la Garonne, ne cesse de tenir sa batterie braquée contre le socialisme, contre lequel il manifeste une sainte horreur ; mais il a soin, dit-il, de réserver dans ses caissons cent et une gargousses pour en faire ronfler ses canons le jour, l'heureux jour, où la Providence rouvrira à Votre Majesté les portes de son royaume et de sa patrie.

Sans avoir l'impertinence de demander au Roi quels peuvent être ses projets pour le courant de l'été, j'ose espérer, s'il devait, ainsi que la Reine, se rapprocher encore un peu cette année de nos tristes frontières, qu'une brise favorable à la pauvre nacelle aux trois quarts désemparée, pourrait la pousser, avant son dernier naufrage, vers l'heureux port où il me serait permis de renouveler à Vos Majestés l'inaltérable expression des sentiments avec lesquels je suis, Sire, De Votre Majesté, etc.

Comte de BOUILLÉ.

Paris, 8 Mai 1850.

Monseigneur le COMTE DE CHAMBORD
au Comte de Bouillé.

RÉPONSE A LA LETTRE PRÉCÉDENTE.

Frohsdorf, le 9 Juin 1850.

J'ai reçu, mon bien cher Bouillé, la lettre que vous m'avez écrite par Stanislas de Blacas ; elle m'a fait, comme ses sœurs aînées, un vif plaisir. Que n'avez-vous pu, ainsi que vous en aviez le projet, venir vous-même à Frohsdorf avec ces jeunes voyageurs, Damas, Vibraye, Montbel, et qui s'y trouvent en ce moment ? Vous me demandez quels sont mes projets. Ils ne sont pas encore très arrêtés, mais il est probable que, dans le courant de l'été, je me rapprocherai de la France. Si vous venez me voir là où j'irai, j'en serai charmé.

Je vous prie de remercier votre cousin, le Marquis de Bouillé, des deux derniers volumes de son histoire des Ducs de Guise. Je les lirai avec tout l'intérêt que m'inspirent et le sujet de l'ouvrage et le nom de l'auteur. Vous me parlez de la triste position de notre pauvre pays ; je m'en afflige bien sincèrement, mais j'espère que Dieu se laissera toucher par tant de ferventes prières, par tant de bonnes œuvres, qui se font chaque jour dans toute la France, et qu'il aura pitié de nous.

Faites mes compliments affectueux à madame de Bouillé. Ma femme lui fait dire, ainsi qu'à vous, les choses les plus aimables. Parlez de moi à Gaston, quand vous lui écrirez, et croyez toujours, mon cher Bouillé, à toute mon amitié.

HENRI.

Le Comte de Bouillé à Monseigneur le Comte de Chambord,

À L'OCCASION DE SA FÊTE.

Sire,

Je me rappelle qu'un soir, à Frohsdorf, Votre Majesté ayant éternué, et que chacun s'étant respectueusement levé, le Roi dit qu'il serait fort tenté, à son retour en France, de supprimer cette étiquette aussi bien que tous ces longs discours de jour de l'an, etc., etc.

J'en conclus que Votre Majesté n'aime pas qu'on l'ennuie de ces compliments d'usage qui ne sont pas toujours l'expression sincère de la pensée, mais plutôt la fade répétition d'un orateur souvent réduit aux abois, et que si Louis-Philippe Ier et dernier les accueillait toujours avec un nouveau plaisir il n'en est pas de même de Votre Majesté. Qu'elle veuille donc bien me permettre de me borner à ne lui offrir pour sa fête qu'un tout petit bouquet composé de deux fleurs !... d'un lys et d'une rose.

Le lys, Sire, vous appartient de tout temps : c'est l'emblème de la France. La rose est celui des grâces, et comme votre fête ne peut qu'être aussi celle de votre auguste compagne, partagez-vous, j'ose vous en prier, ma faible offrande, et prenez, l'un et l'autre, pour ce jour et à cette occasion, la devise de l'Aigle noir de Prusse... *Suum quique.*

Je dois cependant ajouter à ce trop simple hommage mille regrets de n'avoir pas le bonheur de le faire agréer moi-même, accompagné de tous les vœux du cœur le plus dévoué.

Votre Majesté a daigné m'écrire une lettre charmante en réponse à celle que j'avais eu l'honneur de lui adresser par Stanislas de Blacas ; je ne puis trop l'en remercier. J'espère que celle-ci, quoique l'occasion soit moins sûre, arrivera également saine et sauve à ses pieds du fond de sa belle province d'Auvergne où je suis venu passer un mois chez mon beau-frère le Marquis de Pons.

C'est un délicieux pays que cette Limagne que Delille a chantée. J'y suis au centre d'un magnifique panorama encadré d'une ceinture de montagnes qui s'élèvent graduellement et gracieusement jusqu'aux cimes escarpées du Mont-Dore et du Puy-de-Dôme ; tout cela couvert des plus riches cultures et d'une infinité de mamelons encore couronnés des ruines pittoresques de leurs vieux châteaux. Je découvre à environ deux lieues de distance celles d'Usson dont le bon curé de l'endroit racontait, entre autres particularités relatives à cette ancienne forteresse, que lorsque Marguerite de Valois y fut conduite prisonnière par un seigneur de Canillac qui en était alors gouverneur, celui-ci, pour être plus sûr qu'elle ne lui échapperait pas, l'y avait menée montée en croupe derrière lui, mais que son cheval avait le trot si dur que la pauvre Princesse en fut endommagée au point qu'il fallut éteindre toutes les chandelles du château pour les employer à sa guérison. Le Roi sait comment plus tard l'illustre et séduisante captive trouva moyen d'emprisonner à son tour son geôlier et de se rendre maîtresse du château ; ce fut un bon tour, et cependant je ne la plaindrais pas moins, si elle était encore à plaindre, d'avoir passé vingt ans de sa vie perchée sur ce donjon malgré la beauté du site.

Je pense que nous ne tarderons pas à apprendre de quel côté le Roi s'est dirigé cette année. Puissé-je profiter du mot si bienveillant qu'il daigne me dire à ce sujet !

Nous vivons ici tout-à-fait en dehors de la politique, mais je vois que l'esprit, surtout celui des *paysans*, y est généralement plutôt bon que mauvais. Quelques-uns disaient dernièrement à mon beau-frère : « Monsieur, nous ne serons tranquilles et heureux et *nous ne paierons plus d'impôts* que lorsque Henri V reviendra.

Braves gens, que Dieu vous entende et vous bénisse !

Loin du reste de ma famille, je ne puis mettre aujourd'hui aux pieds du Roi que l'hommage respectueux et fidèle de tous les sentiments de ma sœur et de mon beau-frère, celui-ci neveu du dernier évêque de Moulins, ancien aumônier de Madame, Comtesse d'Artois. Puis-je me flatter que Votre Majesté veuille bien avoir la bonté de faire agréer tous les miens à la Reine et à son auguste tante ? Je ne parle pas au Roi de ceux que je lui ai particulièrement voués pour la vie... il les connait trop bien ; il sait que rien ne saurait égaler le profond respect, l'attachement, la reconnaissance, enfin tout ce qui fait battre pour lui le cœur de son vieux serviteur et très soumis et fidèle sujet,

Le Comte de BOUILLÉ.

Au château de la Grange, près Issoire, ce 13 Juillet 1850.

Le Comte de Bouillé à Monseigneur le Comte de Chambord,

POUR LUI TÉMOIGNER SES REGRETS DE N'AVOIR PU ALLER LE VOIR A WIESBADEN.

Sire,

Quoique revenu assez souffrant de mon voyage en Angleterre, d'où j'avais pris la liberté d'adresser à Votre Majesté mes vœux à l'occasion de sa fête, je serais dans ce moment ci à Wiesbaden, aux pieds du Roi, lui offrant l'hommage de tous mes sentiments comme tant d'autres fidèles, si je n'avais suivi que l'impulsion de mon cœur et la marche qui m'était tracée par une bien aimable phrase de Votre Majesté dans la dernière lettre qu'elle a eu la bonté de m'écrire.

Mais j'ai pensé que le Roi daignait me compter parmi ceux de ses sujets dont le dévouement lui est trop bien connu pour qu'il ait besoin de les voir grossir momentanément sa cour, et je me suis dit qu'un séjour d'aussi courte durée auprès de son auguste personne serait comme un bonbon qui fondrait trop vite dans ma bouche ; Votre Majesté voudra-t-elle bien agréer cette excuse et permettre à son vieil invalide un peu de repos qui puisse lui donner l'espoir d'aller plus tard et pour plus longtemps jouir du bonheur de sa présence.

Sire, que de gens sont partis avec un cœur loyal et pur pour aller porter à Votre Majesté l'assurance de leur dévouement et de leur fidélité ! A ceux-là, j'applaudis... Ils ne sauraient être trop nombreux ni trop bien accueillis ; mais j'avoue que je ne puis m'empêcher de sourire de la présomption de ces messieurs qui se rendent auprès du Roi pour s'ériger de leur propre autorité ses conseillers et pour juger soi-disant par eux-mêmes de sa valeur (ce qui, du reste, est passablement impertinent). Pauvres juges, pour la plupart, si peu à la hauteur de celui à qui ils réservent leurs suffrages ou leurs critiques ! Mais Votre Majesté possède un charme qui n'appartient qu'à elle seule et toute critique cède à ce charme dont l'art est de multiplier les suffrages ; aussi n'est-ce qu'un concert de louanges de la part de tous les voyageurs qui reviennent de Wiesbaden, et l'écho de ces voix flatteuses, mais justes, retentira, j'espère, par toute la France.

Le Roi doit avoir si peu d'instants à lui au milieu de la foule empressée qui l'entoure, que je commettrais une véritable indiscrétion en cherchant à fixer plus longtemps sur moi un de ses bienveillants regards ; mais lorsque Votre Majesté sera de retour, ce que l'on m'assure devoir être bientôt, au sein de son auguste famille, et qu'il lui arrivera quelquefois de reporter ses souvenirs vers des années, hélas ! déjà bien loin de nous, qu'elle daigne se rappeler toujours un des hommes qui lui est le plus sincèrement attaché, le plus entièrement dévoué et qui l'aime le plus pour elle-même ! C'est avec ces sentiments et celui du plus profond respect que je suis, Sire, etc.

Comte de BOUILLÉ.

P.-S. — Madame de Bouillé se met aux pieds du Roi ; elle est toujours dans un bien triste état de santé, et Gaston est atteint depuis quelque temps d'une affection aux bronches qui le rend plus valétudinaire que jamais. Ce pauvre garçon ne serait pas heureux sans l'intérêt que Votre Majesté daigne lui conserver.

Paris, 22 Août 1850.

Le Comte de Bouillé à Monseigneur le Comte de Chambord.

A L'OCCASION DE L'ANNIVERSAIRE DE SA NAISSANCE.

Sire,

Le temps ramène sur ses ailes un jour bien cher à notre cœur..... C'est ce que je disais il y a un an à Votre Majesté ; c'est ce que j'aime à lui répéter encore ; mais, hélas ! ce temps est aussi armé d'une faulx dont il moissonne largement les pauvres épis de mon vieux champ qui ne sera plus bientôt que le partage des glaneurs. Que ne puis-je, comme l'année dernière, célébrer à Frohsdorf le 29 Septembre et porter encore aux pieds du Roi l'hommage du cœur le plus fidèle ! Ma triste santé s'y oppose comme elle m'a retenu, il y a un mois, loin des rives du Rhin, et si je persiste à la soigner un peu, c'est dans l'espoir que la lampe, avant de s'éteindre tout à fait, se ranimera un instant, et que cet instant me fournira peut-être l'occasion d'un dernier acte de dévouement envers Votre Majesté... Daignera-t-elle, en attendant, agréer avec sa bonté ordinaire tous mes vœux, ceux de madame de Bouillé et de toute ma famille ?

Le Roi, en revenant de Wiesbaden, a pu dire : « Je suis venu, on m'a vu, j'ai vaincu. » Rien, en effet, ne pourrait résister à cet heureux mélange de dignité, de grâce et de noble franchise qui distinguerait Votre Majesté parmi tous les hommes et auquel sa qualité de Prince ne donne que plus d'éclat... Mais je me tais... le Roi dirait peut-être : « Voilà mon vieux Bouillé qui devient flatteur, » et je craindrais, Sire, que vous ne l'en aimassiez moins.

Enfin, les sombres nuages qui nous enveloppaient de leurs tristes vapeurs paraissent vouloir s'éclaircir ; il me semble qu'ils commencent à se colorer d'un de ces rayons du soleil qui faisait briller autour de lui ces mots magnifiques : « *Nec pluribus impar* ». Il vous sera donné, Sire, d'en conduire le char pour le bonheur du monde, conséquence naturelle de celui de la France.

Votre Majesté n'a pas oublié l'inspiration du pauvre vieillard dont il soulageait la misère dans les montagnes d'Ecosse. « Prince, disait-il :

» Je vous prédis fortune, honneur, gloire et puissance,
» L'héritage brillant de vos nobles aïeux,
» Leur sceptre généreux, leurs vertus, leur vaillance ;
» Henri, vous serez grand, riche et clément comme eux,
» Comme eux vous cueillerez les palmes de Bellone ;
» Vous possédez le don de vous faire chérir,
» Et votre front ceindra la plus belle couronne
» Qu'au sang des demi-dieux le Destin puisse offrir. »

Mais si tout cela ne devait pas encore se réaliser, eh bien, Sire... *fais ce que dois, advienne que pourra!* Les deux mots d'ordre de Votre Majesté contiennent toute la loi et les prophètes. Je crains bien cependant qu'elle n'ait à envoyer plus d'un récalcitrant à la salle de police. Quant à moi, Sire, envoyez-moi, s'il le faut, à tous les diables pour votre service, et j'irai de bon cœur leur rogner les cornes et leur couper la queue.

Le Roi, au milieu de tous les paquets qu'il reçoit, et dont il est sans doute accablé, mémoires, rapports, missives, journaux et peut-être même déjà pétitions et placets, n'y trouve pas toujours le *petit mot pour rire* ; me pardonnera-t-il de le mêler à la respectueuse expression de tous mes sentiments ?

On m'a dit, car je ne l'ai pas vu, *vu* qu'il est à la campagne, qu'au nombre des fortunés pèlerins de Wiesbaden, mon ancien ami Cauchy-Cauchy n'était pas le moins ravi. Il y a longtemps que je l'ai proclamé à la noble enseigne des Trois-Coqs, *doctor doctorum* dans l'art des problèmes... Aujourd'hui je ferais encore mieux, je le porterais aux nues dans un *aérostat monstre*, s'il pouvait résoudre celui de notre position actuelle par A plus B.

C'est en renouvelant aux pieds du Roi, de la Reine et de leur auguste tante l'hommage de tous mes sentiments d'amour et de reconnaissance, comme également ceux de madame de Bouillé, que je suis avec le plus profond respect, Sire,

De Votre Majesté,

Le très humble, très soumis, dévoué et fidèle serviteur et sujet,

COMTE DE BOUILLÉ.

Paris, 29 Septembre 1850.

P.-S.

Sire,

Depuis que j'ai écrit cette lettre que j'avais datée du 29 dans l'espoir que je trouverais une bonne occasion de la faire parvenir au Roi, ce jour-là même une circonstance est venue mettre le trouble dans notre camp et une infernale joie dans celui des ennemis et des mécontents. C'est la circulaire signée de M. Barthélemy, circulaire dont la publicité a été regrettable en ce qu'elle a fourni aux partis hostiles et aux frondeurs, en torturant son sens et dénaturant son but, matière aux fausses interprétations et aux invectives des uns, comme aux criminelles récriminations des autres.

Il est certain que ceci, je dois le dire au Roi, a produit un mauvais effet en jetant une perturbation dans les esprits, que les tièdes s'en alarment, que les méchants s'en félicitent ; j'espère cependant que ce nuage ne sera que passager et que de bonnes explications, habilement données, l'auront bientôt dissipé ; mais ce qui m'indigne, Sire, c'est le langage de certains mécontents. Le Maréchal de Biron, malgré les services de son père, et ceux très grands et très réels qu'il avait rendus lui-même, n'en fut pas moins condamné à avoir la tête tranchée, et, il faut le dire, il l'avait bien mérité.

Voici la pièce de vers à laquelle il est fait allusion dans les premières lignes de cette lettre. Ces couplets, composés à Frohsdorf par le Comte de Bouillé le 29 septembre 1849, y furent merveilleusement chantés par son cousin, le Comte Fernand de Bouillé :

> Le temps ramène sur ses ailes
> Un jour bien cher à notre cœur,
> Un jour où mille vœux fidèles
> Conspirent pour votre bonheur.
> Hélas ! sur la rive étrangère,
> On ne peut que vous les offrir...
> C'est aux Français que Dieu confère
> L'heureux droit de les accomplir !

O vous, notre douce espérance,
Objet du plus sincère amour,
Pour sécher les pleurs de la France,
Que lui faut-il ?... Votre retour !
La tempête grondait sur elle,
Vous en étiez alors absent...
Pour être encor joyeuse et belle,
Que lui faut-il ?... Son noble enfant !

De fleurs elle s'était parée,
Quand le Ciel, en un jour si beau,
Offrait à l'Europe éplorée
Comme un bienfait votre berceau ;
Et Septembre qui vous vit naître,
Digne héritier de tant de rois,
Ne cessera de nous paraître
Le plus charmant de tous les mois.

Puisse la compagne chérie,
Pour vous mieux qu'un sceptre, un trésor,
Embellir dans votre patrie
Tous vos destins bien plus encor.
Et puisse une auguste Princesse [1],
Aussi la reine de nos cœurs,
Perdre, en voyant notre allégresse,
Le souvenir de ses douleurs !

---

(1) Madame la Dauphine, la Reine Marie-Thérèse.

Monseigneur le COMTE DE CHAMBORD
au Comte de Bouillé.

RÉPONSE AUX DEUX LETTRES PRÉCÉDENTES.

Frohsdorf, le 6 Octobre 1850.

Au moment où j'allais répondre à votre lettre du 23 août, mon cher Bouillé, j'ai reçu celle du 29 septembre. Je vous remercie du fond du cœur de tout ce que vous me dites de bon, d'affectueusement dévoué dans ces deux missives. Je vous y ai reconnu tout entier, jusque dans le petit mot pour rire que j'aime tant. J'ai bien regretté que vous n'ayez pu venir à Wiesbaden comme vous en avez eu le projet, et j'approuve que vous vous soyez réservé pour un autre moment où nous pourrons jouir plus à l'aise et plus longtemps de votre présence. Cependant, si l'année prochaine se passait sans que vous vinssiez nous voir, je crois vraiment que je ne vous le pardonnerais pas. Ma femme, qui partage tous mes sentiments à cet égard, me charge de vous dire les choses les plus aimables.

J'espère que le voyage que je viens de faire produira d'heureux résultats, malgré les efforts de la malveillance et de la mauvaise foi qui cherchent à en détruire le bon effet. Vous aurez su par les revenants de Wiesbaden les détails de mon séjour, et je suis sûr que vous en aurez été satisfait.

Adieu, mon cher Bouillé, faites mes compliments affectueux à madame de Bouillé et croyez à ma sincère et constante amitié.

HENRI.

Le Comte de Bouillé à la Reine douairière Marie-Thérèse,

À L'OCCASION DU PREMIER DE L'AN (1851).

Madame,

Les occasions de mettre aux pieds de Votre Majesté l'hommage respectueux de tous mes sentiments sont trop rares, à mon gré, pour que je ne profite pas avec le plus vif empressement de celles qui me font un devoir de lui en offrir la nouvelle et toujours bien fidèle expression. La Reine daignera-t-elle donc les agréer encore avec sa bonté ordinaire, au commencement d'une année qui en serait une enfin de consolations et de bonheur pour elle, si tous mes vœux et ceux de ma famille étaient exaucés? La Reine n'ignore pas quels sont ces vœux; mais ce que je ne saurais trop lui redire, c'est qu'ils sont constamment accompagnés de la reconnaissance que m'inspirent ses bontés pour moi. Depuis cette fatale époque de 1830, de bien tristes revers m'ont frappé, de cruels chagrins ont répandu bien de l'amertume sur ma vie, mais si quelque chose devait les adoucir, c'est l'intérêt que mes augustes maîtres n'ont cessé de m'accorder, ce sont les témoignages particuliers de celui dont Votre Majesté m'a constamment honoré et dont l'ineffaçable souvenir ne me quittera qu'au tombeau.

C'est de Bordeaux que je prends la liberté d'adresser cette lettre à la Reine. J'y suis venu pour tâcher d'y rétablir un peu, s'il est possible, ma pauvre santé qui décline chaque jour davantage. Au sein de ma famille, avec femme et enfants, je suis heureux d'une réunion qui me permet d'être ainsi l'interprète fidèle auprès de Votre Majesté de tous ses vœux et de tous ses sentiments pour elle.

Nous espérons que le séjour de la Reine à Venise lui sera favorable sous tous les rapports et que sa santé surtout s'en trouvera bien. Oui, Madame, le Ciel vous doit ce dédommagement de conserver vos jours si précieux pour votre auguste famille et pour nous tous, jusqu'à ce que Votre Majesté ait été témoin, et bien au-delà encore, de ceux qui doivent rendre à la France ce bonheur que, malgré toute son ingratitude, votre généreux cœur n'a jamais cessé de lui souhaiter.

C'est avec le plus profond respect et le plus entier dévouement que je suis, Madame,
de Votre Majesté,
Le très humble, très obéissant et très fidèle serviteur,

Le Comte de BOUILLÉ.

Bordeaux, 1er Janvier 1851.

P.-S. — Je ne puis fermer ma lettre sans dire à la Reine combien j'ai été touché de ce qu'elle a daigné faire encore à ma sollicitation en faveur de M. Tassin. Ce secours a été, pour ce pauvre homme et sa famille, une véritable bénédiction du Ciel, telle que Votre Majesté a le privilège de les répandre !

Le Comte de Bouillé à Monseigneur le Comte de Chambord,

À L'OCCASION DU PREMIER DE L'AN (1851).

Sire,

Voici une année d'écoulée qui ne me laisse encore que des vœux à former pour la conservation et le bonheur de Votre Majesté et de son auguste famille... Quand donc pourrai-je y ajouter des actions de grâces ?... Quand pourrai-je remercier Dieu de les avoir complètement exaucés ?... Je n'ai pas besoin de dire au Roi combien il me tarde de voir arriver ce moment tant désiré; mais, hélas! une si grande bénédiction m'est-elle réservée ?

Il y a environ trois semaines que l'on m'a fait quitter Paris pour fuir un médecin qui paraissait me mener au grand galop *ad patres*, et je suis ici à Bordeaux, entre les mains d'un autre Esculape, lequel me promet de ne m'y conduire qu'au petit trot... C'est toujours quelque chose de gagné que ce changement d'allure pour arriver néanmoins au même but. Chemin faisant, qu'il soit plus ou moins long, mes constants et fidèles compagnons en ce triste voyage sont et seront toujours les sentiments que j'ai voués à Votre Majesté et dont je la prie d'agréer le nouvel hommage. Me permettra-t-elle d'y joindre la respectueuse expression des vœux de mon fils, de sa famille au sein de laquelle je me retrouve, et de madame de Bouillé qui a voulu m'accompagner ici ? Le Roi daignera-t-il nous faire également la grâce de nous mettre tous aux pieds de la Reine, de Madame et à ceux de la Reine douairière, à qui j'ai pris la liberté d'écrire aussi moi-même ?

J'espère que le Roi aura retrouvé cette année ci tout-à-fait son ancienne Venise, c'est-à-dire ses quartiers d'hiver de prédilection parés de tous les charmes qu'ils avaient pour lui avant que le souffle impur des révolutions ne les eût altérés. J'ai appris aussi avec une bien vive satisfaction qu'aucune des augustes personnes qui sont si chères à Votre Majesté n'y manquerait à son bonheur, et je désire bien ardemment que les deux Reines n'aient qu'à se féliciter, en ce qui concerne leurs précieuses santés, de la douceur de l'air qu'elles respirent loin des cruelles et souvent bien funestes atteintes des climats septentrionaux.

La marque d'intérêt dont le Roi a bien voulu honorer le bon Roger a eu pour lui le résultat qu'il devait en attendre; elle a produit sur la famille de la femme qu'il vient d'épouser l'effet magique de la baguette d'un génie bienfaisant. C'est donc à Votre Majesté qu'il doit son bonheur, et moi, Sire, comment vous exprimer ma vive et profonde reconnaissance de ce que vous daignez étendre ainsi à tous mes parents les bontés dont vous ne cessez de me combler personnellement, bontés dont j'ai reçu encore une preuve bien touchante au retour du Roi de Wiesbaden et de Frohsdorf !

Les journaux ont peut-être appris à Votre Majesté la perte récente que j'ai faite de mon vieux cousin le Marquis de Bouillé ; il est mort d'une courte maladie, âgé de quatre-vingt-trois ans, dans les meilleurs sentiments sous tous les rapports et après trente-huit ans de cécité complète, triste et bien longue pénitence terrestre, qui aura contribué, j'espère, à lui faire trouver grâce devant Dieu des erreurs et des faiblesses de la pauvre humanité.

Depuis la dernière lettre que j'ai eu l'honneur d'écrire au Roi, je vois avec peine que nous continuons à barbotter dans le gâchis où tant d'esprits pervers ont plongé notre malheureux pays; mais l'admirable attitude de Votre Majesté, en dehors de tant d'intrigues non moins coupables qu'insensées, saura mettre un terme à cette désolante situation... Elle ne peut qu'en imposer à ceux qui persistent encore dans les mauvaises voies et les ramener enfin à la ligne droite.

Oui, Sire, on voit bien que vous êtes l'héritier légitime de soixante-dix Rois, le représentant de la plus noble et de la plus illustre race de l'univers. Je ne cesserai donc de le croire et de le dire, et certes bien d'autres le pensent comme moi, que c'est à vous, à vous seul, que le Dieu de la France réserve le pouvoir de lui rendre, tôt ou tard, toutes ses gloires et ses prospérités. Conservez-vous bien pour cela.

Sire, j'ai plus de confiance en la divine Providence qu'en mon Hypocrate au petit trot. Si mon existence se prolonge, le Roi sait qu'elle est toute à lui, mais si l'heure inévitable doit bientôt sonner à mon vieux cadran fêlé, son dernier timbre sera un souvenir de vos bontés, un vœu pour votre bonheur.

C'est avec le plus profond respect que je suis, Sire,
De Votre Majesté,
Le très humble, le plus soumis, le plus fidèle et dévoué serviteur et sujet.

Comte de BOUILLÉ.

Bordeaux, ce 1ᵉʳ Janvier 1851.

Monseigneur le COMTE DE CHAMBORD
au Comte de Bouillé.

RÉPONSE A LA LETTRE PRÉCÉDENTE.

Venise, le 9 Mars 1831.

Une longue et ennuyeuse indisposition m'a empêché de répondre jusqu'ici, mon cher Bouillé, à votre lettre du nouvel an. J'y ai vu avec peine que vous n'étiez content ni de votre santé, ni de vos médecins. Soignez-vous bien cependant, car je ne vous tiens pas quitte de votre promesse de venir nous faire une visite moins courte que la dernière.

Venise a recouvré cette année son doux climat, ses beaux jours et son brillant soleil. Ma femme surtout en a beaucoup joui ; elle et ma tante se trouvent très bien de leur séjour ici. La semaine prochaine, nous irons faire une course à Modène et à Parme. Vous pensez combien nous serons heureux de revoir ma sœur et ces bons parents que j'aime tant. Le pauvre docteur Bougon nous donne maintenant de grandes inquiétudes; il est au vingt-troisième jour d'une maladie qui consume lentement ses forces et la nature fait peu pour seconder les efforts de l'art. Espérons que Dieu nous conservera encore ce serviteur dévoué, cet ami fidèle, qui, du reste, nous édifie tous par sa patience et sa piété sincère.

Adieu, mon cher Bouillé, faites mes compliments affectueux à madame de Bouillé, à Gaston et à sa famille, et comptez toujours sur toute mon amitié.

HENRI.

Le Comte de Bouillé à Monseigneur le Comte de Chambord.

CETTE LETTRE S'ÉTAIT CROISÉE AVEC CELLE QUI PRÉCÈDE.

Sire,

Je me méfie tellement de la poste ordinaire que je ne puis résister à l'avantage que m'offrent, quoique plus lentement, les occasions particulières lorsqu'elles sont bonnes, de me rappeler au souvenir de Votre Majesté, souvenir que j'ose à peine effleurer quand je songe à toutes les occupations et préoccupations qui doivent naturellement absorber le Roi au milieu des événements qui se passent et ceux qui se préparent. Mais il m'eût été trop pénible de recevoir les adieux de M. de Frigières partant pour Venise, sans le charger de ces quelques lignes, expressions constantes des sentiments que j'ai voués à Votre Majesté, et sans témoigner au Roi, ce que je n'ai pu faire plus tôt, l'inquiétude et le profond chagrin que m'avait occasionnés sa dernière maladie et ma joie bien vive de son rétablissement, dont nous avons rendu de grandes actions de grâces au Ciel. J'espère que le Roi n'en garde depuis déjà longtemps aucune trace et qu'il a complètement repris sa belle et brillante santé ordinaire.

Par la dernière lettre que j'eus l'honneur d'adresser à Votre Majesté le 1ᵉʳ janvier dernier, et que le Roi a dû recevoir au moment où le succès des vœux que je formais pour lui ne répondait malheureusement pas à l'espoir de mon cœur, puisque le Roi était alors souffrant, je prenais la liberté de lui donner quelques détails sur ma pauvre santé et de lui dire que j'étais venu à Bordeaux pour essayer de la rétablir un peu. Je mandais à Votre Majesté que j'avais fui un Esculape de Paris qui me conduisait, m'assurait-on, ventre à terre dans l'autre monde, pour me mettre ici entre les mains d'un autre cocher moins expéditif. Celui-ci, en effet, ne m'a pas manqué de parole et, qui mieux est, il s'efforce de me faire passer du petit trot à l'amble, allure encore plus douce sans doute, mais aussi bien monotone, et la monotonie est chose fort ennuyeuse, même au bout du triste voyage de la vie.

Hélas! Sire, pourrai-je à ce train m'écarter un peu de la grande route pour aller porter encore tous mes hommages à vos pieds? Dieu a fait bien des miracles, peut-être en fera-t-il d'autres incessamment, mais je n'ose me flatter qu'il m'accorde cette faveur; mon projet est, cependant, si je ne verse pas tout à fait d'ici là, de m'en retourner à Paris dans le courant du mois de mai pour y rejoindre madame de Bouillé qui nous a quittés il y a environ deux mois.

Je savais que le Roi possédait bien des qualités, bien des talents, mais j'ignorais qu'il eût le secret de rendre les gravures plus belles encore *après* qu'*avant* la lettre[1], ce qui est ordinairement le contraire de ces objets d'art... Veuillez, Sire, en recevoir mon juste et sincère compliment. J'ai admiré un véritable chef-d'œuvre de sentiment et de style. Je voudrais seulement que ceux qui ont donné lieu à cette noble et généreuse inspiration en fussent plus dignes. Pauvre pays de France! que ne vous devra-t-il pas un jour?

Le bon Roger (de Bouillé) plus heureux que moi, doit être dans ce moment-ci à Venise. Je ne connais pas encore sa

---

[1] Allusion à la lettre écrite par M. le Comte de Chambord à M. Berryer.

femme, mais on m'a dit qu'elle était fort agréable. Puisse-t-elle avoir mérité le suffrage de Votre Majesté, celui de la Reine et les bontés de toute votre auguste famille !

Je prie le Roi de me pardonner la liberté que je prends de lui offrir et de lui envoyer par M. de Frigières un petit album qui lui donnera une idée de l'aspect de Bordeaux. A la première page de ce recueil, Votre Majesté trouvera le motif qui me fait conserver encore quelque intérêt à la ville du 12 Mars... mais j'espère qu'elle reprendra plus tard tous ses anciens titres à mon attachement.

Votre Majesté sera-t-elle assez bonne pour me mettre, ainsi que mon fils et tout ce qui lui appartient, aux pieds des deux Reines, et daignera-t-elle agréer, avec l'aimable et si précieuse bienveillance (aujourd'hui ma plus douce consolation) qu'elle veut bien toujours m'accorder, le nouvel hommage du plus profond respect et de tous les sentiments aussi vivement sentis que dévoués avec lesquels je suis, Sire, etc.

Comte de BOUILLÉ.

Bordeaux, 12 Mars 1851.

Le Comte de Bouillé à Monseigneur le Comte de Chambord,
À L'OCCASION DE SA FÊTE.

Sire,

La dernière lettre que j'ai eu l'honneur d'écrire à Votre Majesté et que j'avais confiée à monsieur de Frigières a dû lui paraître de bien vieille date, si toutefois elle lui est exactement parvenue, ce dont je ne saurais douter. Elle était sous le pli du Duc de Lévis ; celle-ci sera plus heureuse ;

le général Clouet, qui s'en charge, m'a promis de la remettre à jour fixe au Roi. Hélas! Sire, que ne puis-je être mon propre courrier et porter moi-même à Votre Majesté l'hommage de mes vœux à l'occasion de sa fête ! Vœux toujours si constants et si fidèles, et faut-il que je me borne à vous prier de les agréer encore de si loin avec votre bienveillance ordinaire ?

Je suis arrivé de Bordeaux il y a peu de jours. Je n'y suis pas mort, mais voilà tout, et le seul compliment que me font ceux qui me revoient après ces six mois d'absence n'est pas bien flatteur. Ils me comparent à du *calicot*, en me disant que je suis *bon teint*, c'est-à-dire que je suis moins blême... Ceci sent un peu la boutique, et j'avoue que c'est une odeur qui n'a pas beaucoup d'attrait pour moi. Je préférerais être beaucoup plus pâle, mais de la pâleur du lys, fleur qui, dans ce moment-ci, doit, avec beaucoup d'autres, embaumer vos appartements et auxquelles il m'eût été si doux d'ajouter ma modeste offrande. Cette déplorable santé me prive donc encore, Sire, du bonheur de revoir Votre Majesté, comme j'en avais l'espoir, mais cet espoir ne me quittera jamais tant qu'il me restera un souffle de vie.

J'ai retrouvé Paris tel que je l'avais laissé... Hélas ! plus de confusion que de *fusion*, de tristes folies, un aveuglement dont on ne peut se rendre compte, l'épais sommeil de l'égoïsme, d'insatiables vanités, un orgueil satanique, voilà tout ce qui empêche notre pauvre vaisseau si désemparé de cingler enfin vers le port du salut où il lui serait encore si facile d'arriver. Au reste, il n'y a pas un navire, pas un bateau, mettant à la mer pour un voyage plus ou moins long, sur les connaissements duquel on ne trouve ces *mots en tête :* « *A la grâce de Dieu.* » Qu'il en soit de même pour nous, et espérons que cette grâce ne nous faillira pas !

Je laisse à ceux qui sauront le faire mieux que moi et de vive voix, ainsi qu'aux personnes plus régulièrement en correspondance avec Votre Majesté, le soin de bien l'instruire d'un état de choses si complètement embrouillé et d'entrer dans tous les détails nécessaires à ce sujet, mon obscure et triste position actuelle ne me laissant plus que le profond regret de ne pouvoir, au milieu de ces grands intérêts, rendre au Roi tous les services qu'il a le droit d'attendre du plus absolu dévouement. Cependant si, pour lui prouver encore ce dévouement, il me fallait crier aussi : « *A moi, Auvergne, voilà les ennemis !* » le Roi sait bien que je n'hésiterais pas à le faire.

Le Duc de Lévis m'a dit qu'il ignorait quels étaient les projets de Votre Majesté pour cet été. Si elle en avait de *rapprochement* et qu'un ballon, voiture à la mode dans ce moment-ci, dût se diriger de son côté, je me coucherais dans la nacelle et je tomberais des nues aux pieds du Roi. J'ai eu des détails de son séjour et de celui de son auguste famille à Venise par madame de Choiseul. Son père est dans un bien triste état de santé, aggravé encore depuis quelques jours. La pauvre madame de Montbel, arrivée tout juste à temps pour recevoir le dernier soupir de son frère, m'a également donné des nouvelles, et celles-ci bien fraîches et bien bonnes, de tout ce qui nous est cher à Frohsdorf.

Roger et sa femme sont de retour sains et saufs en Poitou. Je ne puis terminer ma lettre sans renouveler au Roi et à la Reine l'expression de ma vive reconnaissance de toutes leurs bontés pour eux, bontés auxquelles Vos Majestés ont daigné mettre le comble avant leur départ de Venise... Au moins cette jeune branche de mon arbre n'aura pas déparé son vieux tronc !

Le Ciel continue à bénir l'enfance de la petite tribu de Gaston, toujours clouée aux bords de la Garonne. S'il était ici, il ne manquerait pas de s'unir à sa mère pour offrir également à Votre Majesté le respectueux hommage de deux cœurs bien dévoués et dont je suis le fidèle interprète. Il ne veut pas, dit-il, lâcher sa compagnie d'artillerie de la garde nationale de Bordeaux avant de lui avoir fait tirer les cent coups de canon qu'il tient en réserve pour le si beau jour que la France, *Dieu aidant*, doit voir encore, j'écris *tôt ou tard*, mais l'espérance veut que j'efface ce dernier mot.

Oserai-je demander au Roi de vouloir bien me mettre, ainsi que madame de Bouillé, aux pieds de la Reine et à ceux de son auguste tante, et d'agréer lui-même, avec l'indulgence et la bonté qu'il daigne toujours m'accorder, la nouvelle assurance de tous les sentiments avec lesquels je suis, Sire,

de Votre Majesté,

Le plus dévoué, soumis et fidèle serviteur et sujet,

Comte de BOUILLÉ.

Paris, 8 Juillet 1851.

P.-S. — J'avais également remis au bon monsieur de Frigières un petit album représentant des vues de Bordeaux. Tout insignifiant qu'il était, je regretterais cependant que le Roi ne l'eût pas reçu.

Monseigneur le COMTE DE CHAMBORD
au Comte de Bouillé.

RÉPONSE A LA LETTRE PRÉCÉDENTE.

Frohsdorf, le 20 Juillet 1851.

J'ai reçu, mon cher Bouillé, et l'album et les vers charmants qui l'accompagnaient. Je vous en remercie beaucoup, ainsi que de vos vœux pour ma fête, dont j'ai été vivement touché, je vous assure. J'aurais bien mieux aimé pourtant qu'il vous eût été possible de me les apporter vous-même. Ce que vous me mandez de votre santé m'afflige, mais j'espère qu'elle va se rétablir et qu'elle vous permettra de venir bientôt nous faire une de ces bonnes visites qui nous font à tous tant de plaisir. Je vous prie de remercier aussi en mon nom madame de Bouillé ; je connais depuis longues années ses sentiments pour nous et je sais que son cœur est digne du vôtre. Dites-lui mille choses aimables de ma part. Ne m'oubliez pas non plus auprès de Gaston quand vous lui écrirez. Ma tante et ma femme ont été bien sensibles à votre souvenir et elles me chargent de vous faire leurs compliments affectueux.

Croyez toujours, mon cher Bouillé, à toute ma gratitude et à ma bien sincère amitié.

HENRI.

Le Comte de Bouillé à Monseigneur le Comte de Chambord,

A L'OCCASION DE L'ANNIVERSAIRE DE SA NAISSANCE.

Sire,

C'est à peine si j'ose prendre la plume pour écrire à Votre Majesté, à l'occasion du jour anniversaire de sa naissance, quand je devrais bien plutôt aller lui porter moi-même tous mes vœux et mes hommages; mais le Roi connaît la triste cause qui m'enchaîne loin de lui et il rend, j'espère, trop de justice à mes sentiments pour ne pas me pardonner une absence et croire au vif chagrin que j'en ressens. — Le petit bonhomme ou plutôt le grand bonhomme vit encore, il est vrai, mais d'une existence si chétive, qu'on le prendrait presque déjà pour un habitant du pays des ombres... Encore si c'étaient des ombres chinoises, il y aurait du moins de quoi s'en amuser ! Après avoir passé de mains en mains au laboratoire de nos modernes Esculapes (heureusement que ce n'était pas de bistouri en bistouri), je me suis livré maintenant à celles de monsieur Cruveilher. Le bon docteur ne m'a pas précisément condamné à boire la ciguë comme Socrate, mais il m'en a appliqué une telle cuirasse sur l'estomac, qu'elle serait presque à l'épreuve de la balle. Ceci, accompagné de quelques autres spécifiques plus ou moins anodins, ressusciterait presque en moi un chancelier de l'*Hôpital*, si quelque chose pouvait y ressusciter du tout. Mais en voici bien assez, Sire, du bulletin de ma santé, à laquelle je ne demande plus que de laisser toujours à mon esprit la pensée de votre bonheur et de votre gloire, à mon cœur la force de battre pour vous jusqu'à son dernier soupir... Ce sont toujours les mêmes chansons, mon pauvre Bouillé, dira peut-être le Roi, et moi je répondrai, Sire, c'est que je veux vous rester toujours fidèle, même en chansons.

Heureux Duc de Lévis! il va donc bientôt revoir Votre Majesté et son auguste famille! Il aura, Sire, beaucoup à vous dire, mais il sera bien habile s'il peut vous faire comprendre quelque chose de l'état actuel de notre malheureux pays où tout est plus embrouillé que jamais. Non, depuis que le Tout-Puissant a créé de rien le globe que nous habitons, et où il n'a malheureusement laissé que trop de fange, jamais peuples et gouvernements ne se sont trouvés dans une pareille position... Une pilule qui vous tient au gosier et que l'on ne peut ni avaler ni rejeter... Et, en attendant, que de turpitudes, d'aveuglements, de mauvaise foi, de déloyauté, de maladresses, peut-être de folles et personnelles ambitions! Et que tout cela est dégoûtant. Je m'étais attaché un moment à des illusions et j'espérais pouvoir résoudre cet inextricable problème, mais si *une certaine conversation* insérée dans quelques journaux est exacte, il ne nous reste plus qu'à dire comme Joad :

« Rompons, rompons tout pacte avec l'impiété... »

Au reste, le Roi sait trop bien quels sont mes principes, ma façon de penser et surtout mon dévouement à sa personne, pour ne pas me comprendre en toutes choses, sans que j'aie besoin de l'occuper davantage de mes doléances politiques... J'ai fait vœu de ne jamais l'ennuyer, du moins aussi peu que possible, et je tiens à ma parole, me bornant à lui répéter ma patenôtre journalière en bon vieux latin :

Domine salvum fac Regem, craignant (et j'en demande pardon au Roi de France) que notre inintelligible jargon actuel ne soit plus guère agréable à Dieu ; quant à l'anglais, je cherche à l'oublier, à l'exception du fond de la langue, selon Figaro, que je retiens en faveur de lord Palmerston... *A sincere wist to his Lordship.*

Je sais que le Roi et la Reine ont été faire une visite à leur si digne et si excellent oncle Son Altesse Impériale l'Archiduc Maximilien. Cette course a dû être une véritable fête pour Vos Majestés qui continuent, j'espère, ainsi que toute leur auguste famille, à jouir de la meilleure santé.

Quand je pense, Sire, à mon arrivée il y a deux ans, muni de mes pauvres *petits couplets*, dans ce brillant salon où Votre Majesté daigna m'accueillir avec tant de grâce et de bonté, je ne puis me consoler d'être aussi impitoyablement cloué ici. Je dois croire que c'est pour ma pénitence en ce monde, comme un bon rentier du faubourg Saint-Germain, qui disait qu'il ne bougeait pas de Saint-*Suplice* pour l'*expiration* de ses péchés.

Mais du moins mon cœur sera encore dans ce salon et même les *petits couplets*... Le Roi voudra-t-il bien agréer ceux que je prends la liberté de lui adresser et qu'il trouvera dans l'album que je lui demande aussi la permission de lui offrir. La reliure de celui de Bordeaux était si mesquine, que j'ai voulu réparer mes torts à cet égard et lui en présenter un autre plus joli, qui, si cet objet n'était d'aucune utilité au Roi, plaira peut-être à la Reine comme *spécimen* nouveau des bagatelles du jour.

Nous nous réunissons, madame de Bouillé, toute ma colonie des bords de la Garonne et moi, pour nous mettre aux pieds de Vos Majestés et à ceux de la Reine douairière ; nous sommes heureux de savoir que les années passent légèrement sur elle et n'affectent encore en rien ni l'admirable sérénité de son âme, ni ses facultés physiques.

C'est toujours avec ces sentiments inaltérables de fidélité, d'amour, de dévouement, et du plus profond respect que je suis, Sire, etc.

COMTE DE BOUILLÉ.

Paris, ce 23 Septembre 1851.

Couplets ou stances annoncés dans cette lettre et composés par le Comte de Bouillé pour la circonstance. Le Comte Roger de Bouillé, excellent musicien, a fait un air charmant sur ces paroles :

>Foi sincère, vive espérance,
>Dons du Ciel si purs et si doux,
>Hélas ! en ce pays de France,
>Nous ne pourrions vivre sans vous !
>Vous soutenez notre courage,
>Et vous promettez au malheur,
>Après l'épreuve, après l'orage,
>Encore des jours de bonheur.
>
>O toi ! de ces vertus l'emblème,
>Quand tous les droits sont confondus,
>Quand les tiens au pouvoir suprême,
>Du méchant restent méconnus,

Il en est un qu'en sa démence
Il ne peut nous ravir, à nous...
C'est de t'aimer... c'est l'assurance
De te revoir régnant sur nous.

D'aucune étoile la puissance
N'a d'empire sur notre foi ;
Mais nous croyons qu'à ta naissance
Un Archange a plané sur toi ;
Qu'il te protége de ses ailes,
Et qu'enfin tu seras chéri
Même des cœurs les moins fidèles,
Comme nous t'aimons aujourd'hui.

Du poids trop lourd d'une couronne
On peut craindre de se charger,
Mais quand la clémence y rayonne
Ce poids devient bientôt léger;
La tienne pèse de vieillesse,
D'éclat, de gloire, de splendeurs ;
Mais ne crains pas qu'elle te blesse,
Nous saurons la couvrir de fleurs.

Pour elle, aux plus fraîches écloses
Nous mêlerons leur talisman :
Aux lys nous unirons les roses;
Ah ! c'est toujours un nœud charmant !
Oui, reviens, reviens au rivage
Où le temps presse ton retour,
Où tu dois recevoir l'hommage
De nos plus doux parfums d'amour.

Le Comte de Bouillé à la Reine Douairière Marie-Thérèse,

EN LUI ENVOYANT UNE BAGUE AVEC PROFIL DE LOUIS XVI.

Madame,

L'occasion que m'offre le prochain départ de monsieur Charlet en est une si bonne que je ne puis m'empêcher de la saisir pour me mettre aux pieds de la Reine, et lui rappeler un de ses plus fidèles et dévoués serviteurs qui ne cesse d'adresser journellement au Ciel les vœux les plus ardents pour sa conservation et, oserai-je ajouter, son bonheur !... J'envie le sort de ceux qui peuvent aller porter eux-mêmes à Votre Majesté et à son auguste famille tous ces hommages qu'il est si doux de leur rendre; mais, hélas! ma pauvre santé, toujours aussi languissante, ne me permet plus ces voyages qui étaient pour moi de véritables époques de bonheur et dont le souvenir me console aujourd'hui de bien des peines et des chagrins. Mais j'espère que toutes les personnes de ma connaissance qui se rendent à Frohsdorf veulent bien s'acquitter de la commission que je ne manque jamais de leur donner, et qu'elles n'oublient pas de parler de moi et de tous les miens à la Reine... Le Marquis de Peyrelongue, que j'ai eu occasion de voir plusieurs fois à Bordeaux l'hiver dernier, qui n'est peut-être pas la gaîté personnifiée, mais dont les sentiments sont des plus honorables, est venu m'assurer à son retour que Votre Majesté avait accueilli avec bonté la respectueuse expression de ceux que nous l'avions prié, madame de Bouillé et moi, de lui faire agréer de notre part. J'en rends mille actions de grâces à la Reine.

Votre Majesté me pardonnera-t-elle la liberté que je prends de lui offrir une bague qu'un de mes parents m'a léguée à sa mort, et qu'il n'avait cessé de porter depuis cette fatale journée qui fut le signal de tous les malheurs dont la France a été *justement* frappée et dont elle n'a pas encore expié le crime... Cet objet est de bien peu de valeur par lui-même, mais ce qu'il représente, inappréciable à mes yeux, doit l'être sans doute bien plus encore au cœur de la Reine, et voilà pourquoi j'ai pensé qu'il pourrait lui être agréable de le posséder... Si Votre Majesté y trouvait la moindre indiscrétion de ma part, daignera-t-elle m'excuser?

Nous sommes heureux d'apprendre par tous les bons pèlerins qui reviennent d'Allemagne que Votre Majesté continue à jouir, ainsi que tout ce qui lui est cher à Frohsdorf, de la meilleure santé.

J'ai confié récemment au Duc de Lévis ma petite dépêche pour le Roi; je me borne donc aujourd'hui à renouveler aux pieds de la Reine l'expression de la vive reconnaissance, du dévouement sans bornes et du plus profond respect (sentiments partagés par madame de Bouillé et mes enfants), avec lesquels je suis, Madame,

De Votre Majesté,

Le très humble, très soumis et très fidèle serviteur.

COMTE DE BOUILLÉ.

Paris, le 1er Octobre 1851.

Le Comte de Bouillé à Monseigneur le Comte de Chambord,
À L'OCCASION DE LA MORT DE LA REINE DOUAIRIÈRE.

Sire,

C'est le cœur navré et pénétré de la plus profonde affliction que je viens demander au Roi la permission de mêler mes larmes aux siennes et de lui exprimer toute la part que nous prenons, madame de Bouillé et moi, à la douleur que lui cause la cruelle perte qu'il vient de faire ; nous en sommes accablés. Qui, en effet, plus que moi, Sire, doit regretter votre auguste tante ! habitué depuis plus de quarante ans à ses bontés, toujours les mêmes envers moi et ma famille, comblé de ses bienfaits, témoin d'une partie des nombreuses infortunes de son existence si éprouvée, que de souvenirs, tout à la fois si tristes et si flatteurs, doivent me rendre sa mémoire précieuse et chère ! Qui doit la pleurer, à plus de titres, plus sincèrement que moi ? Hélas ! j'avais espéré que la Reine, fortement constituée comme elle l'était, m'aurait survécu et que Dieu lui aurait accordé encore assez d'années pour voir se réaliser le dernier vœu que nourrissait son noble cœur ; mais Dieu ne l'a pas permis, il n'a pas voulu, sans doute, dans sa miséricorde, lui faire attendre davantage la récompense de toutes ses vertus ici-bas et cette couronne immortelle qu'il lui réservait dans le Ciel.

Maintenant, Sire, puissent au moins toutes les bénédictions terrestres, dont votre royale famille a été privée, se concentrer sur votre auguste tête, et puissiez-vous devenir enfin notre consolation comme vous êtes notre espoir !

Je profite à la hâte de l'occasion que m'indique monsieur de Pastoret pour mettre cette lettre aux pieds de Votre Majesté. Plus longue, elle ne le serait jamais assez pour lui dire à quel point nous gémissons, ma pauvre femme et moi, de l'affreuse nouvelle qui nous est parvenue hier. J'ose assurer le Roi que mon fils, à qui je viens de la transmettre, en sera lui-même bien vivement affecté... Au reste, c'est un deuil général, même pour ceux qui ne comptent pas au nombre de vos plus fidèles. Le Roi aura-t-il la bonté de parler de nous à la Reine, en cette douloureuse occasion, et de lui faire agréer, avec l'hommage de mon profond respect, celui de la part que je prends à son affliction personnelle, et daignera-t-il accueillir lui-même, en l'honorant de sa bienveillance accoutumée, la nouvelle expression de tous les sentiments avec lesquels je suis, Sire,

de Votre Majesté,

Le plus respectueux, soumis, fidèle et dévoué serviteur et sujet.

Comte de BOUILLÉ.

Paris, 24 Octobre 1851.

P.-S. — Dans l'espoir que ma pauvre santé pourra un peu se rétablir d'ici là, je me berce du projet d'essayer encore de faire, accompagné de Gaston, un petit voyage à Venise vers la fin de l'année, époque à laquelle le Roi y sera probablement. Dieu veuille m'accorder cette grâce, je l'en bénirai mille fois !

Lettre de M. le Comte de Montbel au Comte de Bouillé,

POUR LUI ANNONCER QUE LA REINE L'A NOMMÉ UN DE SES EXÉCUTEURS TESTAMENTAIRES.

Frohsdorf, 4 Novembre 1851.

Mon cher Comte, j'arrive de Goritz, où j'ai été conduire les restes de notre chère et sainte Reine. A son lit de mort, elle m'avait chargé de lui lire votre lettre et d'y répondre en vous témoignant, ainsi qu'à madame la Comtesse de Bouillé, son affectueux intérêt. Je n'ai pas eu la possibilité de tracer une ligne, par suite de tous les soins qu'a entraînés le grand malheur qui a frappé notre colonie exilée, dont elle était la mère. Elle vous a nommé son exécuteur testamentaire, ainsi que le Duc de Blacas, le Baron Billot et moi. C'est une preuve d'estime et de bienveillance dont elle a voulu nous honorer, car notre intervention est à peu près inutile à son héritier, vu la simplicité des affaires. Ce sont des rentes sur le Gouvernement autrichien à transférer au nom de monsieur le Comte de Chambord et quelques legs à payer, ce qui est fait en partie. Ainsi, ne vous gênez pas pendant la mauvaise saison pour venir à travers les neiges et les frimas. Le Duc de Blacas et monsieur Billot vont repartir. Je reste, le peu qu'il y aura à faire je le ferai pour tous, jusqu'au compte à rendre, je vous en préviendrai à temps. Vous savez, du reste, que lorsque vous voudrez venir, vous serez reçu à bras ouverts par Monseigneur et par toute la colonie.

Veuillez offrir mes respectueux et affectueux hommages à madame de Bouillé, qui, j'en suis certain, a vivement regretté la Reine.

Adieu, mon cher Comte, vous savez toute mon amitié.

MONTBEL.

Lettre de Monsieur le Duc de Lévis au Comte de Bouillé,

POUR LUI TRANSMETTRE AU NOM DE MONSIEUR LE COMTE
DE CHAMBORD LES INSTRUCTIONS RELATIVES AU TESTAMENT DE LA REINE.

Frohsdorf, le 20 Novembre 1851.

Très cher Comte, notre sainte et si regrettable Reine a ordonné par son testament que 25,000 francs seraient employés après sa mort à dire des messes pour le repos de son âme et que 25,000 francs seraient distribués aux pauvres. Monseigneur a pensé que pour remplir à la fois les intentions de la sainte Princesse et témoigner de sa gratitude pour les marques de respect et de vénération données par la France entière à sa mémoire, ce qu'il y avait de mieux était de faire participer tous les diocèses du royaume à ses pieuses libéralités, en chargeant tous les Archevêques et Evêques d'en faire la distribution.

Il a donc été décidé qu'une somme de 400 francs serait envoyée à chaque diocèse. Monseigneur désire aussi qu'en votre qualité d'exécuteur testamentaire seul présent à Paris, vous vous chargiez du soin de veiller à ce que ces dispositions soient promptement et convenablement exécutées. Vous pourrez, si vous le voulez, vous aider du concours de notre ami Amédée de P... à qui j'écris à ce sujet, et ce sera lui qui vous fera remettre les fonds nécessaires par monsieur Lamesle; celui-ci, à qui j'écris aussi, vous sera très utile pour tous les détails de l'envoi des fonds et des lettres.

Je vous envoie la circulaire à adresser aux Evêques; vous voudrez bien la signer comme vos collègues et ensuite il me semble que le mieux est de la faire autographier. L'intention de Monseigneur est que les Evêques d'Ajaccio et d'Alger soient compris dans le nombre de ceux à qui l'on en enverra. Tous les frais de lettres devront être payés d'avance, de manière à ce que les 400 francs arrivent intégralement à chaque Evêque.

Monseigneur, en me chargeant de mille affectueux souvenirs pour vous, veut aussi que je vous dise qu'il compte *tout particulièrement sur vous* pour que tout se passe bien.

La mort est encore venue visiter notre demeure. Le pauvre bonhomme Monet, que vous connaissez bien, est mort le jour même, 19 novembre, où l'on célébrait ici un service du bout du mois pour la Reine et après y avoir lui-même assisté. Il a été frappé d'une attaque d'apoplexie foudroyante. Il est tombé raide mort aux pieds de Monseigneur, en lui ouvrant la porte. On l'enterre aujourd'hui ; c'est encore une tristesse de plus.

Adieu, mon cher Comte, donnez-nous de vos nouvelles. Nous avons déjà ici 0 degrés de froid et nous sommes ensevelis sous la neige. J'espère que vous n'avez pas un temps si rigoureux et que votre santé continue à être meilleure. Je vous renouvelle l'assurance de ma vieille et bien sincère amitié.

LÉVIS.

P.-S. — J'oubliais de vous dire que Monseigneur désire que vous conserviez, pour les lui transmettre plus tard, les réponses que vous pourrez recevoir des Archevêques et Evêques.

Monseigneur le COMTE DE CHAMBORD
au Comte de Bouillé.

RÉPONSE A LA LETTRE ÉCRITE A LA MORT DE LA REINE.

Frohsdorf, le 2 Décembre 1851.

Je n'ai pu répondre jusqu'ici, mon cher Bouillé, à la lettre que vous m'avez écrite à l'occasion du nouveau malheur qui vient de nous frapper. J'étais bien sûr d'avance de toute la part que vous prendriez à notre affliction, vous, un de nos meilleurs amis et qui avez pu apprécier plus qu'aucun autre, dans la bonne comme dans la mauvaise fortune, les admirables qualités de celle que nous pleurons. J'avais espéré qu'après tant d'épreuves et de cruelles tribulations, il lui serait donné de finir ses jours dans cette France qui lui était si chère. Dieu ne l'a pas voulu; soumettons-nous à ses impénétrables décrets. Ma sainte et bien-aimée tante est allée jouir au ciel du repos qu'elle n'a pu trouver ici-bas. Elle est maintenant en possession de l'immortelle couronne qu'elle a si bien méritée; c'est la seule consolation qui, avec ce tribut d'unanimes regrets payés à sa mémoire, puisse adoucir notre profonde douleur.

Soyez auprès de madame de Bouillé et de Gaston l'interprète de ma sensibilité pour ce qu'ils vous ont chargé de me dire dans cette triste circonstance. D'après ce que vous me mandez à la fin de votre lettre, je conserve l'espérance de vous revoir cet hiver ; j'en serai bien heureux. Je n'ai pas pu vous remercier encore d'un charmant album accompagné d'une romance dont les jolis vers m'ont bien touché. Ma femme vous dit les choses les plus aimables, et moi, mon cher Bouillé, je vous prie de croire à toute mon amitié.

HENRI.

Le Comte de Bouillé à Monseigneur le Comte de Chambord,

A L'OCCASION DE LA NOUVELLE ANNÉE (1852).

Sire,

Monsieur de Barberey m'a porté une lettre si bonne, si aimable, si touchante de la part du Roi, que je ne sais comment en remercier Votre Majesté. Tout ce qu'elle me dit au sujet de la mort de sa sainte et bienheureuse tante (je crois pouvoir me servir de cette expression), m'a prouvé qu'il n'existe pas un cœur meilleur que le sien, et ce que le Roi a daigné y ajouter des sentiments que je lui avais voués, m'a fait verser des larmes de reconnaissance. Oh! oui, Sire, nous ne saurions en douter, vous avez dans le Ciel un ange de plus qui prie pour vous et pour la France. Puissent d'aussi saintes prières obtenir enfin l'accomplissement de nos vœux !

Un grave événement vient de s'accomplir; mais sans en dévoiler au Roi ma secrète pensée qu'il saura bien deviner, je me bornerai à lui dire que tout ce qui s'est passé depuis 1848 et *même avant,* me parait tellement providentiel, tellement marqué de la main de Dieu, que je me plais à croire que d'une part la société arrêtée au bord d'un abîme où elle paraissait prête à s'engloutir, que de l'autre le déblayement d'une étable où tant de fumier et de matières inflammables s'étaient amoncelés, deux actes opérés par des moyens si extraordinaires, ne peuvent être encore qu'un effet de sa volonté pour aplanir à *qui de droit* la voie où tout embarras, toutes difficultés cessant pour lui, il sera libre d'exercer sans contrôle la bien plus haute mission qui lui est réservée sur la terre... Mais il y a loin de là à porter aux nues, comme beaucoup de gens s'en avisent, à exalter outre mesure et surtout ostensiblement l'agent actuel de la Providence. — Disons seulement et tout bas : *laissons faire Dieu.*

Cette prochaine année 1852 qui devait être, annonçait-on, si néfaste, marquera peut-être dans les annales du monde d'une manière bien différente ; mais quels que soient les événements auxquels elle donnera naissance, je la bénirai si le Roi et son auguste compagne n'y comptent personnellement que des jours de bonheur. Tels sont les vœux que je prie Votre Majesté d'agréer en mon nom comme en celui de madame de Bouillé et de nos enfants, et que nous demandons la permission de mettre également aux pieds de la Reine.

Le Duc de Lévis et monsieur de Montbel ont dû communiquer au Roi les lettres que je leur ai écrites au sujet de l'envoi d'une *certaine somme* qui devait être fait aux Archevêques et Evêques du royaume, selon les vues et les intentions de Votre Majesté. J'attends toujours de nouveaux ordres à ce sujet, et d'autant plus que monsieur du Plessis-Bellicre m'avait dit qu'il était chargé de me faire savoir que le Roi approuvait l'ajournement que j'avais cru devoir mettre à cet envoi dans les circonstances où nous sommes encore.

Votre Majesté a la bonté de prendre trop d'intérêt à ma pauvre santé et à celle de madame de Bouillé, pour que je ne lui en dise pas un mot avant de terminer ma lettre... Elles sont malheureusement l'une et l'autre à peu près dans le même triste état. Je dis malheureusement surtout en ce qui me concerne, car si je devais être encore privé du bonheur de faire d'ici à quelques mois ma cour à Vos Majestés, il faudrait alors me résigner à mourir, ne serait-ce que de chagrin, mais j'espère encore que Dieu ne m'accordera pas cette *seule* grâce. Je ne parle plus au Roi de mes sentiments pour lui, j'aurais l'air de craindre qu'il pût en douter, mais je ne saurais pourtant cesser de lui témoigner, chaque fois que l'occasion s'en présente, ma reconnaissance des bontés dont il daigne toujours combler non pas un de ses meilleurs amis (le mot est trop flatteur pour moi), mais bien certainement le plus fidèle, respectueux et soumis de tous ses serviteurs et sujets.

Le Comte de BOUILLÉ.

P.-S. — Gaston, toujours tranquille à Bordeaux, a dû y faire un *auto-da-fé* de tout son attirail de garde nationale. Il serait à désirer, je crois, qu'il en fût de même partout où elle existe. — Stanislas de Blacas, arrivé ici depuis peu de jours, n'a pas perdu un instant pour venir me donner de bonnes nouvelles de Vos Majestés. Je ne l'en aime que davantage ; c'est un brave garçon. — J'espère que le petit berger pourra me tenir un peu au courant des projets de résidence du Roi pour cet hiver, afin que ma pensée y suive toujours ses pas... Quant à mon cœur, il ne bouge pas de place, il est constamment à ses côtés.

Paris, le 31 Décembre 1851.

Monseigneur le COMTE DE CHAMBORD
à la Comtesse de Bouillé,
DONT LE MARI ÉTAIT ALORS A FROHSDORF.

Frohsdorf, le 20 Juillet 1852.

Avant que monsieur de Bouillé nous quitte, je veux vous exprimer moi-même, Madame, tout le plaisir que nous avons eu à le revoir. Nous désirions vivement le retenir plus longtemps, mais il était pressé de retourner auprès de vous. Je crains un peu pour lui la fatigue du voyage; cependant, comme il doit aller à petites journées, j'ai confiance qu'il vous arrivera très bien portant. Il vous dira que nous avons beaucoup parlé de vous et de tout ce qui vous appartient. J'espère que vous avez de bonnes nouvelles de vos enfants; vous savez le vif intérêt que je leur porte. Vous connaissez aussi, Madame, tous mes sentiments pour vous. Je me félicite de pouvoir vous réitérer ici l'assurance de ma bien sincère affection.

HENRI.

La Comtesse de Bouillé à Monseigneur le Comte de Chambord,
POUR LUI DONNER DES NOUVELLES DE SON MARI QUI ÉTAIT TOMBÉ MALADE EN REVENANT DE FROHSDORF.

Sire,

Votre Majesté ayant, par monsieur le Duc de Lévis, des nouvelles de monsieur de Bouillé, je me suis réservé la satisfaction d'apprendre au Roi que, grâce à Dieu et aux soins éclairés du docteur Cruveilher, j'ose dire des miens aussi, nous lui sauverons un vieux serviteur qu'il daigne traiter en ami. Il est hors de danger et sera bientôt en convalescence. Il a eu à peine le temps de me faire tout le récit des bontés de Votre Majesté et de la Reine pour lui durant son petit séjour à Frohsdorf. Sans cette cruelle maladie, j'aurais déjà mis aux pieds du Roi l'expression de ma bien vive et profonde reconnaissance de sa lettre.

A la nouvelle du danger de son père, mon fils qui était à Luchon est accouru ici, laissant plusieurs de ses enfants un peu souffrants. Il va incessamment aller les retrouver.

Nous nous mettons aux pieds du Roi, le suppliant de nous mettre à ceux de la Reine, et c'est avec le plus entier dévouement que je suis, Sire,

de Votre Majesté,

La très humble et très fidèle sujette.

Comtesse de BOUILLÉ.

Paris, Août 1852.

Monseigneur le COMTE DE CHAMBORD
au Comte de Bouillé,
AU SUJET DE SA MALADIE.

Frohsdorf, ce 31 Août 1852.

J'ai appris avec douleur, mon cher Bouillé, que depuis votre retour à Paris vous étiez tombé malade. Le plaisir que j'ai eu à vous revoir a été bien troublé par cette triste nouvelle. Mais les dernières lettres nous annoncent que vous êtes mieux, et je ne veux pas tarder un instant à vous dire combien je me sens le cœur soulagé. Conservez-vous, je vous prie, pour votre famille, pour vos amis et *pour moi*.

Venez passer l'hiver à Venise avec nous. Je vous assure que nous vous soignerons bien, et je ne doute pas que, sous ce beau ciel, votre santé qui nous est si chère ne soit bientôt rétablie. Ma femme, qui a partagé mes inquiétudes à votre sujet, se réjouit comme moi des bonnes nouvelles que nous avons reçues aujourd'hui. Elle me charge d'être auprès de vous l'interprète de tous ses sentiments.

Faites nos compliments affectueux à madame de Bouillé, et croyez toujours vous-même, mon cher ami, à ma bien sincère affection.

HENRI.

P.-S. — Je reçois à l'instant la lettre de madame de Bouillé qui achève de me rassurer sur votre état. Je vous prie de l'en remercier de ma part.

Le Comte de Bouillé à Monseigneur le Comte de Chambord.

RÉPONSE A LA LETTRE PRÉCÉDENTE.

Sire,

C'est le cœur pénétré de la plus vive reconnaissance que je prends la plume d'une main encore bien tremblante pour remercier le Roi de la lettre adorable qu'il a eu la bonté de m'écrire... Oui, adorable, car je ne saurais trouver d'autre terme pour dire à Votre Majesté combien j'ai été, combien nous sommes touchés, tous les miens et moi, des sentiments qu'elle a daigné me témoigner au sujet de ma maladie, ainsi que de tout l'intérêt que la Reine a bien voulu y prendre. Cette lettre, je l'ai portée souvent à mes lèvres et j'en ai éprouvé plus de bien que d'aucun autre remède. En effet, Sire, j'ai été bien malade et le docteur Cruveilher ne me dissimule pas que ma convalescence, à laquelle je touche encore à peine, sera très lente et très pénible ; mais c'est une véritable résurrection, car à mon âge une épreuve aussi grave aurait dû naturellement mettre fin à mon existence, si Dieu n'avait permis le contraire. Puisse-t-il avoir prolongé mes jours pour m'accorder la grâce de voir se réaliser mon vœu le plus ardent et le plus cher. Oh ! quel bonheur ce serait !

Sire, ce ne sont pas les fatigues de mon voyage à Frohsdorf qui ont été la cause du mal dont j'ai été atteint. Votre Majesté, pendant mon séjour auprès d'elle, les avait rendues douces et légères ! mais il paraît que j'en portais en moi depuis quelque temps le germe, qu'un bain trop froid a développé à mon retour. Ma femme a été admirable de soins pour moi ; elle a passé quarante-neuf nuits sans se coucher au chevet de mon lit. Gaston, prévenu de mon état, était accouru auprès de moi de Bagnères-de-Luchon en y laissant sa femme et ses enfants plus ou moins souffrants ; il y est retourné pour les ramener à Bordeaux, où nous avons appris depuis plusieurs jours leur heureuse arrivée.

Je demande pardon au Roi de ne lui parler ainsi que de moi et de ma famille, lorsque je ne suis cependant occupé que de lui, que des vœux constants que nous formons pour lui à cette époque de l'année ; nous le prions d'en agréer l'hommage avec sa bonté ordinaire et de nous mettre en même temps aux pieds de la Reine, dont je n'oublierai jamais les dernières bontés.

Sire, que ce voyage à Venise, auquel Votre Majesté m'invite, me sourit ! Que je serais heureux de pouvoir le faire ! Je me disais souvent dans le fort de ma maladie : « Au moins ai-je eu le bonheur de le voir encore une fois ! » Maintenant je demande à Dieu que ce bonheur ne soit pas le dernier ; mais aurai-je la force d'entreprendre ce voyage que je ne pourrais guère, dans tous les cas, effectuer avant la mi-décembre ?... Je prends bien certainement l'engagement de l'exécuter si le bon Dieu, la saison et mes forces me le permettent, et Votre Majesté sait si je suis fidèle à mes engagements ; j'en jure par *ma barbe*, car le Roi saura qu'il m'en a poussé une de sapeur pendant ma maladie, à moi dont le menton ressemblait à celui d'un enfant de chœur ; elle me fait presque peur, et voici que Votre Majesté sera obligée de faire refaire mon portrait qui, s'il devenait parlant, ne cesserait de lui dire qu'elle n'a pas de serviteur et de sujet plus fidèle, dévoué, respectueux et soumis que son pauvre vieux moribond

BOUILLÉ.

P.-S. — J'ai l'honneur de remettre ci-jointe au Roi la réponse que je viens de recevoir par une occasion particulière de Monseigneur l'Évêque de l'isle Bourbon ; je crois qu'elle lui fera plaisir.

Paris, le 22 Septembre 1852.

Le Comte de Bouillé à S. A. R. Madame la Duchesse de Parme,

EN LUI ENVOYANT UN SERRE-PAPIER AVEC PORTRAIT DE MONSIEUR LE COMTE DE CHAMBORD.

Madame,

Lors de mon dernier voyage à Frohsdorf, j'avais l'intention de m'en retourner par l'Italie et mon principal motif était de pouvoir ainsi aller mettre aux pieds de Votre Altesse Royale et à ceux de votre auguste époux, dans vos Etats, l'hommage de mon profond respect et de tous les sentiments que je vous ai voués personnellement, Madame, depuis si longtemps ; mais ma pauvre santé ne m'ayant pas permis de réaliser un projet que j'avais tant à cœur, je viens vous prier d'en agréer tous mes regrets.

Votre Altesse Royale daignera-t-elle accepter aussi une bagatelle que j'ose lui offrir et qu'on m'a promis de lui faire parvenir? C'est un petit *serre-papier* qui n'a d'autre mérite que celui de représenter sur une coquille les traits de son bien-aimé frère, mais je sais que ce mérite en est un bien grand aux yeux de Votre Altesse Royale.

Madame de Bouillé et mes enfants se réunissent à moi, qui suis, à l'heure qu'il est, presque moribond des suites d'une pleurésie dont j'ai été atteint à mon retour de Frohsdorf, pour prier Votre Altesse Royale d'accueillir avec bonté tous nos vœux pour son bonheur, la conservation du Prince son époux et de tout ce qui lui est cher.

Gaston continue à habiter Bordeaux à mon grand regret.

On y parle souvent à notre petite Henriette de sa bonne et *illustre marraine*, et elle prie bien Dieu pour elle.

C'est avec le plus profond respect et tous les sentiments les plus dévoués que je suis, Madame,

De Votre Altesse Royale,

Le très humble, très obéissant serviteur, comme aussi le très reconnaissant

Comte de BOUILLÉ.

Paris, ce 15 Octobre 1852.

Le Comte de Bouillé à Monseigneur le Comte de Chambord.

Sire,

Je croirais bien mal répondre à l'intérêt que Votre Majesté daigne prendre à ma pauvre santé, si je ne profitais pas du départ de monsieur Barande pour lui en dire un mot. Hélas! ce mot ne renferme rien de bon. Mon excessive faiblesse dure toujours sans aucune amélioration et je n'arrive pas encore à ma convalescence. La pleurésie est maîtrisée et ne m'inquiète plus; mais mon malheureux estomac, vieille et principale cause de ma décadence, ne se remet pas. Le bon Cruveilher ne peut s'en rendre compte; je me vois donc condamné à un état pour le moins languissant pendant tout cet hiver, dont le plus pénible regret pour moi sera l'obstacle qu'il mettra au projet que j'avais tant à cœur et que le Roi avait si gracieusement encouragé.

J'ai voulu donner à monsieur Barande un échantillon de mes forces et il pourra certifier à Votre Majesté que quand bien même tout l'or de la Californie se trouverait à ma portée, il me serait impossible de disputer à Atalante le prix de la course, voire même à une tortue.

Sire, nous jouons dans ce pays-ci, à l'heure qu'il est, une grande comédie, préférable certainement à une grande tragédie, mais qui doit à ce train nous faire tomber dans la farce. Où nous mènera-t-elle ? Dieu le sait. En attendant, le Roi me permettra-t-il de lui tenir ce langage : « Restez, Sire, restez dans cette si noble, si digne, si honorable attitude que vous avez prise, attitude plus élevée qu'aucun trône, et laissez passer la justice de Dieu. Quand sa Providence en aura fixé le terme, on saura où trouver l'unique, la véritable clef qui puisse fermer enfin l'abîme des révolutions. »

Quel peuple, quel peuple que celui-ci ! Quant au principal auteur de cette fantasmagorie, il faut rendre justice à qui elle est due, son discours à Bordeaux n'est pas l'œuvre d'un niais ; plus d'un gobe-mouches s'y laissera prendre et je suis tenté parfois de dire de lui ce que, dans je ne sais quelle comédie (le *Joueur*, je crois, de Regnard), un petit maître disait de son valet : « *Le bon sens du maraud quelquefois m'épouvante.* »

Bien que le jour du départ de monsieur Barande ne soit pas encore fixé, j'ai voulu choisir, pour adresser ces quelques lignes au Roi, la date d'un bien douloureux anniversaire ; nos cœurs sont navrés de tristesse. Puisse la sainte qui a reçu dans le Ciel la couronne immortelle de toutes ses vertus et qui prie pour vous, Sire, et pour nous, obtenir de Celui qui ne saurait plus rien lui refuser, toutes ses bénédictions dont nous avons tous un si grand besoin.

Nous nous réunissons, ma femme, mes enfants et moi, pour mettre aux pieds de Votre Majesté et à ceux de la Reine nos vœux constants, l'hommage de notre profond respect et de tous nos sentiments. Quand je dis mes enfants, le Roi me permettra-t-il de leur adjoindre par anticipation le *cinquième* dont ma belle-fille s'est avisée de devenir grosse ? Il faut, dit-on, toujours bien recevoir ce que Dieu nous envoie, et cependant j'avoue que je me serais bien passé pour les pauvres parents de cette augmentation de progéniture.

Je ne cesserai de dire au Roi que mon plus grand bonheur est d'avoir souvent de ses nouvelles et de celles de tout ce qui lui est cher, et qu'il n'aura jamais de plus fidèle, soumis, respectueux et dévoué serviteur et sujet que son pauvre vieux

BOUILLÉ.

Paris, ce 19 Octobre 1852.

Monseigneur le COMTE DE CHAMBORD *au Comte de Bouillé.*

RÉPONSE A LA LETTRE PRÉCÉDENTE.

Frohsdorf, le 14 Novembre 1852.

J'ai reçu votre lettre du 19 Octobre, mon cher Bouillé, et j'en ai été vivement touché. Je vois avec chagrin que vous n'êtes pas encore aussi content de votre santé que je l'espérais. C'est un reste de la grave maladie dont vous avez tant souffert et qui, je n'en doute pas, disparaîtra bientôt complétement. C'est vous dire que je ne renonce pas à vous revoir, sinon pendant l'hiver, au moins vers le printemps, avec nous à Venise. Je sais que vous le désirez autant que nous ; soyez sûr que le climat si doux de l'Italie vous serait favorable.

Faites mes compliments affectueux à madame de Bouillé et à vos enfants et petits-enfants. Quant à moi, j'apprends avec plaisir l'augmentation de votre famille ; je ne saurais avoir trop de serviteurs et d'amis qui vous ressemblent.

Adieu, mon cher Bouillé, comptez toujours sur toute mon amitié.

HENRI.

Le Comte de Bouillé à Monseigneur le Comte de Chambord,

A L'OCCASION DE LA NOUVELLE ANNÉE (1853).

Sire,

Je me croirais bien coupable d'indiscrétion envers Votre Majesté en mettant si souvent sous ses yeux mon écriture et mon nom, s'il m'était possible de laisser passer des occasions comme celle de la nouvelle année à laquelle nous touchons sans réitérer au Roi l'expression de tous mes vœux et des souhaits de ma famille pour sa conservation et son bonheur, celui de tout ce qui lui est cher, et pour ne pas lui demander la permission d'en mettre encore l'hommage à ses pieds... Veuillez, Sire, l'agréer avec bonté.

Ces vœux, le Roi les connaît, il sait qu'il n'y en a pas de plus ardents ni de plus sincères. Au milieu des événements si extraordinaires qui se passent et qu'on ne saurait voir sans une extrême tristesse, si l'espérance semble s'éloigner de nous en bien des choses, au moins ne cesserons-nous d'admirer la conduite de Votre Majesté en butte à de si dures épreuves. Vous avez fait, Sire, tout ce qu'il était possible de faire, dignement, honorablement, loyalement, je dirai même *raisonnablement*, s'il m'est permis de parler ainsi. Vous avez ajouté à vos nobles devises celle d'un de vos plus fidèles sujets : « Fais ce que dois, advienne que » pourra. » Qui oserait donc vous demander mieux, exiger de vous davantage ? La justice de Dieu est tardive, mais elle finit toujours par se manifester, et si l'Europe continue à se déshonorer comme elle l'a fait déjà si souvent, si la folie et l'aveuglement du peuple français ne savent encore où ils s'arrêteront, nous avons, nous, la consolation de penser que c'est auprès de vous, Sire, et par vous, que se retrouvera un jour, dans sa juste valeur, tout ce qui semble avoir été maintenant oublié ou flétri sur la terre... Mais, en attendant, quel que soit le sort auquel la Providence vous soumet, quelles que soient les tribulations politiques qu'elle vous impose, puisse-t-elle au moins répandre sur vous, sur votre auguste compagne et toute votre famille, ses bénédictions *particulières* les plus précieuses et les plus désirables ! Puissiez-vous être personnellement heureux, heureux autant que possible !

Sire, l'état déplorable de ma santé, qui ne peut pas se rétablir, ne me permettra pas de vivre encore assez longtemps pour voir des changements qui ont été l'objet constant de mes vœux, malgré l'étonnante facilité avec laquelle tout change en France, mais vous croirez bien que jusqu'à ma dernière heure l'image de Votre Majesté, avec tous les sentiments qu'elle m'inspire, ne cessera comme aujourd'hui de faire battre mon pauvre cœur.

J'ai eu par Stanislas des nouvelles de Vos Majestés, et je lui sais bien bon gré d'être venu m'en donner dès son arrivée. C'est toujours un si grand bonheur pour moi d'en avoir directement en même temps qu'indirectement ! Il m'a dit que le Roi avait bien reçu les dernières lettres que j'ai eu l'honneur de lui adresser.

Je n'ai rien de nouveau à mander à Votre Majesté concernant madame de Bouillé et mes enfants. Lui parler de leurs sentiments, de leur dévouement et lui en offrir l'hommage respectueux ainsi qu'à la Reine, aux pieds de qui je prie aussi le Roi de me mettre particulièrement, ne serait pas chose plus nouvelle pour lui que l'expression du plus profond respect, de la plus vive reconnaissance et de l'inviolable fidélité de son pauvre vieux serviteur et sujet

Le Comte de BOUILLÉ.

P.-S. — Oserai-je demander au Roi d'être assez bon pour faire agréer aussi à Madame, avec tous mes vœux, mes plus respectueux hommages. Le bon Villefranche, qui est venu me voir au moment où il s'en retournait pour quelques jours auprès de sa mère, m'a bien prié de parler de lui à Votre Majesté. Il m'a paru pénétré de la plus vive reconnaissance des bontés du Roi pour lui.

Paris, 26 Décembre 1852.

Le Comte de Bouillé à Monseigneur le Comte de Chambord,

POUR LUI FAIRE PART DE LA NAISSANCE DE SON SECOND PETIT-FILS.

Sire,

La crainte de trop ennuyer le Roi de l'insignifiance de mes lettres et l'excessive faiblesse qui m'anéantit plus que jamais, m'ont empêché de demander plus tôt à Votre Majesté la permission de lui faire part de la naissance du cinquième enfant de Gaston, venu en ce triste monde au commencement du mois. Je l'aurais pris, je l'avoue, pour un véritable poisson d'avril s'il eût été du sexe féminin, tout qualifié qu'il est de *beau*, mais, grâce à Dieu, il en est autrement, et le Roi croira-t-il que Gaston regrette cependant de n'avoir pas eu une quatrième fille? Il est vrai que son idée fixe est d'en faire des religieuses. Quant à moi, malgré toute ma vénération pour les douces et saintes nonnettes, j'aime mieux l'arrivée de ce petit bonhomme qui pourra, j'espère, devenir *porte-mousquet* au service de son roi. On lui a donné pour noms de baptême ceux d'Emmanuel-Marie-Joseph; c'est un beau patronage dans le ciel. Puisse-t-il, en temps et lieu, en obtenir un non moins heureux sur la terre! En attendant, le père et l'enfant se portent bien; mais, hélas! il n'en est pas de même du pauvre grand-père, dont la santé, après neuf mois de maladie, ne s'améliore pas. Le bon docteur Cruveilher y perd, je crois, son latin; cependant il m'a ordonné hier une promenade en voiture, et c'est la première fois que j'ai mis le nez hors de ma prison depuis le 29 juillet dernier. Je sens que mon courage est à bout, mais, et j'en remercie Dieu, rien ne peut diminuer encore ma patience et ma résignation.

Sire, depuis que j'ai rompu avec M. de Pastoret, par qui j'étais instruit, avant son apostasie, des occasions dont je pouvais profiter pour me rappeler au souvenir de Votre Majesté et qui me donnait assez souvent des nouvelles bien chères à mon cœur, je suis presque toujours dans l'ignorance de ces occasions ou j'en suis prévenu trop tard. Il en est de même des nouvelles, qui ne me parviennent que bien rarement et bien indirectement. C'est pour moi un profond regret. Mais, à propos de ces occasions, je ne dois pas oublier de remercier le Roi et la Reine de toutes les bontés dont Vos Majestés ont daigné combler un des jeunes courriers (Gaston de Perrinelle) que j'avais recommandé au Duc de Lévis. Dieu veuille que ce zélé voyageur puisse être aussi utile qu'il en a le désir!

Sire, nous vivons ici dans les nuages. Quel est l'horizon qu'ils nous cachent? Dieu seul le sait. Cependant, quelque sombre que soit le rideau, les couleurs d'Iris y brillent toujours. La France, la grande, la belle, la noble France, glorieux berceau de vos aïeux et de vous-même, ne peut vivre éternellement au jour le jour, à la merci des jongleurs et des escamoteurs... Laissons passer la justice de Dieu!

Si ma santé me le permet, je tâcherai de m'acheminer dans un mois ou six semaines vers le Midi; j'ai besoin, après ce long et vilain hiver passé à Paris, d'aller respirer un air plus pur et ma pauvre femme en a peut-être encore plus besoin que moi. Elle souffre horriblement de ses anciennes douleurs qu'ont dû nécessairement réveiller et augmenter l'excessive fatigue des soins qu'elle m'a donnés et qu'elle ne cesse de me donner encore. Elle me charge de la mettre aux pieds du Roi et de son auguste compagne. Votre Majesté me permettra-t-elle de lui demander la même grâce pour moi auprès de la Reine ?

En quelque lieu que j'aille, si toutefois je puis encore bouger d'ici, le Roi sait qu'il en est un d'où mon cœur ne s'écarte jamais : c'est celui qu'il habite... là je suis stationnaire. Votre Majesté ne saurait en douter, non plus que de l'inaltérable persévérance de tous les sentiments d'amour, de profond respect et de gratitude que lui a voués pour la vie son pauvre vieux fidèle serviteur et sujet

LE COMTE DE BOUILLÉ.

P.-S. — J'espère que le Duc de Lévis nous portera de bonnes nouvelles de Frohsdorf.

Paris, 20 Avril 1853 (1).

Monseigneur le COMTE DE CHAMBORD au Comte de Bouillé.

RÉPONSE A LA LETTRE PRÉCÉDENTE.

Frohsdorf, le 14 Mai 1853.

Je vous remercie, mon bien cher Bouillé, de votre lettre du 20 avril et des vers charmants que vous y avez joints. Je vois avec plaisir que vos longues souffrances n'ont pas plus refroidi votre verve poétique qu'elles n'ont pu affaiblir votre inébranlable fidélité et votre tendre dévouement pour moi.

---

(1) Cette lettre était accompagnée de deux pièces de vers.

Croyez bien que j'en suis profondément touché. J'apprends avec une vive satisfaction que vous êtes plus content de votre santé et j'espère que votre voyage dans le Midi achèvera de vous rétablir. Je n'ai pas besoin de vous dire de quel côté je voudrais vous voir diriger vos pas. Je sais que vous le désirez tout autant que moi, mais il est à craindre que vos forces ne vous le permettent point encore.

Je vous félicite de la naissance de votre second petit-fils et je vous prie d'en faire mon compliment à Gaston et à votre belle-fille. Tous mes vœux accompagnent l'entrée dans la vie de ce nouvel héritier d'un nom que j'ai appris à aimer depuis mon enfance.

Dites les choses les plus affectueuses de notre part à madame de Bouillé. Ma femme veut aussi que je vous parle d'elle. Quant à moi, mon cher Bouillé, je suis toujours heureux de pouvoir vous renouveler l'assurance de ma bien sincère amitié.

HENRI.

Le Comte de Bouillé à Monseigneur le Comte de Chambord.

LETTRE DICTÉE TROIS JOURS AVANT SA MORT ET SIGNÉE
D'UNE MAIN TREMBLANTE

Sire,

Je vais mourir... D'ici à peu de jours le Roi aura perdu un de ses plus anciens et dévoués serviteurs, un de ses plus fidèles sujets. Mais en mourant, après ce qu'il doit à Dieu, son dernier vœu aura été pour le bonheur de Votre Majesté, sa dernière pensée pour sa conservation, celle de la Reine et de toute son auguste famille. Soyez heureux, Sire, autant que vous méritez de l'être, et rendez un jour la France heureuse, ce doit être là votre partage, vous ne sauriez en avoir un autre.

Je recommande au Roi ma pauvre femme et mes enfants. Les bontés infinies dont il n'a cessé de me combler et la dernière lettre si bonne, si aimable, si bienveillante, qu'il a daigné m'écrire, me sont un sûr garant qu'il ne les oubliera pas. J'espère que mes enfants s'efforceront de se rendre toujours dignes de cet héritage que toute mon ambition était de leur laisser.

Adieu, Sire, il ne me reste plus que la force de mettre à vos pieds, avec mon dernier soupir, le dernier hommage des sentiments de votre pauvre vieux serviteur et sujet.

BOUILLÉ.

P.-S. — Sire, j'espère que Gaston pourra réaliser le désir qu'il a depuis longtemps d'aller faire sa cour au Roi... Il lui remettra le collier de l'Ordre que feu son auguste oncle m'avait dit de garder.

Paris, 4 Juin 1853.

Le Comte Gaston de Bouillé à Monseigneur le Comte de Chambord,

POUR LUI FAIRE PART DE LA MORT DE SON PÈRE.

Sire,

Je croirais manquer au Roi si je ne me hâtais de porter à sa connaissance le bien douloureux événement qui nous plonge dans l'affliction la plus profonde et qu'une lettre de monsieur le Duc de Lévis a dû faire pressentir à Votre Majesté.

Mon bon père, après avoir beaucoup souffert pendant trois jours, a depuis hier cessé d'exister! Ses derniers moments, résumant en quelque sorte toute sa vie, ont été ceux du chrétien comme aussi du sujet toujours si dévoué à son Prince. Alors que déjà son âme semblait s'élever vers les régions éternelles, son cœur battait encore d'amour et de reconnaissance pour Votre Majesté, et le Roi pourra s'en convaincre en lisant les quelques lignes que dictait mon père à un de ses parents, le Comte Jules de Bouillé, peu de jours avant sa mort, et au bas de laquelle il n'a pu qu'apposer sa signature d'une main déjà bien tremblante. Le Roi y trouvera une dernière expression de ces sentiments que tant de fois il daigna accueillir avec la bonté la plus grande. Votre Majesté avait, à la vérité, su en apprécier la sincérité, et elle savait donc que le dévouement de mon père pour sa personne n'avait d'autre limite que celle de ses forces.

Je reçois, Sire, avec un noble orgueil, ce précieux héritage, je comprends les devoirs qu'il m'impose, et j'espère pouvoir à mon tour le léguer un jour intact à mes enfants. Je prie le Roi de permettre que je lui exprime combien j'ai été touché des choses si flatteuses pour eux qui se trouvaient dans la dernière lettre qu'il avait bien voulu écrire à mon père. Je veux croire que mes fils se rendront toujours dignes de l'intérêt que Votre Majesté daigne leur témoigner et que, marchant l'un et l'autre plus tard sur les traces de leur aïeul dans la voie de la fidélité et de l'honneur, ils ne laisseront échapper aucune occasion d'acquitter la dette de reconnaissance de leurs parents envers Votre Majesté et son auguste famille.

Ma mère, dont le Roi comprendra toute la douleur en ce moment, me charge de la mettre à ses pieds et se réunit à moi pour demander à Votre Majesté de daigner nous mettre à ceux de la Reine qui ne peut douter de notre dévouement particulier pour elle.

C'est dans ces sentiments que je suis, avec le plus profond respect, Sire,

de Votre Majesté,

Le très humble, très obéissant et très fidèle sujet.

Comte Gaston de BOUILLÉ.

Paris, le 8 Juin 1853.

Monseigneur le COMTE DE CHAMBORD
à la Comtesse de Bouillé.

A L'OCCASION DE LA MORT DE SON MARI.
(Cette lettre s'était croisée avec la précédente).

Frohsdorf, le 12 Juin 1853.

J'apprends, madame la Comtesse, l'affreux malheur qui vient de *nous frapper* et je ne veux pas différer un moment à vous exprimer toute la part que je prends à votre affliction profonde. Je perds moi-même dans monsieur de Bouillé un de mes plus anciens et de mes meilleurs amis, un des plus fidèles compagnons de mon trop long exil, un de ceux enfin qu'il m'eût été si doux de revoir près de moi dans les jours heureux que nous attendons et qui, j'en ai la confiance, ne tarderont plus à luire pour nous. Le souvenir de tout ce que je lui dois vivra éternellement dans mon cœur. Jamais je n'oublierai le caractère si aimable, l'esprit si fin, le cœur si noble, le dévouement si admirable de celui que nous pleurons. La seule consolation qui nous reste est de penser qu'il est allé recevoir dans le Ciel la récompense de ses vertus et des souffrances de ses dernières années. Ma femme, qui partageait pour lui tous mes sentiments, me charge de vous dire qu'elle s'associe comme moi du fond de son âme à votre juste douleur. Nous espérons tous les deux que votre santé ne sera pas trop ébranlée d'un coup si cruel.

Soyez dans cette triste circonstance mon interprète auprès de votre fils et de toute sa famille, et recevez, madame la Comtesse, la nouvelle assurance de toute mon affection.

HENRI.

Monseigneur le COMTE DE CHAMBORD
au Comte Gaston de Bouillé.

RÉPONSE A LA LETTRE PAR LAQUELLE IL ANNONÇAIT LA MORT DE SON PÈRE.

Frohsdorf, le 22 Juin 1853.

Aussitôt que j'ai appris la perte douloureuse que *nous venons de faire*, je me suis empressé, mon cher Gaston, d'écrire à votre mère pour m'associer à votre affliction et à vos justes regrets ; je veux aujourd'hui, en vous remerciant de votre bonne lettre, vous dire combien j'en ai été vivement touché. Oui, vous êtes le digne fils de celui que j'aimais tant, que je pleure avec vous, et dont la vie si digne et si pure a été terminée par une si sainte mort. Je n'oublierai jamais, croyez-le bien, tout ce que je dois à votre excellent père, son dévouement sans bornes au Roi Charles X et à toute ma famille, et les soins paternels dont il a entouré ma jeunesse.

La dernière lettre qu'il a dictée pour moi et signée d'une main tremblante, l'avant-veille de sa mort, m'a profondément ému ; je la garde comme un souvenir bien précieux et bien cher. On y retrouve tout son noble cœur et ces sentiments d'une fidélité chevaleresque dont il était le plus parfait modèle. Je sais que ces sentiments revivent en vous, que vous en avez religieusement recueilli l'héritage pour le transmettre vous-même à vos enfants, et qu'en toute occasion je puis compter sur vous comme je comptais sur lui. Soyez convaincu du plaisir que nous aurons à vous voir quand vous mettrez à exécution votre projet de venir nous faire une visite.

Recevez en attendant, mon cher Gaston, la nouvelle assurance de ma bien sincère affection.

HENRI.

Monseigneur le COMTE DE CHAMBORD
à la Comtesse de Bouillé.

SECONDE LETTRE RELATIVE A LA MORT DE SON MARI.

—

Frohsdorf, le 22 Juin 1853.

Je ne veux pas répondre à votre fils, madame la Comtesse, sans vous parler encore de ma douleur et de mes profonds regrets. La dernière lettre dictée et signée par monsieur de Bouillé peu de moments avant sa mort m'a ému jusqu'aux larmes, car j'y ai retrouvé tout le cœur et les sentiments de cet ami fidèle et dévoué. Je sais la position dans laquelle il vous a laissée et je charge le Duc de Lévis de vous faire part de mes intentions à cet égard. Je vous demande instamment de ne pas vous opposer à mes désirs. C'est pour moi une dette de reconnaissance envers celui que nous pleurons et envers vous.

Recevez de nouveau, madame la Comtesse, l'assurance de ma sincère affection.

HENRI.

S. A. R. Madame la DUCHESSE DE PARME
au Comte Gaston de Bouillé,

AU SUJET DE LA MORT DE SON PÈRE.

—

Brunsée, 1er Août 1853.

Je ne puis vous dire assez, Monsieur, toute la peine que j'ai éprouvée en apprenant la perte que *nous* avons faite de votre excellent père. C'est un véritable ami que mon frère a perdu ; ce cœur si dévoué, cet esprit si aimable se faisait chérir de tous, pour moi je l'ai pleuré bien sincèrement.

Je comprends tout ce qu'une pareille perte a de cruel pour vous qui étiez sa plus chère affection. La seule consolation dans une semblable douleur est de penser à la céleste récompense que cette belle âme a si bien méritée. Je vous prie de faire aussi mes compliments de condoléance à votre mère ; sa santé n'a-t-elle point souffert de cette secousse ?

Croyez, Monsieur, à tous mes sentiments affectueux.

LOUISE.

Madame la COMTESSE DE CHAMBORD
à la Comtesse de Bouillé.

RÉPONSE A LA LETTRE ÉCRITE A SON RETOUR DE FROHSDORF.

Frohsdorf, le 24 Octobre 1853.

Je ne saurais vous dire, ma chère madame de Bouillé, tout le plaisir que j'ai éprouvé en recevant votre si bonne et si affectueuse lettre. Je croyais encore vous entendre. Soyez persuadée que je pense aussi bien souvent à ces jours trop tôt écoulés que vous et votre fils avez passés ici avec nous. Je regrette de ne pouvoir plus vous faire mon petit signe pour vous appeler auprès de moi dans le salon. L'espérance que vous nous donnez que vous reviendrez nous voir si nous n'allons pas bientôt nous-mêmes vous rendre votre visite, me réjouit beaucoup, car vous connaissez tout mon attachement pour vous et vous savez que ce n'est pas une vaine parole, mais une réalité. Mon mari, qui m'a communiqué la lettre que vous lui avez également écrite, me charge cette fois-ci de vous en exprimer en son nom toute sa reconnaissance. Nous avons été bien occupés de vous l'un et l'autre, pendant ce long voyage que vous venez de faire en retournant en France par la route d'Italie, et nous avons bien partagé tous vos tourments, mais au moins nous sommes heureux maintenant de vous savoir arrivée à bon port. Ce que je dis pour vous, je le dis aussi pour votre fils. Soyez auprès de lui l'interprète de nos sentiments et faites-lui mes compliments affectueux.

Depuis votre départ, j'ai eu la satisfaction de revoir mon frère qui est venu nous faire deux petites visites, l'une de quatre et l'autre de trois jours. J'en ai bien joui, comme j'avais joui de celle que me fit mon oncle pendant votre séjour au milieu de nous. Le temps continue à être superbe, il ne fait pas froid et nous pouvons encore aller nous promener dans ces beaux bois que vous connaissez.

Adieu, ma chère madame de Bouillé ; mon mari veut que je vous dise mille choses affectueuses de sa part, et moi je vous embrasse comme je vous aime.

MARIE-THÉRÈSE.

Monseigneur le COMTE DE CHAMBORD
à la Comtesse de Bouillé.

RÉPONSE A SES LETTRES DE PREMIER DE L'AN.

Frohsdorf, le 8 Janvier 1851.

Combien nous avons été touchés ma femme et moi, madame la Comtesse, des bonnes lettres que vous nous avez écrites à l'occasion de la nouvelle année ! Oui, les vœux que vous formez pour nous seront exaucés, nous en avons la ferme confiance. Croyez que nous vous souhaitons nous-mêmes tout ce que vous pouvez désirer de consolation et de bonheur pour vous et pour tout ce qui vous appartient. Je veux également vous redire ici tout le plaisir que nous avons eu à vous voir, ainsi que Gaston, qui par son noble cœur est bien le digne fils de son père et de sa mère. Nous regrettons seulement que sa santé ne soit pas encore tout à fait remise des fatigues de son dernier voyage. Nous espérons bien qu'elle ne l'empêchera pas de vous accompagner de nouveau quand vous viendrez nous revoir, comme vous nous l'annoncez. Soyez persuadée que nous en serons toujours très heureux.

Faites mes compliments affectueux à votre fils et recevez vous-même, Madame, l'assurance de ma bien sincère affection.

HENRI.

Son Altesse Royale Madame la DUCHESSE DE BERRI à la Comtesse de Bouillé.

Frohsdorf, le 4 Octobre 1854.

Ma chère madame de Bouillé, vous avez bien raison de m'avoir fait des reproches de n'avoir pas répondu à votre si bonne lettre du 3 Avril, mais j'espère que vous n'avez pas douté de mon affection pour vous. Monsieur de Perrinelle, qui vous porte ma lettre, vous parlera de nous. Ici, tout nous rappelle votre excellent mari que nous regrettons tant, même aujourd'hui que c'était sa fête, vous pouvez être bien sûre que je ne l'oublie pas dans mes prières.

Nous avons de très bonnes nouvelles de Louise qui a bien à faire, mais qui a du courage. J'espère que Gaston va bien ; dites-lui mille amitiés de ma part. Comment va sa petite ?

Adieu, ma chère madame de Bouillé, le Comte Lucchesi se rappelle à votre bon souvenir, et vous, croyez à mon amitié.

MARIE-CAROLINE.

Madame la COMTESSE DE CHAMBORD
à la Comtesse de Bouillé.

RÉPONSE A SES LETTRES DE FÊTES.

Frohsdorf, le 1er Novembre 1851.

Si j'ai tant tardé, ma chère madame de Bouillé, à venir vous remercier, au nom de mon mari et au mien, des bonnes lettres que vous nous avez écrites pour nos fêtes, c'est que je voulais le faire moi-même et que jusqu'ici le temps m'a manqué. Nous avons été bien touchés, l'un et l'autre, de tout ce que vous nous dites de si bon, de si affectueux, de si digne de votre cœur, dont nous connaissons les nobles sentiments. Je vous assure que je pense souvent à vous et aux heureux moments que nous avons passés ensemble à Frohsdorf. Ce sera toujours pour moi un grand plaisir chaque fois que je vous reverrai. J'ai lu avec beaucoup d'intérêt les nouvelles que vous me donnez de votre fils et de vos enfants. Je vous prie de leur dire mille choses affectueuses de ma part.

Nos santés sont bonnes. Dieu nous a préservés jusqu'ici

du choléra, qui est cependant assez fort à Vienne. Nous avons encore assez beau temps, et les visites de nos bons et fidèles Français se succèdent sans interruption.

Adieu, ma chère madame de Bouillé, comptez toujours sur ma bien vive et sincère affection.

MARIE-THÉRÈSE.

Monseigneur le COMTE DE CHAMBORD
à la Comtesse de Bouillé.

RÉPONSE A SES LETTRES DE PREMIER DE L'AN.

Venise, le 3 Février 1855.

Nous avons été bien touchés, ma femme et moi, madame la Comtesse, de tous les sentiments dont les lettres que vous nous avez écrites renferment l'expression. C'est moi qui aujourd'hui me charge de vous en remercier en son nom comme au mien. Puissent les vœux que vous adressez au Ciel, à l'occasion de cette année qui commence si tristement encore, être enfin exaucés, et puissions-nous voir bientôt luire les jours meilleurs que nous attendons depuis si longtemps !

J'ai appris avec une vive peine que votre fils a été de nouveau gravement malade, mais je vois avec plaisir, d'après votre lettre, qu'il est beaucoup mieux. Dites-lui combien nous sommes occupés de lui et désireux de le savoir complétement rétabli. Je crains que vous ne vous soyez bien fatiguée en lui prodiguant tous vos soins, j'espère cependant que votre santé n'en aura pas souffert.

Nous sommes ici depuis un mois. Ma mère vient de nous

rejoindre, et nous allons dans quelques jours faire une course à Parme pour y revoir ma sœur et ses enfants. Ce sera une grande consolation pour elle et pour nous.

Adieu, madame la Comtesse, croyez toujours à ma bien sincère affection.

HENRI.

Son Altesse Royale Madame la DUCHESSE DE BERRI à la Comtesse de Bouillé.

RÉPONSE A UNE LETTRE DE PREMIER DE L'AN.

Venise, le 3 Avril 1855.

Ma chère madame de Bouillé, j'ai reçu votre lettre du jour de l'an et je vous en remercie bien. Vous avez raison de dire que ce monde est la tour de Babel ; plus on avance, pire cela est. C'est affreux de voir tant de malheurs et de maladies en France. J'espère que Gaston va bien et que sa gentille Henriette sera guérie bientôt ; dites-lui mille choses de ma part. J'espère aussi que vous pourrez venir nous voir à Brunsée ou ici, et y rester quelque temps. Le Comte Lucchesi se rappelle à votre bon souvenir.

Ici il y a peu de monde étranger, car la guerre épouvante, et on n'ose pas voyager. Henri nous restera jusqu'à la fin de ce mois et moi j'irai passer le mois de Mai à Parme avec Louise.

Adieu, ma chère madame de Bouillé, croyez bien à mon estime et amitié.

MARIE-CAROLINE.

Madame la COMTESSE DE CHAMBORD
à la Comtesse de Bouillé.

Froshdorf, le 13 Mai 1855.

Quoique mon mari se soit chargé de répondre pour moi, ma chère madame de Bouillé, à la bonne lettre que vous m'avez écrite pendant mon séjour à Venise et qui m'a tant touchée, je ne veux pas laisser partir monsieur de Lévis sans le charger d'un petit mot d'affection pour vous à qui je pense si souvent. Nous sommes ici depuis le 4 Mai et nous avons repris nos paisibles habitudes de Frohsdorf que vous connaissez. Nos santés sont bonnes, Dieu merci ; j'espère que celle de votre fils et la vôtre le sont également. Je voudrais pouvoir bientôt vous rendre votre visite qui nous a fait tant de plaisir. Enfin, prions et ayons confiance ; nos vœux seront exaucés, et après les jours d'épreuve, nous verrons luire les jours meilleurs que nous attendons.

Soyez mon interprète auprès de votre fils, recevez les compliments affectueux de mon mari et comptez toujours sur mon attachement bien sincère.

MARIE-THÉRÈSE.

Madame la COMTESSE DE CHAMBORD
à la Comtesse de Bouillé.

RÉPONSE A UNE LETTRE DE FÊTE.

Brunsée, le 5 Novembre 1856.

Votre bonne lettre, ma chère madame de Bouillé, m'a fait le plus grand plaisir. J'y ai reconnu tout l'élan de votre excellent cœur et j'en ai été, comme toujours, bien vivement touchée. Mon mari, à qui vous avez également écrit, me charge d'être auprès de vous l'interprète de sa gratitude et de ses affectueux sentiments. Nous aurions été charmés de vous voir arriver à l'improviste, ainsi que vous en aviez le désir; c'eût été pour moi en particulier une bien douce surprise. Vous savez combien je vous aime. — Dieu merci, nos santés sont parfaites. Je m'afflige d'apprendre que vous n'êtes pas encore aussi contente que je le voudrais de celle de votre fils. Je vous prie de lui faire mes compliments affectueux, et vous, ma chère madame de Bouillé, je vous embrasse bien tendrement.

MARIE-THÉRÈSE.

Monseigneur le COMTE DE CHAMBORD à la Comtesse de Bouillé.

RÉPONSE A UNE LETTRE DE FÊTE.

Frohsdorf, le 14 Août 1857.

Combien j'ai été touchée, ma chère madame de Bouillé, de vos vœux pour ma fête. Il me tardait de vous en remercier. Tout annonce que de graves événements se préparent; puisse notre pauvre et bien aimée patrie y trouver le terme de ses longues épreuves! Tant de prières et de bonnes œuvres qui se font chaque jour dans toute la France nous obtiendront cette grâce, j'en ai la ferme confiance.

Ma femme a été bien sensible à ce que je lui ai dit de votre part, elle me charge de vous en exprimer sa vive gratitude. Soyez vous-même notre interprète auprès de tous les vôtres, et recevez la nouvelle assurance de mes sentiments bien sincères.

HENRI.

Monseigneur le COMTE DE CHAMBORD
à la Comtesse de Bouillé,

A L'OCCASION DE LA MORT DE L'AINÉ DE SES PETITS-FILS.

Frohsdorf, le 5 Octobre 1857.

Je ne puis vous exprimer, madame la Comtesse, combien ma femme et moi nous ressentons vivement le coup affreux qui vient de briser votre cœur maternel et de plonger avec vous, dans un deuil si profond, votre pauvre fils et toute sa famille. Dites-leur bien toute la part que nous prenons à leur malheur comme au vôtre. Un enfant de tant d'espérances, enlevé en peu de jours à la tendresse des siens par une cruelle maladie qui a trompé toutes leurs sollicitudes et résisté à toutes les ressources de l'art, c'est là une épreuve que la religion seule peut donner à des parents chrétiens le courage de supporter. Ce n'est pas celui que vous pleurez qui est à plaindre, c'est vous, c'est son père, c'est sa mère... Dieu s'est hâté de le retirer de ce monde afin de lui épargner les longues douleurs de la vie. Il priera au ciel pour ceux qui l'ont tant aimé ici-bas. Consolez-vous donc dans ces saintes pensées, et recevez la nouvelle assurance de notre bien sincère affection.

HENRI.

S. A. R. Madame la DUCHESSE DE PARME
à la Comtesse de Bouillé.

Venise, ce 20 Mars 1858.

Je réponds à la fin à vos deux lettres, chère madame de Bouillé; j'ai été heureuse de pouvoir accéder à votre demande.

J'ai bien pris part au chagrin que votre fils a éprouvé. Croyez que je ne puis être indifférente à ce qui regarde votre famille, à laquelle je conserve à cause de vous et en souvenir de *notre fidèle ami* toujours regretté une sincère affection.

LOUISE.

Monseigneur le COMTE DE CHAMBORD *au Comte de Bouillé,*

A L'OCCASION DU MARIAGE DE SA FILLE AÎNÉE.

Cologne, le 22 Juillet 1858.

Vous savez qu'entre nous depuis de longues années, mon cher Gaston, les peines et les consolations sont communes. C'est donc du fond de mon âme que je partage votre joie paternelle à l'occasion du mariage de votre fille aînée avec le Baron de Malet. Elle trouve dans cette union le gage de tout le bonheur qu'elle mérite et que je lui souhaite. Combien votre bon père eût été heureux d'en être le témoin! Ma femme s'associe comme moi à ce que cet événement apporte de douceurs au sein d'une famille que nous aimons tant et qui a été si éprouvée. Soyez dans cette circonstance mon interprète auprès de madame de Bouillé, de votre excellente mère et de tous les vôtres. Vous ne pouvez douter du plaisir que nous aurons à voir le jeune ménage, surtout si vous venez nous le présenter vous-même. Nous nous réjouissons d'apprendre que vous êtes plus content de la santé de votre petit Emmanuel. Recevez avec mes félicitations bien sincères, la nouvelle assurance de ma constante affection.

HENRI.

S. A. R. Madame la DUCHESSE DE BERRI
au Comte de Bouillé.

MÊME MOTIF QUE LA LETTRE PRÉCÉDENTE.

Brunsée, le 7 Novembre 1858.

Mon cher Gaston, un assez long séjour à Frohsdorf m'a empêchée de répondre plus tôt à la bonne communication que vous me faites du mariage de votre fille. Soyez bien convaincu que mes vœux de bonheur n'ont pas attendu l'envoi de cette lettre et que, s'ils sont exaucés, vous serez heureux de l'union de ce que vous avez de plus cher. J'apprends avec peine que votre pauvre mère n'est pas encore débarrassée de ses douleurs ; hélas ! je sais par expérience ce qu'on souffre avec ces vilains rhumatismes. Je regrette que vous n'ayez pu vous joindre aux fidèles qui sont allés à Cologne, mais j'y gagnerai, puisqu'au printemps prochain vous annoncez votre visite.

Dites mille amitiés pour moi à votre mère, et croyez bien à mon estime et affection.

MARIE-CAROLINE.

Monseigneur le COMTE DE CHAMBORD
à la Comtesse de Bouillé,

AU SUJET DE LA MORT DE SON SECOND PETIT-FILS.

Venise, le 15 Avril 1859.

Comment vous dire, madame la Comtesse, mon affliction profonde et celle de ma femme en apprenant le coup affreux qui vient de vous frapper encore avec toute votre famille et de rouvrir, dans des cœurs déjà brisés par une douleur récente, une blessure à peine fermée ? Combien, en ce surcroît de malheur, nous sommes occupés de vous, de votre fils et de votre belle-fille ! Que Dieu lui-même soit votre consolation et votre soutien ! Que par leurs tendres et innocentes prières, ces deux enfants si justement regrettés et maintenant réunis dans le ciel vous obtiennent, ainsi qu'à leur père et à leur mère, la force de supporter de si cruelles épreuves ! Croyez que personne ne s'y associe plus vivement que nous. Dites-le bien de notre part surtout au pauvre Gaston, et recevez la nouvelle assurance de notre sincère affection.

HENRI.

S. A. R. Madame la DUCHESSE DE BERRI
à la Comtesse de Bouillé.

MÊME MOTIF QUE LA LETTRE PRÉCÉDENTE.

Le 9 Août 1859.

Ma chère madame de Bouillé, au milieu de toutes les afflictions qui sont venues fondre sur moi, croyez bien que, si je ne vous ai pas répondu sur-le-champ, ce n'a pas été par indifférence et que la vive et juste douleur que vous éprouvez a été profondément sentie par moi. Dites à votre fils et à votre belle-fille la part bien vive que je prends à l'horrible perte qu'ils ont faite. Dieu seul peut consoler d'une telle perte, car sur la terre il n'y a pas de consolations.

J'ai de bonnes nouvelles des miens, mais, hélas ! je suis encore bien loin d'être hors de peine pour eux. Vous savez que je vous suis très attachée et que je pense bien à votre douleur de grand'mère, comme à celle du pauvre Gaston. Soignez-vous bien pour lui comme pour vos petites-filles; donnez-m'en des nouvelles. Moi, je suis bien tourmentée pour Louise et pour tous les miens en Italie; c'est affreux, tout ce qui s'y passe.

Adieu, ma chère madame de Bouillé; prions Dieu de nous préserver de plus grands maux. Croyez bien à toute mon amitié.

MARIE-CAROLINE.

Monseigneur le COMTE DE CHAMBORD à la Comtesse de Bouillé,

DONT LES PETITS-ENFANTS REVENAIENT DE FROHSDORF.

Frohsdorf, le 23 Août 1861.

Je vous remercie, madame la Comtesse, de la bonne lettre que vous m'avez adressée par vos enfants, avec qui ma femme et moi avons été charmés de faire connaissance. Ils sont dignes de vous, de mon si excellent monsieur de Bouillé et de votre fils. Dites à Gaston, en lui faisant mes compliments affectueux, combien nous regrettons qu'il n'ait pas pu venir nous présenter lui-même le jeune ménage. Les nouvelles que vous me donnez de votre santé me font plaisir et je bénis monsieur de Bonneval de cette heureuse cure; mais que vous avez dû souffrir cet hiver! Soignez-vous bien pour que ces terribles douleurs ne reviennent pas. Nous parlons souvent de votre visite de l'année dernière et nous nous affligeons qu'il ne vous ait pas été possible de la renouveler cette année. Ma filleule m'a envoyé un superbe dessin et m'a écrit une lettre charmante à laquelle j'ai voulu répondre.

Ma femme vous fait ses amitiés. Recevez ici, une fois de plus, l'assurance de ma bien sincère et constante affection.

HENRI.

S. A. R. Madame la DUCHESSE DE BERRI au Comte de Bouillé,

AU SUJET DU VOYAGE DE SES ENFANTS A BRUXÉE.

Brunsée, le 12 Décembre 1861.

Mon cher Gaston, voilà bien longtemps que je me propose de vous répondre, une foule de circonstances m'ont empêchée de le faire jusqu'à ce jour, mais je ne veux plus différer de vous dire combien j'ai été touchée des sentiments que vous m'exprimez. Au milieu des malheurs qui ne cessent de fondre sur ma famille, il m'est doux de recevoir des témoignages d'une fidélité et d'un dévouement héréditaires dans la vôtre. L'année dernière j'avais eu le plus grand plaisir à revoir votre mère, je regrettais seulement que vous n'ayez pu l'accompagner, j'espère que vous pourrez une autre fois mettre votre désir à exécution et faire un voyage avec elle, madame de Bouillé et vos enfants. En attendant, cela a été pour moi un fort agréable moment que celui qu'ont passé ici monsieur et madame de Malet ; j'ai été heureux de faire connaissance avec ce jeune ménage qui ne peut que vous combler de joie et vous consoler de tous vos chagrins. Dites-leur bien de ma part tous les vœux que je forme pour leur bonheur. Monsieur le Duc della Grazia désire aussi être rappelé à leur souvenir, ainsi que mes enfants, et nous espérons tous que ce ne sera pas leur dernier voyage dans ce pays-ci.

Monseigneur a débarqué hier à Trieste, après un heureux voyage à Constantinople, en Terre-Sainte et en Egypte ; il arrive aujourd'hui à Frohsdorf, d'où il viendra me voir ici, où je passerai probablement l'hiver. Donnez-moi de vos nouvelles et de celles de votre bonne mère, et croyez-bien à toute mon affection.

MARIE-CAROLINE.

P.-S. — Ne sachant pas où est votre mère, je vous envoie une lettre pour elle.

S. A. R. Madame la DUCHESSE DE BERRI
à la Comtesse de Bouillé.

Brunsée, le 12 Décembre 1861.

Ma chère madame de Bouillé, je suis bien fâchée que votre rhumatisme vous ait empêchée d'écrire vous-même, mais charmée de votre gentille secrétaire que je voudrais bien connaître. J'espère que le voyage aura fait du bien à madame de Malet, elle est bien gentille et bonne.

Espérons que la nouvelle année nous porte la récompense et le triomphe des bons et la punition des mauvais ! Les eaux de Baden, en Suisse, m'ont fait le plus grand bien, et je suis sûre que si vous pouviez y aller l'année prochaine, cela vous ferait aussi grand bien ; vous y verriez Louise et, j'espère également, moi, s'il n'y a pas de nouvelles crises. Clémentine, qui reste auprès de moi avec ses quatre beaux enfants, me charge de ses compliments pour vous et votre petite-fille, ainsi que ma belle-fille qui a un beau garçon, filleul d'Henri. Adinolfe et le Duc se rappellent aussi à votre bon souvenir.

Adieu, ma chère madame de Bouillé, croyez-bien à ma sincère amitié.

MARIE-CAROLINE.

Monseigneur le COMTE DE CHAMBORD au Comte de Bouillé,

QUI LUI AVAIT ÉCRIT AU SUJET DE LA MORT DU DUC DE LÉVIS.

Venise, le 6 Avril 1863.

Je reçois votre lettre, mon cher Bouillé, et je vous en remercie. J'étais bien sûr que vous prendriez une vive part au malheur qui vient de me frapper d'une manière aussi cruelle qu'inattendue. Vous avez pu apprécier les hautes qualités, le beau caractère, l'intelligence supérieure et l'admirable dévouement de celui que je pleurerai toute ma vie. Il avait été, comme vous le dites, l'*intime ami* de votre excellent père, dont le noble cœur avait été si digne du sien, et il avait reporté sur vous toute son affection pour lui. Si quelque chose peut adoucir mes profonds regrets, ce sont les hommages unanimes qui ont été rendus à sa mémoire.

Ma femme et moi, nous nous associons de toute notre âme à la perte que vous avez faite dans la personne de votre belle-mère. Soyez, dans cette triste circonstance, auprès de madame de Bouillé et de vos enfants, l'interprète de notre douloureuse sympathie, et croyez vous-même plus que jamais, mon cher Gaston, à ma sincère et constante affection.

HENRI.

Monseigneur le COMTE DE CHAMBORD
à la Comtesse de Bouillé.

RÉPONSE A UNE LETTRE DE FÊTE.

Frohsdorf, le 27 Août 1863.

J'ai été bien touché, madame la Comtesse, des sentiments que vous m'exprimez dans la lettre que vous venez de m'écrire. Je m'afflige de vous savoir encore prise par les mains et d'apprendre que vous êtes inquiète de la santé de votre fils. Dieu vous envoie de rudes épreuves, mais il n'éprouve que ceux qu'il aime. J'espère que bientôt débarrassée de cette goutte qui vous tourmente et rassurée en même temps au sujet de Gaston, vous pourrez venir nous présenter vos deux petites filles. Ma femme et moi nous serons charmés de les voir, surtout si c'est vous qui nous les amenez. Nous parlons souvent de vous, et nous trouvons qu'il y a bien longtemps que vous n'avez fait le voyage de Frohsdorf.

Soyez auprès de votre fils, de toute votre famille et de votre jeune secrétaire, mademoiselle de Gaigneron, l'interprète de mes affectueux compliments. Ma femme vous fait ses amitiés, et moi je vous renouvelle l'assurance de mes sentiments bien sincères.

HENRI.

Monseigneur le COMTE DE CHAMBORD
à la Comtesse de Bouillé.

RÉPONSE A UNE LETTRE DE PREMIER DE L'AN.

Venise, le 28 Janvier 1861.

Je vous remercie, madame la Comtesse, de votre lettre du 1er Janvier que je viens de recevoir. Nous avons bien regretté, ma femme et moi, que vous n'ayez pu venir l'année dernière à Frohsdorf. J'espère que, grâce aux bons soins de monsieur de Bonneval, il vous sera possible de nous en dédommager cette année. Nous pensons souvent à vous et nous parlons de vous, de *mon si excellent et si regrettable ami*, et de tous ceux qui vous appartiennent.

Faites mes compliments affectueux à votre fils et à toute votre famille. Ma femme vous fait ses amitiés, et moi je vous prie de recevoir la nouvelle assurance de tous mes sentiments bien sincères.

HENRI.

Monseigneur le COMTE DE CHAMBORD
au Comte de Bouillé.

A L'OCCASION DE LA MORT DE SA FEMME.

Frohsdorf, le 18 Juin 1861.

Je reçois, mon cher Bouillé, la lettre par laquelle vous m'annoncez le nouveau malheur qui vient de vous atteindre. Vous savez toute l'amitié que je vous porte, le tendre et reconnaissant souvenir que je garde de votre si excellent père, vous ne devez donc pas douter de la part bien vive que je prends à votre profonde douleur. Celle que vous pleurez est allée recevoir dans le sein de Dieu la récompense de ses hautes vertus, de ses longues souffrances et de sa sainte mort. C'est la seule consolation qui puisse, pour un cœur chrétien comme le vôtre, adoucir l'amertume de vos justes regrets. Ma femme veut que je vous dise qu'elle s'associe comme moi du fond de son âme à votre affliction. Soyez, dans cette triste circonstance, mon interprète auprès de vos filles et de votre mère, et croyez vous-même, plus que jamais, à ma bien sincère et constante affection.

HENRI.

Son Altesse Royale Madame la DUCHESSE DE BERRI à la Comtesse de Bouillé,

AU SUJET DE LA MORT DU DUC DELLA GRAZIA.

Brunsée, le 24 Juin 1864.

Ma chère madame de Bouillé, je suis si accablée et si triste que je me sers d'une main amie pour répondre à votre bonne lettre. Vos sentiments m'étaient trop bien connus pour ne pas savoir la part que vous et votre famille prendriez à la suite de cruelles épreuves que le Ciel m'a envoyées en si peu de temps. Dans les tristes circonstances où j'avais le plus besoin de ses tendres consolations, le Duc della Grazia m'a été enlevé après quelques jours de maladie. Vous avez été à même de le connaître, de l'apprécier et, je n'en doute pas, vous le pleurerez avec moi. Priez pour moi, afin que Dieu me donne la force et résignation nécessaires.

Faites-moi le plaisir de ne pas m'oublier auprès de votre fils et de votre gentille petite-fille. — Mes filles et Adinolfe me chargent de leurs hommages pour vous.

Adieu, ma chère amie, croyez bien à ma vieille amitié.

MARIE-CAROLINE.

Monseigneur le COMTE DE CHAMBORD
au Comte de Bouillé,

AU SUJET DE L'ENTRÉE AU COUVENT DE SA SECONDE FILLE.

Frohsdorf, le 31 Mai 1863.

Je reçois, mon cher Bouillé, la lettre par laquelle vous m'annoncez que ma filleule Henriette vient d'entrer aux Carmélites de Bordeaux. Je comprends tout ce que votre cœur paternel a dû souffrir de cette triste séparation, mais, avec vos sentiments si chrétiens, vous vous consolerez par la pensée qu'elle a choisi *la meilleure part* et qu'elle priera bien plus efficacement dans cette sainte retraite pour son père, pour sa famille et pour nous. Recommandez notre pauvre patrie, ma femme et moi à ses ferventes prières. Je m'afflige de ce que vous me mandez de l'état de votre mère; je suis bien convaincu, comme vous, que son cœur si ardent et si dévoué survit à la diminution de sa vive intelligence. Les épreuves ne vous manquent pas depuis quelques années; vous savez combien je m'y associe du fond de mon âme.

Ma femme vous remercie de ce que vous me dites pour elle. Faites mes compliments affectueux à toute votre famille et croyez à ma constante affection.

HENRI.

Monseigneur le COMTE DE CHAMBORD
au Comte de Bouillé.

A L'OCCASION DE LA MORT DE SA MÈRE.

Prague, le 11 Avril 1859.

J'apprends par votre lettre, mon cher Bouillé, le nouveau malheur qui vient de vous frapper, et je ne veux pas tarder à vous dire combien ma femme et moi nous nous associons du fond de notre cœur à votre douleur filiale. Vous connaissez la juste affection que j'avais dès mon enfance pour celle que vous pleurez, vous ne devez donc pas douter de l'étendue de mes regrets. Je n'oublierai jamais, croyez-le bien, ses admirables sentiments, si dignes de ceux de votre excellent père, et les nombreuses preuves de dévouement qu'elle a données à ma mère et à moi.

Soyez auprès de vos enfants, mon cher Gaston, l'interprète de ma vive sympathie, et comptez toujours vous-même sur ma constante affection.

HENRI.

S. A. R. *Madame la* DUCHESSE DE BERRI
au Comte de Bouillé.

MÊME MOTIF QUE LA LETTRE PRÉCÉDENTE.

Brunsée, 26 Avril 1869.

Mon cher Gaston, vous connaissez trop l'affection que j'avais pour votre excellente mère et l'amitié que je vous ai vouée pour ne pas être assuré de la part d'autant plus vive que je prends à votre juste et profonde douleur. Moi-même, je suis sincèrement affligée de la perte d'une de mes Dames pour qui mon cœur éprouvait le plus de sympathie. Veuillez être auprès de vos filles l'interprète de mes sentiments. Les nouvelles que vous m'en donnez m'ont fait plaisir, j'espère qu'un jour je les verrai. Ne m'oubliez pas auprès de monsieur de Malet.

Pardon si je ne vous écris que ce mot, car je n'y vois presque plus, mais je n'aime pas moins les amis qui me restent.

Croyez-bien à toute mon amitié ; écrivez-moi souvent.

MARIE-CAROLINE.

Monseigneur le COMTE DE CHAMBORD
au Baron de Malet,

A L'OCCASION DE LA MORT DE SON BEAU-PÈRE.

Frohsdorf, le 31 Mars 1870.

Je reçois, mon cher Baron, la lettre par laquelle vous m'annoncez le nouveau malheur qui vient de vous frapper d'une manière si imprévue, et je veux vous dire ici la part bien vive que je prends à votre profonde affliction. Vous savez la juste affection que j'avais depuis mon enfance pour le Comte de Bouillé, qui le méritait si bien par son inviolable dévouement si conforme à celui de son excellent père, vous ne devez donc pas douter de la sincérité de mes regrets.

Soyez auprès de madame de Malet et de vos belles-sœurs, si cruellement éprouvées, l'interprète de ma douloureuse sympathie et de celle de ma femme. Recevez vous-même, avec l'expression de ma gratitude pour votre constante fidélité, la nouvelle assurance de toute mon affection.

HENRI.

Lettre adressée par Monseigneur le COMTE DE CHAMBORD au Comte Roger de Bouillé,

A L'OCCASION DU MARIAGE DE SA FILLE AÎNÉE, ET DANS LAQUELLE IL EST FAIT MENTION ENCORE UNE FOIS DE CELUI QUI FUT LE CHEF DE SA FAMILLE.

Frohsdorf, le 11 Septembre 1882.

Les souvenirs déjà lointains que vous évoquez dans votre lettre, mon cher Bouillé, me vont au cœur, *car je ne puis sans émotion penser au tendre attachement que me portait jusqu'à sa mort votre si excellent cousin le Comte Francis de Bouillé.*

C'est de toute notre âme que ma femme et moi nous nous réjouissons aujourd'hui avec vous du mariage de votre fille Marie avec le Vicomte de Carbonnier de Marzac; nous vous chargeons d'être auprès d'elle et de votre futur gendre l'interprète de nos félicitations et de nos vœux. Quant à vous, comptez plus que jamais sur ma constante affection.

HENRI.

Cette lettre est la dernière que le Roi ait écrite à un membre de la famille de Bouillé... Moins d'un an après, le 24 Août 1883, veille même de la Saint-Louis, Monseigneur le Comte de Chambord, HENRI V, enlevé par une maladie inconnue, après deux mois de cruelles souffrances, emportant avec lui le respect et la vénération de tous, allait rejoindre dans le Ciel son illustre aïeul et recevoir la juste récompense de ses admirables vertus.

La Baronne de Malet s'empressa d'écrire à madame la Comtesse de Chambord pour déposer à ses pieds, au nom de tous les siens, l'expression de leur profonde douleur, et ayant l'immense regret de ne pouvoir se rendre à Goritz à la funèbre cérémonie, elle y joignait un modeste et dernier hommage, l'envoi d'une couronne portant cette simple inscription :

HOMMAGE DES PETITS-ENFANTS
DU COMTE DE BOUILLÉ,
ANCIEN GOUVERNEUR DE MONSEIGNEUR LE DUC DE BORDEAUX.

TABLE

TABLE

	Pages
Lettre de M. le Duc de Gramont au Comte de Bouillé (1810)	3
Lettre de M. le Duc de Gramont à l'occasion de la présentation au Roi de la Comtesse de Bouillé	4
Lettre de M. le Duc de Blacas au Comte de Bouillé au sujet de sa mission diplomatique (1811)	5
Lettre de S. M. le Roi Louis XVIII, remise au Comte de Bouillé pour le Prince Royal de Suède	6
Chant Français composé par le Comte de Bouillé en 1814	7
Vers adressés à S. A. R. Madame la Duchesse de Berri par le Comte de Bouillé, à l'occasion de la naissance de Monsieur le Duc de Bordeaux	10
Lettre de S. A. R. Madame la Duchesse de Berri à la Comtesse de Bouillé (1825)	10
Couplets offerts par le Comte de Bouillé à S. A. R. Monsieur le Duc de Bordeaux le jour de sa fête (1829)	13
Lettre de S. M. le Roi Charles X à la Comtesse de Bouillé (en 1831)	14
Lettre adressée par le Ministre de la guerre en 1832 à la Comtesse de Bouillé au sujet de sa demande relative à Madame la Duchesse de Berri	15
Lettre du Comte de Bouillé à S. A. R. Madame la Duchesse de Berri à l'occasion d'une maladie du jeune Prince (en 1833)	16
S. M. le Roi Charles X au Comte de Bouillé, pour le rappeler auprès de lui après un congé qu'il lui avait accordé pour aller en France	17
Le Comte de Bouillé à S. M. le Roi Charles X; réponse à la lettre précédente	18
Le Comte de Bouillé à S. A. R. Madame la Duchesse de Berri au sujet d'une maladie de Monsieur le Duc de Bordeaux (en 1836)	18
S. A. R. Madame la Duchesse de Berri au Comte de Bouillé; réponse à la lettre précédente	20

	Pages
Le Comte de Bouillé au Roi Louis XIX pour demander l'autorisation de cesser ses fonctions de gouverneur de Monsieur le Duc de Bordeaux..	21
Monsieur le Duc de Bordeaux à la Comtesse de Bouillé ; réponse à une lettre de fête (1837)......................................	25
Conseils que le Comte de Bouillé crut devoir donner à Monsieur le Duc de Bordeaux la veille du jour où il cessa de remplir ses fonctions de gouverneur...................................	25
S. M. le Roi Louis XIX au Comte de Bouillé, au moment de sa retraite de l'éducation de Monsieur le Duc de Bordeaux (1837).	52
Monsieur le Duc de Bordeaux au Comte de Bouillé ; même motif que la lettre précédente....................................	53
Lettre de M. le Duc de Blacas au Comte de Bouillé pour lui annoncer que le Roi lui a accordé l'Ordre du Saint-Esprit.......	54
Monsieur le Duc de Bordeaux au Comte de Bouillé ; première lettre après son départ.....................................	55
Le Comte de Bouillé à Monsieur le Duc de Bordeaux à son retour en France ; relation de son voyage............................	56
Monsieur le Duc de Bordeaux au Comte de Bouillé ; réponse à la lettre précédente...	60
Monsieur le Duc de Bordeaux à la Comtesse de Bouillé ; réponse à une lettre de premier de l'an (1838)........................	60
Le Comte de Bouillé à Monsieur le Duc de Bordeaux à l'occasion du premier de l'an (1838).....................................	61
Monsieur le Duc de Bordeaux au Comte de Bouillé ; réponse à la lettre précédente...	63
Monsieur le Duc de Bordeaux au Comte de Bouillé qui venait de lui offrir une boîte avec portrait de la Reine Marie-Thérèse....	64
Monsieur le Duc de Bordeaux au Comte de Bouillé qui venait de lui envoyer un serre-papier à l'occasion de sa fête (1838)......	65
Monsieur le Duc de Bordeaux à la Comtesse de Bouillé ; réponse à une lettre de fête (1838)......................................	66
Le Comte de Bouillé à Monsieur le Duc de Bordeaux, pour lui faire part de la naissance de sa petite-fille...................	66
Monsieur le Duc de Bordeaux au Comte de Bouillé ; réponse à la lettre précédente...	70
Le Comte de Bouillé à Monsieur le Duc de Bordeaux, à l'occasion de la nouvelle année (1839)...................................	71

	Pages
Prière que récitait chaque jour le Comte de Bouillé pour les membres de la famille royale ; note de la page	71
Monsieur le Duc de Bordeaux au Comte de Bouillé ; réponse à la lettre précédente	74
Le Comte de Bouillé à Monsieur le Duc de Bordeaux, au retour d'un voyage à Goritz et à Venise	76
Monsieur le Duc de Bordeaux au Comte de Bouillé ; réponse à la lettre précédente	81
Monsieur le Duc de Bordeaux au Comte de Bouillé	83
Le Comte de Bouillé à Monsieur le Duc de Bordeaux, en lui envoyant un chapeau	85
Le Comte de Bouillé à Monsieur le Duc de Bordeaux, à l'occasion de sa fête (1839)	87
Monsieur le Duc de Bordeaux au Comte de Bouillé ; réponse aux deux lettres précédentes	90
Monsieur le Duc de Bordeaux à la Comtesse de Bouillé ; réponse à une lettre de fête (1839)	91
Le Comte de Bouillé au Roi Louis XIX, à l'occasion de sa fête (1839)	91
S. M. le Roi Louis XIX au Comte de Bouillé ; réponse à la lettre précédente	93
Le Comte de Bouillé à Monsieur le Duc de Bordeaux, à l'occasion de l'anniversaire de sa naissance (1839)	94
Monsieur le Duc de Bordeaux au Comte de Bouillé ; réponse à la lettre précédente	97
Monsieur le Duc de Bordeaux au Comte de Bouillé, pour le rappeler auprès de lui	98
Le Comte de Bouillé à Monsieur le Duc de Bordeaux, à l'occasion du premier de l'an (1840)	99
Le Comte de Bouillé à Monsieur le Duc de Bordeaux ; réponse à sa dernière lettre	103
Le Comte Bouillé au Roi Louis XIX, pour l'informer du désir de Monsieur le Duc de Bordeaux de l'avoir auprès de lui	104
Le Comte de Bouillé au Roi Louis XIX, sur le même sujet	105
S. M. le Roi Louis XIX au Comte de Bouillé ; réponse aux deux lettres précédentes	106
Le Comte de Bouillé à S. A. R. Madame la Duchesse de Berri ; même motif que les lettres précédentes	106

	Pages
Monsieur le Comte de Lucchesi-Palli au Comte de Bouillé; réponse à la lettre précédente au nom de Madame la Duchesse de Berri..	107
Le Comte de Bouillé à Monsieur le Duc de Bordeaux, au retour de Goritz; relation de son voyage (1840)............................	108
Monsieur le Duc de Bordeaux au Comte de Bouillé. Cette lettre s'était croisée avec la précédente................................	113
Le Comte de Bouillé à Monsieur le Duc de Bordeaux, à l'occasion de sa fête (1840)...	114
Le Comte de Bouillé à Monsieur le Duc de Bordeaux............	117
Le Comte de Bouillé au Roi Louis XIX, à l'occasion de sa fête (1840)...	119
S. M. le Roi Louis XIX au Comte de Bouillé; réponse à la lettre précédente..	121
Monsieur le Duc de Bordeaux au Comte de Bouillé; réponse à sa dernière lettre..	122
Le Comte de Bouillé à Monsieur le Duc de Bordeaux. Cette lettre s'était croisée avec la précédente..............................	123
Monsieur le Duc de Bordeaux au Comte de Bouillé, pour le rappeler encore auprès de lui à Goritz................................	127
Monsieur le Duc de Bordeaux à la Comtesse de Bouillé..........	128
Le Comte de Bouillé à Monsieur le Duc de Bordeaux; réponse à sa dernière lettre..	128
Le Comte de Bouillé au Roi Louis XIX, à l'occasion du premier de l'an (1841)..	131
Le Comte de Bouillé à Monsieur le Duc de Bordeaux, à l'occasion du premier de l'an (1841)....................................	133
Lettre de M. le Duc de Lévis au Comte de Bouillé, au sujet de son prochain voyage à Goritz.......................................	136
Le Comte de Bouillé à Monsieur le Duc de Bordeaux, à son retour de Goritz (1841)...	137
Lettre de M. le Comte de Locmaria au Comte de Bouillé, pour lui donner connaissance, au nom de Monsieur le Duc de Bordeaux, de l'accident qu'il venait d'éprouver (1841)....................	140
Lettre de M. le Comte de Montbel au Comte de Bouillé, renfermant quelques détails de plus sur l'accident de S. A. R......	142
Le Comte de Bouillé à Monsieur le Duc de Bordeaux, au sujet de son accident..	143

	Page
Le Comte de Bouillé au Roi Louis XIX, à l'occasion de sa fête et au sujet de l'accident de Monsieur le Duc de Bordeaux	147
Le Comte de Bouillé à Monsieur le Duc de Bordeaux, à l'occasion de l'anniversaire de sa naissance (1841)	149
Monsieur le Duc de Bordeaux au Comte de Bouillé; première lettre après l'accident de S. A. R.	152
Le Comte de Bouillé à Monsieur le Duc de Bordeaux; réponse à la lettre précédente	154
Le Comte de Bouillé au Roi Louis XIX, pour lui exprimer sa reconnaissance d'un don qu'il venait de lui faire	157
Le Comte de Bouillé à Monsieur le Duc de Bordeaux	161
Le Comte de Bouillé à Monsieur le Duc de Bordeaux, à l'occasion du premier de l'an (1842)	164
S. M. le Roi Louis XIX au Comte de Bouillé; réponse à sa lettre du premier de l'an (1842)	167
Monsieur le Duc de Bordeaux au Comte de Bouillé; deuxième lettre après l'accident	168
Le Comte de Bouillé au Roi Louis XIX; réponse à la dernière lettre de S. M.	170
Monsieur le Duc de Bordeaux au Comte de Bouillé; troisième lettre après l'accident	173
Monsieur le Duc de Bordeaux au Comte de Bouillé; quatrième lettre après l'accident	174
Monsieur le Duc de Bordeaux au Comte de Bouillé, pour lui demander de venir passer quelques mois auprès de lui	175
S. M. le Roi Louis XIX au Comte de Bouillé, qui était alors auprès de Monsieur le Duc de Bordeaux (1843)	177
Monsieur le Duc de Bordeaux au Comte de Bouillé, qui venait de retourner en France	177
Monsieur le Duc de Bordeaux au Comte de Bouillé, à l'occasion de la naissance de sa filleule	178
S. M. le Roi Louis XIX au Comte de Bouillé; lettre de félicitation au sujet de la naissance de sa petite-fille	179
S. M. le Roi Louis XIX au Comte de Bouillé; réponse à une lettre de fête (1843)	180
Monsieur le Duc de Bordeaux au Comte de Bouillé; réponse à une lettre de premier de l'an (1844)	181
Monsieur le Duc de Bordeaux au Comte de Bouillé, au sujet de la maladie du Roi Louis XIX	182

	Pages
Monsieur le Comte de Chambord (Henri V) au Comte de Bouillé, à l'occasion de la mort du Roi Louis XIX (1844)	183
S. A. R. Mademoiselle à la Comtesse de Bouillé, à l'occasion de la mort du Roi Louis XIX	184
Monsieur le Comte de Chambord au Comte de Bouillé, que la Reine désirait avoir auprès d'elle pendant l'hiver	184
Monsieur le Comte de Chambord au Comte de Bouillé, qui avait été retenu en France par sa santé	185
Monsieur le Comte de Chambord au Comte de Bouillé	186
Monsieur le Comte de Chambord au Comte de Bouillé, à l'occasion du mariage de Mademoiselle (1845)	187
S. A. R. Madame la Duchesse de Berri au Comte de Bouillé, qui était alors auprès de Monsieur le Comte de Chambord, malade à Bruck (Styrie), (1846)	188
S. A. R. Madame la Princesse Héréditaire de Lucques au Comte de Bouillé, au sujet de la maladie de Monsieur le Comte de Chambord	190
Monsieur le Comte de Chambord à la Comtesse de Bouillé; réponse à une lettre de fête (1846)	190
S. A. R. Madame la Princesse Héréditaire de Lucques au Comte de Bouillé, au sujet du voyage à Lucques du Comte Roger de Bouillé (1846)	191
Le Comte de Bouillé à S. A. R. Madame la Princesse Héréditaire de Lucques; réponse à la lettre précédente	192
Monsieur le Comte de Chambord au Comte de Bouillé, qui venait de passer quelques mois à Frohsdorf (1846)	194
Le Comte de Bouillé à la Reine Marie-Thérèse, à l'occasion du mariage de Monsieur le Comte de Chambord (1846)	195
Le Comte de Bouillé à Monsieur le Comte de Chambord, à l'occasion de son mariage (1846)	197
La Reine douairière Marie-Thérèse au Comte de Bouillé, au sujet du mariage de Monsieur le Comte de Chambord	199
Monsieur le Comte de Chambord au Comte de Bouillé; première lettre après son mariage	199
Le Comte de Bouillé à Monsieur le Comte de Chambord, à l'occasion du premier de l'an (1847)	200
Monsieur le Comte de Chambord au Comte de Bouillé; deuxième lettre après son mariage	202

	Pages
Monsieur le Comte de Chambord à la Comtesse de Bouillé ; réponse à une lettre de fête (1817)	203
Monsieur le Comte de Chambord au Comte de Bouillé, pour lui témoigner le désir de le présenter à la Reine	203
Le Comte de Bouillé à Monsieur le Comte de Chambord, à l'occasion de sa fête (1848)	205
Monsieur le Comte de Chambord au Comte de Bouillé ; réponse à la lettre précédente	208
Le Comte de Bouillé à la Reine douairière, à l'occasion de la nouvelle année (1849)	210
Le Comte de Bouillé à Monsieur le Comte de Chambord, à l'occasion de la nouvelle année (1849)	211
Monsieur le Comte de Chambord au Comte de Bouillé ; réponse à la lettre précédente	211
Le Comte de Bouillé à Monsieur le Comte de Chambord, à l'occasion de sa fête (1849)	215
Monsieur le Comte de Chambord à la Comtesse de Bouillé ; réponse à une lettre d'anniversaire	218
Monsieur le Comte de Chambord au Comte de Bouillé ; réponse à une lettre écrite à son retour de Frohsdorf (1849)	219
Madame la Comtesse de Chambord au Comte de Bouillé, au sujet de sa visite et d'un objet qu'il lui avait offert	220
Le Comte de Bouillé à Madame la Comtesse de Chambord ; réponse à la lettre précédente	221
Le Comte de Bouillé à la Reine douairière, à l'occasion du premier de l'an (1850)	223
Le Comte de Bouillé à Monsieur le Comte de Chambord, à l'occasion de la nouvelle année (1850)	224
Le Comte de Bouillé à Monsieur le Comte de Chambord, pour lui offrir au nom du Marquis de Bouillé les deux derniers volumes de son Histoire des Ducs de Guise	227
Monsieur le Comte de Chambord au Comte de Bouillé ; réponse à la lettre précédente	232
Le Comte de Bouillé à Monsieur le Comte de Chambord, à l'occasion de sa fête (1850)	233
Le Comte de Bouillé à Monsieur le Comte de Chambord, pour lui témoigner ses regrets de n'avoir pu aller le voir à Wiesbaden	236

	Pages
Le Comte de Bouillé à Monsieur le Comte de Chambord, à l'occasion de l'anniversaire de sa naissance (1850)............	238
Monsieur le Comte de Chambord au Comte de Bouillé; réponse aux deux lettres précédentes............	243
Le Comte de Bouillé à la Reine douairière, à l'occasion du premier de l'an (1851)............	244
Le Comte de Bouillé à Monsieur le Comte de Chambord, à l'occasion du premier de l'an (1851)............	246
Monsieur le Comte de Chambord au Comte de Bouillé; réponse à la lettre précédente............	249
Le Comte de Bouillé à Monsieur le Comte de Chambord. (Lettre qui s'était croisée avec la précédente)............	250
Le Comte de Bouillé à Monsieur le Comte de Chambord, à l'occasion de sa fête (1851)............	252
Monsieur le Comte de Chambord au Comte de Bouillé; réponse à la lettre précédente............	256
Le Comte de Bouillé à Monsieur le Comte de Chambord, à l'occasion de l'anniversaire de sa naissance (1851)............	257
Le Comte de Bouillé à la Reine douairière, en lui envoyant une bague avec profil de Louis XVI............	262
Le Comte de Bouillé à Monsieur le Comte de Chambord, à l'occasion de la mort de la Reine douairière (1851)............	264
Lettre de M. le Comte de Montbel au Comte de Bouillé, pour lui annoncer que la Reine l'a nommé un de ses exécuteurs testamentaires............	266
Lettre de M. le Duc de Lévis au Comte de Bouillé, pour lui transmettre au nom de Monsieur le Comte de Chambord les instructions relatives au testament de la Reine............	267
Monsieur le Comte de Chambord au Comte de Bouillé; réponse à la lettre écrite à la mort de la Reine............	269
Le Comte de Bouillé à Monsieur le Comte de Chambord, à l'occasion de la nouvelle année (1852)............	270
Monsieur le Comte de Chambord à la Comtesse de Bouillé, dont le mari était alors à Frohsdorf (1852)............	272
La Comtesse de Bouillé à Monsieur le Comte de Chambord, pour lui donner des nouvelles de son mari qui était tombé malade en revenant de Frohsdorf............	273

	Pages
Monsieur le Comte de Chambord au Comte de Bouillé, au sujet de sa maladie..	274
Le Comte de Bouillé à Monsieur le Comte de Chambord ; réponse à la lettre précédente	275
Le Comte de Bouillé à S. A. R. Madame la Duchesse de Parme, en lui envoyant un serre-papier.................................	278
Le Comte de Bouillé à Monsieur le Comte de Chambord.........	279
Monsieur le Comte de Chambord au Comte de Bouillé ; réponse à la lettre précédente	281
Le Comte de Bouillé à Monsieur le Comte de Chambord, à l'occasion de la nouvelle année (1853)	283
Le Comte de Bouillé à Monsieur le Comte de Chambord, pour lui faire part de la naissance de son second petit-fils.............	285
Monsieur le Comte de Chambord au Comte de Bouillé ; réponse à la lettre précédente	287
Le Comte de Bouillé à Monsieur le Comte de Chambord ; *lettre écrite trois jours avant sa mort*...............................	289
Le Comte Gaston de Bouillé à Monsieur le Comte de Chambord, pour lui faire part de la mort de son père (1853).............	290
Monsieur le Comte de Chambord à la Comtesse de Bouillé, à l'occasion de la mort de son mari	292
Monsieur le Comte de Chambord au Comte Gaston de Bouillé ; réponse à la lettre par laquelle il annonçait la mort de son père...	293
Monsieur le Comte de Chambord à la Comtesse de Bouillé ; seconde lettre relative à la mort de son mari	294
S. A. R. Madame la Duchesse de Parme au Comte Gaston de Bouillé, au sujet de la mort de son père	294
Madame la Comtesse de Chambord à la Comtesse de Bouillé ; réponse à la lettre écrite à son retour de Frohsdorf	295
Monsieur le Comte de Chambord à la Comtesse de Bouillé ; réponse à ses lettres de premier de l'an (1854).................	296
S. A. R. Madame la Duchesse de Berri à la Comtesse de Bouillé.	297
Madame la Comtesse de Chambord à la Comtesse de Bouillé ; réponse à ses lettres de fête (1854)	298
Monsieur le Comte de Chambord à la Comtesse de Bouillé ; réponse à ses lettres de premier de l'an (1855).................	299

	Pages
S. A. R. Madame la Duchesse de Berri à la Comtesse de Bouillé ; réponse à une lettre de premier de l'an (1855)	300
Madame la Comtesse de Chambord à la Comtesse de Bouillé	301
Madame la Comtesse de Chambord à la Comtesse de Bouillé ; réponse à une lettre de fête (1856)	301
Monsieur le Comte de Chambord à la Comtesse de Bouillé ; réponse à une lettre de fête (1857)	302
Monsieur le Comte de Chambord à la Comtesse de Bouillé, à l'occasion de la mort de l'aîné de ses petits-fils (1857)	303
S. A. R. Madame la Duchesse de Parme à la Comtesse de Bouillé.	303
Monsieur le Comte de Chambord au Comte de Bouillé, à l'occasion du mariage de sa fille aînée (1858)	304
S. A. R. Madame la Duchesse de Berri au Comte de Bouillé ; même motif que la lettre précédente	305
Monsieur le Comte de Chambord à la Comtesse de Bouillé, au sujet de la mort de son second petit-fils (1859)	305
S. A. R. Madame la Duchesse de Berri à la Comtesse de Bouillé ; même motif que la lettre précédente	306
Monsieur le Comte de Chambord à la Comtesse de Bouillé, dont les petits-enfants revenaient de Frohsdorf (1861)	307
S. A. R. Madame la Duchesse de Berri au Comte de Bouillé, au sujet du voyage de ses enfants à Brunsée (1861)	308
S. A. R. Madame la Duchesse de Berri à la Comtesse de Bouillé.	309
Monsieur le Comte de Chambord au Comte de Bouillé, qui lui avait écrit au sujet de la mort de M. le Duc de Lévis (1863)	310
Monsieur le Comte de Chambord à la Comtesse de Bouillé ; réponse à une lettre de fête (1863)	311
Monsieur le Comte de Chambord à la Comtesse de Bouillé ; réponse à une lettre de premier de l'an (1864)	312
Monsieur le Comte de Chambord au Comte de Bouillé, à l'occasion de la mort de sa femme (1864)	312
S. A. R. Madame la Duchesse de Berri à la Comtesse de Bouillé, au sujet de la mort du Duc della Grazia (1864)	313
Monsieur le Comte de Chambord au Comte de Bouillé, au sujet de l'entrée au couvent de sa seconde fille	314
Monsieur le Comte de Chambord au Comte de Bouillé, à l'occasion de la mort de sa mère (1869)	315

	Pages
S. A. R. Madame la Duchesse de Berri au Comte de Bouillé; même motif que la lettre précédente	315
Monsieur le Comte de Chambord au Baron de Malet, à l'occasion de la mort de son beau-père (1870)	316
Monsieur le Comte de Chambord au Comte Roger de Bouillé (1882)	317

Contraste insuffisant

NF Z 43-120-14

www.ingramcontent.com/pod-product-compliance
Lightning Source LLC
Chambersburg PA
CBHW072019150426
43194CB00008B/1175